국단어
완전 정복

5·2

기획 및 집필

전위성

공주교육대학교를 졸업하고 2006년부터 대전에서 교사 생활을 시작했습니다. 우등생 공부법을 연구하여 세 권의 책(엄마가 알아야 아이가 산다!, 초등 6년이 자녀교육의 전부다, 엄마의 수학 공부)을 펴냈습니다. 15년 동안 학생들을 가르치면서 많은 학생이 국어 교과서에 나오는 낱말을 전혀 공부하지 않는다는 놀라운 사실을 알게 되었습니다. 더더욱 놀라운 사실은 국어 교과서의 낱말을 공부할 수 있는 책이 전무(全無)했다는 것입니다.

「국단어 완전 정복」은 저자가 지난 2년 동안 초등학교 3~6학년 국어 교과서에 나오는 모든 낱말을 연구하고 정리하여, 초등학생의 눈높이에 맞추어 펴낸 '국어 낱말 전문 학습서' 입니다.

모든 공부는 기초가 중요하고, 모든 공부의 기초는 국어입니다. 모든 공부의 기초가 되는 국어 공부의 기초는 단연 국단어(국어 낱말)입니다. 고로 모든 공부의 기초는 국단어를 공부하는 것입니다. 「국단어 완전 정복」과 함께 세상 모든 공부를 완전 정복할 수 있길 소망합니다.

국단어 완전 정복 | 초등 국어 5-2

초판 1쇄 인쇄 2021년 7월 5일
초판 1쇄 발행 2020년 7월 15일

기획 및 집필 전위성

펴낸이 최남식
개발책임 전현영
디자인 조민서, 최병호
일러스트 강유리, 유재영, Shutterstock(zzveillust, Beresnev, penguin_house)
스태프 김을섭
제작책임 이용호
펴낸곳 오리진에듀
출판등록 2010년 3월 23일 제409-251002010000087호
주 소 경기도 김포시 김포한강10로133번길 127, 디원시티 518호(구래동)
전 화 02-335-6612 **팩 스** 0303-3440-6612
이메일 originhouse@naver.com
블로그 blog.naver.com/originhouse

값 18,000원ⓒ2021, 전위성 & 오리진에듀
ISBN 979-11-88128-24-2 63710 : 18000

국단어
완전 정복

"공부에서 가장 중요한 것은?"

건물을 지을 때 가장 먼저 하는 중요한 일이 있습니다.
건물의 토대가 되는 바닥을 튼튼히 다지는 것입니다.
바닥이 튼튼해야 건물을 높고 튼튼하게 지을 수 있습니다.

공부도 마찬가지입니다.
공부라는 건물을 높고 튼튼하게 짓고 싶다면
공부의 토대가 되는 기초를 튼튼히 다져야 합니다.

"공부에서 가장 중요한 것은, 기초 다지기"

영어 공부의 기초는 영단어(영어 단어)입니다.
수학 공부의 기초는 수학 개념입니다.
그럼 국어 공부의 기초는 무엇일까요?

학습지나 문제집 풀기일까요? 독서일까요?

"국어의 기초 = 국단어 완전 정복"

영어 단어와 수학 개념처럼
국어에도 가장 먼저 공부해야 할 기초가 있습니다.
그건 바로 **국어 단어**, 다시 말해 **국단어**입니다.

국어 공부의 기초를 쌓고 싶다면
학습지와 문제집 풀기, 독서에 앞서
국단어를 철저히! 완벽히! 공부해야 합니다.

이 책을 구입한 학부모님께

**"낱말 뜻을 손수 찾아서 공부하지 않으면
정확한 뜻을 영영 알 수 없습니다."**

이 문장이 무슨 뜻인지 모르는 사람은 드뭅니다. 그와 동시에 이 문장이 무슨 뜻인지 잘 아는 사람도 드뭅니다. 손수는 '남의 힘을 빌리지 않고 제 손으로 직접'이라는 뜻이고, 영영은 '영원히 언제까지나'라는 뜻입니다.

우리는 일상에서 수많은 글을 읽고 쓰고, 무수한 말을 듣고 합니다. 하지만 그 글과 말의 뜻을 정확히 알지 못합니다. 정확히 아는 것과 감으로 아는 것은 큰 차이가 있습니다. 물론 일상생활에서는 그 차이가 별로 드러나지 않습니다. 딱히 손해 볼 일도 없습니다. 하지만 학습의 영역이라면 이야기가 전혀 달라집니다. 뜻을 정확하게 아는 학생과 어렴풋이 아는 학생의 미래는 사뭇 다른 인생을 살아갈 만큼 어마어마한 차이가 있습니다.

**"만권의 책을 읽더라도
낱말을 공부하지 않으면
그 정확한 뜻을
죽을 때까지 알 수 없습니다."**

다소 과격하게 들릴 수도 있겠습니다. 하나 틀린 말은 아닙니다. 과장도 아닙니다. 일례로 앞선 문장에서 '만권'은 단순히 10000을 뜻하는 숫자가 아닙니다. '만권'은 사전적 의미로 '매우 많은 책'을 뜻합니다. 이런 사례는 셀 수 없을 만큼 비일비재합니다(비근합니다, 흔합니다).

많은 아이들이 영단어(영어 단어)는 목숨 걸고 외우지만, 국단어(국어 단어)는 죽어도 공부하지 않습니다. 안타까운 현실입니다. 더 안타까운 현실은 영어 단어를 공부할 수 있는 책은 넘쳐나지만, 국어 단어를 공부할 수 있

는 책은 거의 없다는 것입니다. 무엇보다도 국어 교과서의 단어를 체계적으로 공부할 수 있는 책이 세상에 존재하지 않았습니다. 필자가 「국단어 완전 정복」을 필히(무슨 일이 있어도 반드시) 써야겠다고 결심한 이유입니다.

이 책이 출간됨으로써 국어 교과서 단어를 체계적으로 공부할 수 있는 책이 세상에 존재하게 되었습니다. 이 책을 자찬(自撰)한[1] 것이 참으로 다행스럽고 기쁜 일이라고 자찬(自讚)해[2] 봅니다. 덧붙여 필자는 전작 「초등 6년이 자녀교육의 전부다」에서 "국어 공부의 시작과 끝은 교과서에 나오는 낱말을 공부하는 것"이라고 역설한 바 있습니다. 이 책, 「국단어 완전 정복」을 출간함으로써 그 중대 발언이 무책임한 구호와 공허한 메아리로 소멸되지 않게 되었고, 제 단언에 대한 책임을 이제야 다했다고 여겨져서, 재삼(再三) 기쁩니다.

국단어의 뜻을 적확하게(정확하게 맞아 조금도 틀리지 않게) 아는 아이만이 책과 교과서를 정확히 읽고, 충분히 이해하고, 오래 기억하고, 자기 생각을 글로 온전히 담아낼 수 있습니다. 지금부터 자녀에게 「국단어 완전 정복」을 4년(3~6학년) 동안 공부시키십시오. 혹여 시기를 놓쳤더라도 3학년 1학기부터 6학년 2학기까지 전 과정을 차근차근 공부시키십시오. 어휘력이 완성되고, 독해력이 강화되고, 논술력과 사고력이 향상되어 자녀가 상위 1퍼센트 우등생으로 거듭나는 광경을 목격하게 될 것입니다.

공부가 전부라는 말이 아닙니다. 공부 잘하는 우등생으로 키우는 것이 자녀 교육의 최우선 과제이라는 말도 아닙니다. 제가 줄기차게 주장하는 자기주도학습과 우등의 끝에는 '행복'이 자리잡고 있습니다. 세상 모든 자녀와 부모가 행복한 오늘을 보내고, 희망찬 내일을 맞이하는 데, 「국단어 완전 정복」이 미약하게나마 보탬이 되길 간절히 기원합니다.

초등 교사, 작가 **전위성**

1
손수 책을 편찬하다

2
자기가 한 일 또는 자기 자신을 스스로 칭찬하다

이 책의 구성과 특징

지금부터 「국단어 완전 정복」과 함께
10641 프로젝트에 도전하세요!

구성 1 **교과서 완전 학습**

> 낱말이 나오는 국어 교과서의 단원명을
> 알 수 있어요!

2. 지식이나 경험을 활용해요

학교진도시기
9월 1, 2주

> 학교 진도 시기를 확인할 수 있어요!
> 교과서를 배우기 전에 미리 낱말을 공부해요.

> 무슨 요일에 공부하는지 알 수 있어요!
> 1일 월요일, 2일 화요일, 3일 수요일,
> 4일 목요일, 5일 금요일에 공부해요.

시설
[한자] 배풀 施
배풀 설 設

*설비, 장치 따위를 갖춰 놓거나 · 일정한 구조물을 만듦 또는 갖춰 놓은 설비나 구
예 조상들의 지혜를 *한껏 엿볼 수 있는 석빙고는 세계적으로도 드문 **시설**이
* 설비(設 갖출 비) 어떤 목적에 필요한 기계 · 건물 등을 갖춤. 또는 그런 시설
* 한껏(한할 한 限) 할 수 있는 데까지 또는 한계에 이르는 데까지

> 낱말과 비슷한 뜻을 가진 다른 낱말을
> 함께 익힐 수 있어요!

분류하다
[한자] 나눌 분 分
무리 류 類

사물을 / *종류에 따라 / *가르다
예 퇴적암은 알갱이의 크기에 따라 이암, 사암, 역암으로 **분류**한다.
* 종류(種 씨 종, 類 무리 류) 사물의 부분을 나누는 갈래
* 가르다 따로따로 나누어 서로 구분을 짓다
비 나누다, 구별하다(區 구분할 구, 別 나눌 별), 구분하다.

> 교과서 쪽수와 주제가 적혀 있어요!
> 지금 공부하는 낱말이 교과서 어디
> 에 있는지 알 수 있어요.

체험하다
[한자] 몸 체 體
시험 험 驗

어떤 일을 자신이 실제로 · 보고 · 듣고 · 겪다
예 도시에 사는 아이들은 할머니댁이 있는 농촌에 가서
농사일을 **체험**했다.
비 겪다, 경험하다(지날 經, 시험 驗)

> 낱말과 관련된 그림을 함께 살펴봐요!
> 낱말의 뜻을 더 재밌게 알 수 있어요.

견학
[한자] 볼 견 見
배울 학 學

어떤 장소를 직접 *방문하여 / 그곳에서 지식을 보고 배움
예 *국립생태원에 **견학**을 가서 체험한 일 가운데에서 기억에 남는 일을 글로 썼다.
* 방문하다(訪 찾을 방, 問 물을 문) 사람을 찾아가 만나거나, 장소를 찾아가서 보다
* 국립(國 나라 국, 立 설 립) 국가에서 세움

> 낱말의 한자 뜻을 알 수 있어요!
> 낱말이 만들어진 한자의 뜻을 알면
> 낱말의 뜻을 더 쉽게 이해할 수 있어요.

개관
[한자] 열 개 開
집 관 館

도서관, 회관, 영화관 등 '관(館)' 자가 붙는 / 기관, 시설이 / 처음으로 *문을 엶
예 도서관이 *건립 공사를 마치고 드디어 내일 **개관**을 한다.
* 문(을) 열다 영업, 업무 따위를 시작하다
* 건립(建 세울 건, 立 설 립) (건물 · 기념비 따위를 만들어) 세움

> 끊어 읽기(/)와 빨간색 글씨!
> 뜻풀이가 정확하고 완벽한 장기 기억으로
> 이어져요.

특별전
[한자] 특별할 특 特
나눌 별 別
펼 전 展

일정 기간 동안에 / 특별한 물건들을 벌이어 놓고 / 많은 사람들에게 *참고가
록 보이는 / 모임
예 이번에 미술관에서는 과거와 미래를 주제로 한 **특별전**을 *개최한다.
* 참고(參 참여할 참, 考 생각할 고) 어떤 자료를 살펴서 도움이 될 만한 것으로 삼음
* 개최하다(開 열 개, 催 재촉할 최) (모임 · 행사 따위를 계획하여) 열다

> 뜻풀이와 예문에 나오는 어려운 낱말을
> 정리했어요!
> 더 많은 낱말들을 공부할 수 있어요.

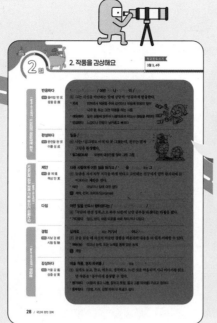

구성 2 빨간 책갈피 활용하기

부록으로 제공되는 빨간 책갈피를 대어보세요!
빨간색 글씨가 마법처럼 사라져서 낱말 뜻을
재미있게 복습할 수 있어요.

구성 3 칭찬 사과 스티커 활용 하기

사과 스티커로 열심히 공부한 나를 칭찬해요!
하루 공부를 잘 마쳤다면 나에게 칭찬 사과를 선
물하세요. 선물 받은 사과 스티커는 월별 첫 쪽에
있는 사과 나무에 붙여요. 사과 나무에 사과가 주
렁주렁 열릴 때까지 열심히 공부합시다!

구성 4 일일, 주말, 월말, 학기말 평가

네 차례 평가를 통해서 잘 공부했는지 확인해요!
일일 평가, 주말 평가, 월말 평가, 학기말 평가가
있어요. 공부한 국단어들을 틈틈이 복습해서
100점에 도전하세요!

차례

※ 학교 진도 시기는 학교나 학급의 지도 계획에 따라 변경될 수 있습니다.

1~4주

1. **마음을 나누며 대화해요** 학교 진도 시기 8월 3, 4주

2. **지식이나 경험을 활용해요** 학교 진도 시기 9월 1, 2주

칭찬 사과 스티커

하루 공부를 잘 마쳤다면 나에게 칭찬 사과를 선물하세요.
사과 나무에 사과가 주렁주렁 열릴 때까지 열심히 공부합시다!

■ 스티커는 별책 바른답 및 색인 마지막 페이지에 있습니다.

1일

1. 마음을 나누며 대화해요

공감하다
한자 한가지 공 共
느낄 감 感

다른 사람의 의견, 주장, 감정 따위에 대하여 / 자신도 그렇다고 똑같이 느끼다

예 **공감하며** •대화를 해야 하는 까닭은 •처지를 바꾸어 생각하면 상대의 마음을 알 수 있기 때문이다.

• 대화(對 대할 대, 話 말씀 화)　　상대방과 이야기를 주고받음
• 처지(處 곳 처, 地 땅 지)　　처하여 있는 상황

입장
한자 설 입 立
마당 장 場

바로 눈앞에 •맞닥뜨리고 있는 / 형편 또는 상황

예 친구가 왜 화가 났는지 처음에는 이해할 수 없었는데, 친구의 **입장**에서 생각해 보니 화난 마음을 공감할 수 있었다.

• 맞닥뜨리다(직면하다 直 곧을 직, 面 낯 면)　　(사람이 상황·일을) 마주 대하게 되다
비 처지

피식 (피식피식)

입술을 힘없이 터뜨리며 싱겁게 한 번 웃을 때 나는 / 소리 또는 그 모양

예 친구의 우스꽝스러운 행동을 본 아이는 어이가 없다는 듯 **피식** 웃었다.

서운하다

무엇이 뜻대로 되지 않아 / 아쉽다 또는 •섭섭하다

예 아이는 피식 웃으며 자신의 부탁을 •거절한 친구에게 **서운한** 마음이 들었다.

• 섭섭하다　　(기대에 어그러져) 불만족스럽다, 못마땅하다
• 거절하다(拒 막을 거, 絕 끊을 절)　　상대편의 요구·제안·선물·부탁 따위를 받아들이지 않고 물리치다

귀(를) 기울이다

남의 말에 / 주의를 •집중하여 정성껏 잘 듣다

예 아이는 선생님의 질문에 **귀를 기울이지** 않아서 •엉뚱한 대답을 했다.

• 집중하다(集 모을 집 , 中 가운데 중)　　한 가지 일에 모든 힘을 쏟아붓다
• 엉뚱하다　　생각 또는 짐작하던 것과 전혀 다르다

자신감
한자 스스로 자 自
믿을 신 信
느낄 감 感

어떤 일을 / 충분히 해낼 수 있다고 / •스스로를 굳게 믿는 마음

예 아이는 백 점을 맞고 '열심히 하면 나도 잘할 수 있다'는 **자신감**이 •샘솟았다.

• 스스로　　자기 자신(自 스스로 자, 己 몸 기, 身 몸 신)
• 샘솟다　　힘·용기 따위가 그칠 줄 모르고 줄기차게 솟아나다

1 문장을 읽고, 알맞은 낱말을 써 넣어 봅시다.

1) 다른 사람의 의견, 주장, 감정 따위에 대하여 자신도 그렇다고 똑같이 느끼다

2) 바로 눈앞에 맞닥뜨리고 있는 형편 또는 상황

3) 입술을 힘없이 터뜨리며 싱겁게 한 번 웃을 때 나는 소리 또는 그 모양

4) 무엇이 뜻대로 되지 않아 아쉽다 또는 섭섭하다

5) 남의 말에 주의를 집중하여 정성껏 잘 듣다

6) 어떤 일을 충분히 해낼 수 있다고 스스로를 굳게 믿는 마음

2 밑줄 친 곳에 알맞은 낱말을 써 넣어 문장을 완성해 봅시다.

1) _____ 대화를 해야 하는 까닭은 처지를 바꾸어 생각하면 상대의 마음을 알 수 있기 때문이다.

2) 친구가 왜 화가 났는지 처음에는 이해할 수 없었는데, 친구의 _____ 에서 생각해 보니 화난 마음을 공감할 수 있었다.

3) 친구의 우스꽝스러운 행동을 본 아이는 어이가 없다는 듯 _____ 웃었다.

4) 아이는 피식 웃으며 자신의 부탁을 거절한 친구에게 _____ 마음이 들었다.

5) 아이는 선생님의 질문에 _____ 않아서 엉뚱한 대답을 했다.

6) 아이는 백 점을 맞고 '열심히 하면 나도 잘할 수 있다'는 _____ 이 샘솟았다.

1. 마음을 나누며 대화해요

외출하다

한자 바깥 외 外
날 출 出

집 •바깥으로 나가다

예 하루 종일 비가 내려서 바깥에 **외출하지** 않고 집 안에서만 머물렀다.

• **바깥(밖)**   밖(어떤 선이나 경계를 넘어선 쪽)이 되는 곳

비 출타하다(出 날 출, 他 다를 타)

박박

세계 / •문지르거나 · 닦는 / 모양

예 그림을 잘 못 그려서 지우개로 **박박** 문질러서 지웠다.

• **문지르다**   (무엇을 서로 대고) 이리저리 밀거나 비비다

찌들다

물건이 오래되어 / •때가 끼고 · •더러워지다

예 철 수세미로 프라이팬을 문지르니 •금세 **찌든** 때가 벗겨져 나갔다.

• **때**   옷이나 몸 따위에 묻은 더러운 먼지 따위의 물질. 또는 피부의 분비물과 먼지
           따위가 섞이어 생긴 것

• **더러워지다**   때가 묻어 지저분해지다

• **금세**   얼마 되지 않는 짧은 시간 안에

차리다

음식 따위를 / 먹을 수 있게 상 위에 •벌이다

예 엄마는 아이가 좋아하는 음식들로 •생일상을 **차렸다.**

• **벌이다**   (여러 가지 물건을) 한자리에 죽 늘어놓다

• **생일상(生 날 생, 日 날 일, 床 평상**나무로 만든 침상 **상)**   생일 축하를 위해 음식을 차려
                                                놓은 상

금속

한자 쇠 금 金
무리 속 屬

특수한 •광택이 나고 / 전기와 열을 잘 전달하며 / 힘을 가할 때 펴지고 늘어나는 /
성질을 가진 / 물질

예 철 수세미와 같은 **금속**으로 프라이팬 바닥을 박박 긁으면 바닥이 벗겨져서 못
  쓰게 된다.

• **광택(光 빛 광, 澤 못**넓고 오목하게 팬 땅에 물이 괴어 있는 곳 **택)**   빛의 반사로 물체의 표면이 번쩍
                                                이는 현상

한순간

한자 깜짝일 순 瞬
사이 간 間

매우 **짧은 동안**

예 맑은 하늘에 먹구름이 **한순간**에 몰려들더니 •갑자기
  소나기가 쏟아졌다.

• **갑자기**   생각할 새도 없이 급히. 생각할 겨를도 없이 빨리. 별안간

1 문장을 읽고, 알맞은 낱말을 써 넣어 봅시다.

1) 집 바깥으로 나가다

2) 세게 문지르거나 · 닦는 모양

3) 물건이 오래되어 때가 끼고 · 더러워지다

4) 음식 따위를 먹을 수 있게 상 위에 벌이다

5) 특수한 광택이 나고 전기와 열을 잘 전달하며 힘을 가할 때
   펴지고 늘어나는 성질을 가진 물질

6) 매우 짧은 동안

2 밑줄 친 곳에 알맞은 낱말을 써 넣어 문장을 완성해 봅시다.

1) 하루 종일 비가 내려서 바깥에 _____ 않고 집 안에서만 머물렀다.

2) 그림을 잘 못 그려서 지우개로 _____ 문질러서 지웠다.

3) 철 수세미로 프라이팬을 문지르니 금세 _____ 때가 벗겨져 나갔다.

4) 엄마는 아이가 좋아하는 음식들로 생일상을 _____ .

5) 철 수세미와 같은 _____ 으로 프라이팬 바닥을 박박 긁으면 바닥이 벗겨져
   서 못 쓰게 된다.

6) 맑은 하늘에 먹구름이 _____ 에 몰려들더니 갑자기 소나기가 쏟아졌다.

1. 마음을 나누며 대화해요

봄눈 녹듯(슬듯)

무엇이 빨리 *슬어 없어지는 모양을 / *비유적으로 이르는 말

예 아이는 친구의 사과를 듣고 서운했던 마음이 한순간에 **봄눈 녹듯** 풀렸다.

* 슬다   (형체 · 현상 따위가) 차츰 희미해지면서 없어지다

* 비유적(比 견줄 비, 喩 깨우칠 유, 的 과녁 적)   어떤 현상 · 사물을 (직접 설명하지 않고) 다른 비슷한 현상 · 사물에 빗대어(바로 말하지 않고 빙 둘러서) 표현하는 것

경청하다

한자 기울 경 傾   들을 청 聽

남의 말, 의견을 / *귀기울여 듣다

예 공감하는 대화를 하기 위해서는 상대가 무슨 말을 하는지 **경청해야** 한다.

* 귀기울이다   (다른 사람의 말 · 의견에) 주의를 집중하여 정성껏 듣다

구역

한자 구역 구 區   지경 역 域

갈라놓은 경계 안의 / *지역

예 학생들은 점심시간에 각자 자신이 맡은 **구역**을 청소했다.

* 지역(地 땅 지)   경계(지역과 지역을 나누어 가르는 선) 안의 땅

비 지역, 구(區)

번갈아

한자 차례 번 番

하나씩 하나씩 / 차례대로 바꾸어서

예 두 아이는 야구공을 **번갈아** 던지고 받으며 *캐치볼을 했다.

* 캐치볼(catch ball) 야구에서, 선수들이 서로 공을 던지고 받고 하는 연습

누리 소통망

한자 소통할 소 疏   통할 통 通   그물 망 網

소셜 네트워크 서비스(*SNS)를 다듬은 말로 / 온라인에서 **자유롭게 글, 사진 따위를** 올리거나 나누는 것

예 **누리 소통망**을 활용하면 멀리 떨어져 있어도 *소통할 수 있고, 상대를 직접 만나지 않고도 대화를 주고받을 수 있다.

* SNS(social network service)   인터넷을 이용하는 사람들 사이에 소통할 수 있도록 제공되는 온라인 서비스

* 소통하다(疏 소통할 소, 通 통할 통)   의견 · 생각 따위가 서로 잘 통하다(말을 주고받아 서로의 뜻을 알다)

공지

한자 공평할 공 公   알 · 알릴 지 知

사람들에게 / 널리 알림

예 김 교사는 학부모에게 **공지**를 할 일이 있으면 누리 소통망을 활용해 알린다.

1 　문장을 읽고, 알맞은 낱말을 써 넣어 봅시다.

1) 무엇이 빨리 슬어 없어지는 모양을 비유적으로 이르는 말 ☐☐☐☐

2) 남의 말, 의견을 귀기울여 듣다 ☐☐☐☐

3) 갈라놓은 경계 안의 지역 ☐☐

4) 하나씩 하나씩 차례대로 바꾸어서 ☐☐☐

5) 소셜 네트워크 서비스(SNS)를 다듬은 말로 온라인에서 자유롭게 글, 사진 따위를 올리거나 나누는 것 ☐☐☐☐☐

6) 사람들에게 널리 알림 ☐☐

2 　밑줄 친 곳에 알맞은 낱말을 써 넣어 문장을 완성해 봅시다.

1) 아이는 친구의 사과를 듣고 서운했던 마음이 한순간에 _____ 풀렸다.

2) 공감하는 대화를 하기 위해서는 상대가 무슨 말을 하는지 _____ 한다.

3) 학생들은 점심시간에 각자 자신이 맡은 _____ 을 청소했다.

4) 두 아이는 야구공을 _____ 던지고 받으며 캐치볼을 했다.

5) _____ 을 활용하면 멀리 떨어져 있어도 소통할 수 있고, 상대를 직접 만나지 않고도 대화를 주고받을 수 있다.

6) 김 교사는 학부모에게 _____ 를 할 일이 있으면 누리 소통망을 활용해 알린다.

4일

1. 마음을 나누며 대화해요

미치다

어떤 대상에 / •영향을 •끼치다

예 컴퓨터와 스마트폰은 •현대인들의 생활에 큰 영향을 **미친다.**

•**영향(影 그림자 영, 響 울릴 향)**　　어떤 사물의 효과나 작용이 다른 것에 미치는 일

•**끼치다**　　(영향 · 해 · 은혜 따위를) 당하거나, 입게 하다

•**현대인(現 나타날 현, 代 대신할 대, 人 사람 인)** 현대(오늘날 시대)에 사는 사람

험담

한자 험할 험 險
말씀 담 談

남의 잘못된 점이나 · •흉이 될 만한 것을 / 찾아내어 나쁘게 말함 또는 그런 말

예 친구가 주변 아이들에게 내 시험 점수가 형편없다고 **험담**을 늘어놓았다.

•**흉(허물)**　　남에게 비웃음을 살 만한 거리. 비난을 받을 만한 점

신경(을) 쓰다

한자 귀신 신 神
경서 경 經

•대수롭지 않은 일까지 / •세심하게 생각하다 또는 걱정하다

예 아이는 반장이 된 후로 선생님과 친구들의 •사소한 말까지 **신경 썼다.**

•**대수롭다**　　중요하게 여길 만하다

•**세심하다(細 가늘 세, 心 마음 심)**　　일에 꼼꼼하게 주의를 기울여 빈틈이 없다

•**사소하다(些 적을 사, 少 적을 소)**　　보잘것없이 작다, 적다

독립운동가

한자 홀로 독 獨
설 립 立
옮길 운 運
움직일 동 動
집 가 家

일제 강점기에 / 우리 민족의 •독립을 위해 힘썼던 / 사람

예 우리나라 최초의 여자 비행사이자 **독립운동가**인 권기옥은 상하이 임시 정부에서 활동하며 항일 운동을 했다.

•**독립**　　한 나라가 주권(어떤 문제를 스스로 결정할 수 있는 권리)을 가짐

일제 강점기

한자 날 일 日
임금 제 帝
강할 강 強
점령할 점 占
기약할 기 期

일본이 우리나라의 물건, 영토, 권리 따위를 / 강제로 빼앗아 •차지한 / 기간

예 **일제 강점기**에 독립운동을 하며 자신의 꿈을 이루려고 노력한 여성들이 있었다.

•**차지하다**　　(사물 · 공간 · 지위 따위를) 자기 몫으로 가지다

임시

한자 임할 임 臨
때 시 時

원래 정해져 있는 것이 아니고 / 필요에 따라 그때그때 정하는 일

예 독립운동가들은 중국 상하이에 대한민국의 •광복을 위한 **임시** 정부를 •수립했다.

•**광복(光 빛 광, 復 회복할 복)**　　빼앗긴 땅과 주권을 도로 찾음

•**수립하다(樹 나무 수, 立 설 립)**　　(국가 · 정부, 제도 · 계획 따위를) 이룩하여 세우다

1 문장을 읽고, 알맞은 낱말을 써 넣어 봅시다.

1) 어떤 대상에 영향을 끼치다
☐☐☐

2) 남의 잘못된 점이나 · 흉이 될 만한 것을 찾아내어
나쁘게 말함 또는 그런 말
☐☐

3) 대수롭지 않은 일까지 세심하게 생각하다 또는 걱정하다
☐☐☐☐

4) 일제 강점기에 우리 민족의 독립을 위해
힘썼던 사람
☐☐☐☐☐

5) 일본이 우리나라의 물건, 영토, 권리 따위를
강제로 빼앗아 차지한 기간
☐☐☐☐☐

6) 원래 정해져 있는 것이 아니고 필요에 따라 그때그때 정하는 일
☐☐

2 밑줄 친 곳에 알맞은 낱말을 써 넣어 문장을 완성해 봅시다.

1) 컴퓨터와 스마트폰은 현대인들의 생활에 큰 영향을 _____ .

2) 친구가 주변 아이들에게 내 시험 점수가 형편없다고 _____ 을 늘어놓았다.

3) 아이는 반장이 된 후로 선생님과 친구들의 사소한 말까지 _____ .

4) 우리나라 최초의 여자 비행사이자 _____ 인 권기옥은 상하이 임시 정부에서
활동하며 항일 운동을 했다.

5) _____ 에 독립운동을 하며 자신의 꿈을 이루려고 노력한 여성들이 있었다.

6) 독립운동가들은 중국 상하이에 대한민국의 광복을 위한 _____ 정부를 수립
했다.

깨치다 (깨우치다)　사람이 / 글, •진리 따위를 / 깨달아 알다

예　책을 많이 읽은 아이는 한글을 누구에게 따로 배우지 않고 •홀로 **깨쳤다**.

•진리(眞 참 진, 理 다스릴 리)　언제나 누구에게나 옳고 맞다고 인정되는 사실

•홀로　　자기 혼자서만

항일

한자 겨룰 항 抗
날 일 日

일본 •제국주의에 / 맞서 싸움

예　독립운동가들은 일제 강점기에 만주에서 **항일** •투쟁을 벌였다.

•제국주의(帝 임금 제, 國 나라 국, 主 임금·주인 주, 義 옳을 의)　강한 군사력과 경제력
으로 다른 나라나 민족을 정복하여 식민지로 삼아 대국가를 건설하려는 침략주의적 경향

•투쟁(鬪 싸울 투, 爭 다툴 쟁) 어떤 대상을 이기려고 싸움

독립군

한자 홀로 독 獨
설 립 立
군사 군 軍

나라의 독립을 이루기 위하여 싸우는 / 군대

예　일제 강점기에 만주와 연해주에서 대한민국의 광복을 위해 활동한 •부대를
독립군이라고 부른다.

•부대(部 떼 부, 隊 무리 대)　일정한 규모로 편성된 군대 조직. 군인 집단

계몽하다

한자 열 계 啓
어두울·
어리석을 몽 蒙

•지식수준이 낮거나·•인습에 젖은 / •어리석은 사람을 / 가르쳐서 깨우치다

예　김 선생은 글을 모르는 마을 사람들을 **계몽하기** 위해 한글을 가르쳐 주었다.

•지식수준(知 알 지, 識 알 식, 水 물 수, 準 준할어떤 본보기에 비추어 그대로 좇다 준)
아는 정도. 공부를 해서 배운 정도

•인습(답습)(因 인할 인, 襲 엄습할 습, 踏 밟을 답)　(예로부터 해 오던 방식·수법을) 있는
그대로 받아들이거나 따름

•어리석다(둔하다) (사람이나 그 머리가) 나쁘거나, 일을 처리하는 능력이 낮다

조물조물

작은 손놀림으로 / 자꾸 •주물러 만지작거리는 / 모양

예　아이는 찰흙을 **조물조물** 만지더니 금세 꽤 그럴듯한 •인형을 •빚어냈다.

•주무르다　손으로 물건·몸의 한 부분을 쥐었다 놓았다 하면서 자꾸 만지다

•인형(人 사람 인, 形 모양 형)　사람이나 동물 모양으로 만든 장난감

•빚다　　흙 따위의 재료를 반죽하여 어떤 형태를 만들다

짓다

재료를 들여 / 밥, 옷, 집 따위를 / 만들다

예　엄마는 소풍 가는 아이를 위해 이른 아침에 흰쌀밥을 **지어서** 김밥을 쌌다.

1 문장을 읽고, 알맞은 낱말을 써 넣어 봅시다.

1) 사람이 글, 진리 따위를 깨달아 알다

2) 일본 제국주의에 맞서 싸움

3) 나라의 독립을 이루기 위하여 싸우는 군대

4) 지식수준이 낮거나 · 인습에 젖은 어리석은 사람을
   가르쳐서 깨우치다

5) 작은 손놀림으로 자꾸 주물러 만지작거리는 모양

6) 재료를 들여 밥, 옷, 집 따위를 만들다

2 밑줄 친 곳에 알맞은 낱말을 써 넣어 문장을 완성해 봅시다.

1) 책을 많이 읽은 아이는 한글을 누구에게 따로 배우지 않고 홀로 _____ .

2) 독립운동가들은 일제 강점기에 만주에서 _____ 투쟁을 벌였다.

3) 일제 강점기에 만주와 연해주에서 대한민국의 광복을 위해 활동한 부대를
   _____ 이라고 부른다.

4) 김 선생은 글을 모르는 마을 사람들을 _____ 위해 한글을 가르쳐 주었다.

5) 아이는 찰흙을 _____ 만지더니 금세 꽤 그럴듯한 인형을 빚어냈다.

6) 엄마는 소풍 가는 아이를 위해 이른 아침에 흰쌀밥을 _____ 김밥을 쌌다.

1 문장을 읽고, 알맞은 낱말을 써 넣어 봅시다.

1) 음식 따위를 먹을 수 있게 상 위에 벌이다 _____

2) 다른 사람의 의견, 주장, 감정 따위에 대하여 자신도
그렇다고 똑같이 느끼다 _____

3) 매우 짧은 동안 _____

4) 남의 말에 주의를 집중하여 정성껏 잘 듣다 _____

5) 바로 눈앞에 맞닥뜨리고 있는 형편 또는 상황 _____

6) 무엇이 빨리 슬어 없어지는 모양을 비유적으로 이르는 말 _____

7) 소셜 네트워크 서비스(SNS)를 다듬은 말로 온라인에서
자유롭게 글, 사진 따위를 올리거나 나누는 것 _____

8) 갈라놓은 경계 안의 지역 _____

9) 원래 정해져 있는 것이 아니고 필요에 따라 그때그때
정하는 일 _____

10) 남의 잘못된 점이나 · 흉이 될 만한 것을 찾아내어
나쁘게 말함 또는 그런 말 _____

11) 세게 문지르거나 · 닦는 모양 _____

12) 대수롭지 않은 일까지 세심하게 생각하다 또는 걱정하다 _____

13) 사람이 글, 진리 따위를 깨달아 알다 _____

14) 어떤 일을 충분히 해낼 수 있다고 스스로를 굳게 믿는 마음 _____

15) 물건이 오래되어 때가 끼고 · 더러워지다 _____

16) 일본 제국주의에 맞서 싸움　　　_____

17) 나라의 독립을 이루기 위하여 싸우는 군대　　　_____

18) 작은 손놀림으로 자꾸 주물러 만지작거리는 모양　　　_____

19) 무엇이 뜻대로 되지 않아 아쉽다 또는 섭섭하다　　　_____

20) 재료를 들여 밥, 옷, 집 따위를 만들다　　　_____

21) 일제 강점기에 우리 민족의 독립을 위해 힘썼던 사람　　　_____

22) 어떤 대상에 영향을 끼치다　　　_____

23) 일본이 우리나라의 물건, 영토, 권리 따위를
　　 강제로 빼앗아 차지한 기간　　　_____

24) 남의 말, 의견을 귀기울여 듣다　　　_____

25) 하나씩 하나씩 차례대로 바꾸어서　　　_____

26) 사람들에게 널리 알림　　　_____

27) 입술을 힘없이 터뜨리며 싱겁게 한 번 웃을 때 나는
　　 소리 또는 그 모양　　　_____

28) 지식수준이 낮거나 · 인습에 젖은 어리석은 사람을
　　 가르쳐서 깨우치다　　　_____

29) 특수한 광택이 나고 전기와 열을 잘 전달하며 힘을 가할 때
　　 펴지고 늘어나는 성질을 가진 물질　　　_____

30) 집 바깥으로 나가다　　　_____

2 밑줄 친 곳에 알맞은 낱말을 써 넣어 문장을 완성해 봅시다.

1) 컴퓨터와 스마트폰은 현대인들의 생활에 큰 영향을 _____ .

2) 아이는 피식 웃으며 자신의 부탁을 거절한 친구에게 _____ 마음이 들었다.

3) 독립운동가들은 일제 강점기에 만주에서 _____ 투쟁을 벌였다.

4) 아이는 선생님의 질문에 _____ 않아서 엉뚱한 대답을 했다.

5) 우리나라 최초의 여자 비행사이자 _____ 인 권기옥은 상하이 임시 정부에서 활동하며 항일 운동을 했다.

6) 김 선생은 글을 모르는 마을 사람들을 _____ 위해 한글을 가르쳐 주었다.

7) 독립운동가들은 중국 상하이에 대한민국의 광복을 위한 _____ 정부를 수립했다.

8) _____ 대화를 해야 하는 까닭은 처지를 바꾸어 생각하면 상대의 마음을 알 수 있기 때문이다.

9) 김 교사는 학부모에게 _____ 를 할 일이 있으면 누리 소통망을 활용해 알린다.

10) 친구의 우스꽝스러운 행동을 본 아이는 어이가 없다는 듯 _____ 웃었다.

11) 하루 종일 비가 내려서 바깥에 _____ 않고 집 안에서만 머물렀다.

12) _____ 을 활용하면 멀리 떨어져 있어도 소통할 수 있고, 상대를 직접 만나지 않고도 대화를 주고받을 수 있다.

13) _____ 에 독립운동을 하며 자신의 꿈을 이루려고 노력한 여성들이 있었다.

14) 철 수세미와 같은 _____ 으로 프라이팬 바닥을 박박 긁으면 바닥이 벗겨져서 못 쓰게 된다.

15) 맑은 하늘에 먹구름이 _____ 에 몰려들더니 갑자기 소나기가 쏟아졌다.

16) 아이는 친구의 사과를 듣고 서운했던 마음이 한순간에 _____ 풀렸다.

17) 아이는 반장이 된 후로 선생님과 친구들의 사소한 말까지 _____ .

18) 공감하는 대화를 하기 위해서는 상대가 무슨 말을 하는지 _____ 한다.

19) 책을 많이 읽은 아이는 한글을 누구에게 따로 배우지 않고 홀로 _____ .

20) 철 수세미로 프라이팬을 문지르니 금세 _____ 때가 벗겨져 나갔다.

21) 그림을 잘 못 그려서 지우개로 _____ 문질러서 지웠다.

22) 아이는 백 점을 맞고 '열심히 하면 나도 잘할 수 있다'는 _____ 이 샘솟았다.

23) 일제 강점기에 만주와 연해주에서 대한민국의 광복을 위해 활동한 부대를
_____ 이라고 부른다.

24) 친구가 주변 아이들에게 내 시험 점수가 형편없다고 _____ 을 늘어놓았다.

25) 아이는 찰흙을 _____ 만지더니 금세 꽤 그럴듯한 인형을 빚어냈다.

26) 친구가 왜 화가 났는지 처음에는 이해할 수 없었는데, 친구의 _____ 에서
생각해 보니 화난 마음을 공감할 수 있었다.

27) 엄마는 소풍 가는 아이를 위해 이른 아침에 흰쌀밥을 _____ 김밥을 쌌다.

28) 학생들은 점심시간에 각자 자신이 맡은 _____ 을 청소했다.

29) 두 아이는 야구공을 _____ 던지고 받으며 캐치볼을 했다.

30) 엄마는 아이가 좋아하는 음식들로 생일상을 _____ .

1. 마음을 나누며 대화해요

만날
한자 일만 만 萬

매일같이 계속하여

예 시험이 •코앞인데 공부는 안 하고 **만날** 놀기만 한다고 엄마한테 혼났다.

• **코앞**　　 곧 벌어질 일이 시간적으로 매우 가까이 다가왔음을 비유적으로 이르는 말

분하다
한자 분할 분 憤

될 듯한 일이 / 되지 않아 / 섭섭하고 · •아깝다

예 공부 욕심이 많았던 아이는 백 점을 맞지 못하면 **분해서** 잠을 못 잤다.

• **아깝다**　 소중하고 값진 것을 잃어 서운하거나 섭섭한 느낌이 있다

너덜너덜

종이, 헝겊 따위가 / 여러 가닥이 늘어져서 / 자꾸 흔들리는 모양

예 •짚신이 너무 낡아서 걸음을 옮길 때마다 •밑창이 **너덜너덜** 움직였다.

• **짚신**　　 볏짚(벼의 낟알을 떨어낸 줄기)을 꼬아서 만든 신
• **밑창**　　 신의 바닥 밑에 붙이는 창(구두 · 고무신 · 짚신 · 미투리 등의 밑바닥 부분)

소달구지

소가 끄는 / •수레

예 소는 수레 위에 짐을 가득 실은 **소달구지**를 •덜컹덜컹 소리를 내며 끌고 갔다.

• **수레**　　　　　　　　사람을 태우거나 짐을 실어 옮길 수 있도록 바퀴를 달아 굴러 가게 만든 기구
• **덜컹덜컹(덜커덩덜커덩)**　　 단단한 물건이 자꾸 서로 거세게 부딪쳐 울리는 소리를 나타내는 말

솟구치다

아래에서 위로 또는 안에서 밖으로 / •솟아서 •오르다

예 축구공을 차다가 벗겨진 신발 한 짝이 하늘 높이 **솟구쳤다**.

• **솟다**　　 (아래에서 위로, 속에서 겉으로) 몹시 세게 나오다
• **오르다**　 (아래에서) 위쪽으로 움직여 가다

발(을) 구르다

매우 / 안타까워하다 또는 •다급해하다

예 늦은 밤이 되어도 아이가 •귀가하지 않자 어머니는 •동동 **발을 굴렀다**.

• **다급하다(多 많을 다, 急 급할 급)**　 (일 · 상황이 앞뒤를 가릴 수 없을 만큼) 몹시 급하다
• **귀가하다(歸 돌아갈 귀, 家 집 가)**　 (사람이) 집으로 돌아오거나 돌아가다
• **동동**　　 (몹시 춥거나, 안타까워서) 발을 자꾸 가볍게 구르는 모양

1 문장을 읽고, 알맞은 낱말을 써 넣어 봅시다.

1) 매일같이 계속하여

2) 될 듯한 일이 되지 않아 섭섭하고 · 아깝다

3) 종이, 헝겊 따위가 여러 가닥이 늘어져서 자꾸 흔들리는 모양

4) 소가 끄는 수레

5) 아래에서 위로 또는 안에서 밖으로 솟아서 오르다

6) 매우 안타까워하다 또는 다급해하다

2 밑줄 친 곳에 알맞은 낱말을 써 넣어 문장을 완성해 봅시다.

1) 시험이 코앞인데 공부는 안 하고 _____ 놀기만 한다고 엄마한테 혼났다.

2) 부 욕심이 많았던 아이는 백 점을 맞지 못하면 _____ 잠을 못 잤다.

3) 짚신이 너무 낡아서 걸음을 옮길 때마다 밑창이 _____ 움직였다.

4) 소는 수레 위에 짐을 가득 실은 _____ 를 덜컹덜컹 소리를 내며 끌고 갔다.

5) 축구공을 차다가 벗겨진 신발 한 짝이 하늘 높이 _____ .

6) 늦은 밤이 되어도 아이가 귀가하지 않자 어머니는 동동 _____ .

1. 마음을 나누며 대화해요

구름처럼(같이) 모여들다

많은 사람이 / •한꺼번에 •모여들다

예 •유명 연예인이 시내 •한복판에 나타나자 사람들이 **구름처럼 모여들었다**.

• **한꺼번에**   몰아서 한 차례에. 죄다 한 번에. 단숨에

• **모여들다**   여럿이 한곳으로 향하여 오다

• **유명(있을 유 有, 이름 명 名)**   이름이 널리 알려져 있음

• **한복판**   복판(일정한 공간 · 사물의 한가운데) 중에서도 가장 중심이 되는 가운데

비 운집하다(雲 구름 운, 集 모을 · 모일 집)

훨훨

공중에 높이 떠서 / 느릿느릿 날개를 치며 시원스럽게 나는 / 모양

예 독수리가 **훨훨** •날갯짓을 하며 •드넓은 하늘을 •선회하고 있다.

• **날갯짓**   새가 날개를 벌려서 아래위로 움직이는 짓

• **드넓다**   활짝 트이고 아주 넓다

• **선회하다(旋 돌 선, 回 돌아올 회)**   (무엇이) 어떤 장소에서 둘레를 빙빙 돌다

비행

한자 날 비 飛
다닐 행 行

비행기, 새 따위가 / •공중으로 날아감 또는 공중을 날아다님

예 독수리는 먹이를 찾기 위해 공중을 선회하는 **비행**을 계속하고 있다.

• **공중(空 빌 공, 中 가운데 중)**   하늘과 땅 사이의 빈 곳

조종하다

한자 잡을 조 操
세로 종 縱

비행기, 배, 자동차 따위의 기계를 / 다루어 •부리다

예 아이는 생일 선물로 받은 •드론을 공중으로 날려서 •원격으로 **조종했다**.

• **부리다**   기계나 기구 따위를 마음대로 조종하다

• **드론(drone)**   사람이 타지 않고 무선전파로 비행 및 조종이 가능한 비행기나 헬리콥터 모양의 비행체

• **원격(遠 멀 원, 隔 사이 뜰 격)**   멀리 떨어져 있음

기술

한자 재주 기 技
재주 술 術

어떤 일을 효과적으로 하거나 · 어떤 대상을 다루는 / 방법이나 •능력

예 그는 드론을 조종하는 **기술**이 뛰어나서 한 시간 넘게 드론을 비행시킬 수 있다.

• **능력(能 능할 능**어떤 일에 뛰어나다**, 力 힘 력)**   어떤 일을 해낼 수 있는 힘

훌쩍

단 한 번에 / 높이 뛰거나 · 날아오르는 모양

예 고양이가 •담장을 한 번에 **훌쩍** 뛰어넘더니 어디론가 급히 달려갔다.

• **담장(담)**   집의 둘레나 일정한 공간을 막기 위하여 흙, 돌 따위로 쌓아올린 것

1　문장을 읽고, 알맞은 낱말을 써 넣어 봅시다.

1)　많은 사람이 한꺼번에 모여들다

2)　공중에 높이 떠서 느릿느릿 날개를 치며 시원스럽게 나는 모양

3)　비행기, 새 따위가 공중으로 날아감 또는 공중을 날아다님

4)　비행기, 배, 자동차 따위의 기계를 다루어 부리다

5)　어떤 일을 효과적으로 하거나·어떤 대상을 다루는 방법이나 능력

6)　단 한 번에 높이 뛰거나·날아오르는 모양

2　밑줄 친 곳에 알맞은 낱말을 써 넣어 문장을 완성해 봅시다.

1)　유명 연예인이 시내 한복판에 나타나자 사람들이 ＿＿＿＿＿＿＿＿.

2)　독수리가 ＿＿＿＿＿ 날갯짓을 하며 드넓은 하늘을 선회하고 있다.

3)　독수리는 먹이를 찾기 위해 공중을 선회하는 ＿＿＿＿＿ 을 계속하고 있다.

4)　아이는 생일 선물로 받은 드론을 공중으로 날려서 원격으로 ＿＿＿＿＿.

5)　그는 드론을 조종하는 ＿＿＿＿＿ 이 뛰어나서 한 시간 넘게 드론을 비행시킬 수 있다.

6)　고양이가 담장을 한 번에 ＿＿＿＿＿ 뛰어넘더니 어디론가 급히 달려갔다.

| 나 몸은 무엇인가? | 교과서 46~59쪽 |

조종간

한자 잡을 조 操
세로 종 縱
뭉둥이 · 난간 간 杆

•조종사가 / 비행기를 조종하는 / 막대 모양의 장치 또는 **그 장치의 손잡이**

예 엔진에 이상이 발생하여 비행기가 •기우뚱기우뚱하자 조종사는 **조종간을** 움켜쥐고 •착륙을 시도했다.

• **조종사(파일럿)**(士 선비 사, pilot)   비행기를 조종하는 사람

• **기우뚱기우뚱하다** 자꾸 이쪽저쪽으로 비스듬히 기울어지며 흔들리다

• **착륙**(着 붙을 착, 陸 뭍 륙)   (비행기가 공중에서) 활주로나 평평한 땅 위에 내림

이를 악물다

어려운 일을 / 헤쳐 나가려고 / 단단히 결심하다 또는 꼭 참다

예 아이는 이번 시합에서 친구를 꼭 이기고야 말겠다고 **이를 •악물었다.**

• **악물다**   (단단히 결심할 때에) 아래위 이를 꽉 물다

너울너울
(나울나울)

팔, 날개 따위를 / 위아래로 부드럽게 자꾸 움직이는 / 모양

예 새가 하늘 높이 솟구쳐 오르더니 **너울너울** 날갯짓을 하며 강을 •가로질러 훨훨 날아갔다.

• **가로지르다**   (길이나 움직이는 물체가 어디를) 잘라 지나다

좇다

사람이 / 무엇을 가치 있게 여겨 / •추구하다

예 직업을 •선택할 때는 돈을 **좇지** 말고, 꿈을 **좇아야** 한다.

• **추구하다**(追 쫓을 · 따를 추, 求 구할 구)   (이룰 때까지) 그것을 좇아 구하다

• **선택하다**(選 가릴 선, 擇 가릴 택)   (여럿 가운데서 필요한 것을) 골라 뽑다

비 추구하다

| 줄다리기, 모두 하나 되는 대동놀이 | 교과서 60~67쪽 |

활용하다

한자 살 활 活
쓸 용 用

충분히 살려서 / 이리저리 잘 •이용하다

예 자신이 겪은 일을 •글감으로 적절히 **활용하면** 재미있는 글을 쓸 수 있다.

• **이용하다**(利 이로울 이)   무엇을 필요(꼭 쓸 곳이 있음)에 따라 이롭게 쓰다

• **글감**(글거리)   글로 쓸 만한 소재(예술 작품의 바탕이 되는 재료)

비 사용하다(使 하여금 · 부릴 사), 이용하다, 써먹다

대동

한자 큰 대 大
같을 동 同

각각의 •세력들이 / 하나로 크게 뭉침

예 올림픽은 전 세계 사람들이 어우러져 •화합하는 **대동의** •축제이다.

• **세력**(勢 형세 세, 力 힘 력)   어떤 특징 · 성질 · 힘을 가진 집단(모임 · 떼 · 단체)

• **화합하다**(和 화할 · 화목할 화, 合 합할 합)   (서로 마음 · 뜻을 모아) 화목하게 합하다

• **축제**(祝 빌 축, 祭 제사 제)   축하해서 벌이는 큰 규모의 행사

1 문장을 읽고, 알맞은 낱말을 써 넣어 봅시다.

1) 조종사가 비행기를 조종하는 막대 모양의 장치 또는
   그 장치의 손잡이

2) 어려운 일을 헤쳐 나가려고 단단히 결심하다
   또는 꾹 참다

3) 팔, 날개 따위를 위아래로 부드럽게 자꾸 움직이는 모양

4) 사람이 무엇을 가치 있게 여겨 추구하다

5) 충분히 살려서 이리저리 잘 이용하다

6) 각각의 세력들이 하나로 크게 뭉침

2 밑줄 친 곳에 알맞은 낱말을 써 넣어 문장을 완성해 봅시다.

1) 엔진에 이상이 발생하여 비행기가 기우뚱기우뚱하자 조종사는 _____ 을
   움켜쥐고 착륙을 시도했다.

2) 아이는 이번 시합에서 친구를 꼭 이기고야 말겠다고 _____ .

3) 새가 하늘 높이 솟구쳐 오르더니 _____ 날갯짓을 하며 강을 가로질러 훨훨
   날아갔다.

4) 직업을 선택할 때는 돈을 _____ 말고, 꿈을 _____ 한다.

5) 자신이 겪은 일을 글감으로 적절히 _____ 재미있는 글을 쓸 수 있다.

6) 올림픽은 전 세계 사람들이 어우러져 화합하는 _____ 의 축제이다.

준비하다

한자 준할 준 準
갖출 비 備

필요한 것을 생각해서 / 미리 •갖추다

예 •대동놀이인 줄다리기는 줄을 당길 때보다 줄다리기를 **준비하는** 과정에 더 많은 뜻이 담겨 있다.

• **갖추다**   있어야 할 것을 가지거나 챙기다

• **대동놀이(큰 대 大, 같을 동 同)**   전통적으로 내려오는 집단 놀이를 이르는 말

비 마련하다, 장만하다

겨루다

•승부, •우열을 가리기 위해 / 서로 굽히지 않고 맞서서 / •다투다

예 두 아이는 누가 더 잘 달리는지 운동장에 나가서 달리기 실력을 **겨루었다.**

• **승부(勝 이길 승, 負 질 부)**   이기고 지는 것

• **우열(優 넉넉할 · 뛰어날 우 劣 못할 열)**   우수함과 열등함. 나음과 못함

• **다투다**   승부나 우열을 겨루어 가리다(여럿 중에서 어떤 것을 골라내거나 뽑다)

장정

한자 장할 장 壯
장정 정 丁

나이가 젊고 · 기운이 좋은 / 남자

예 조선 후기 •풍속화인 김홍도의 《씨름》에는 두 **장정**이 서로 부둥켜 잡고 힘을 겨루는 장면이 그려져 있다.

• **풍속화(風 바람 풍, 俗 풍속 속, 畵 그림 화)**   서민들의 생활하는 평범한 모습, 습관, 행사, 놀이, 종교적인 의례 등을 그린 그림

농한기

한자 농사 농 農
한가할 한 閑
기약할 기 期

농사일이 / 바쁜 철인 •농번기가 끝난 후부터 다음 농번기까지의 / 한가한 기간

예 벼농사를 끝낸 •추수 후부터 다음 모내기까지의 기간을 **농한기**라고 한다.

• **농번기(繁 번성할 번)**   농사일이 매우 바쁜 시기

• **추수(가을걷이)(秋 가을 추, 收 거둘 수)**   가을에 익은 곡식을 거둬들이는 일

짚

벼, 보리, 밀, 조, 메밀 등의 / 곡식의 •낟알을 떨어내고 남은 / 줄기

예 옛날에 농한기가 되면 마을의 장정들은 집집을 돌면서 짚을 모아다가 마을 사람들과 함께 줄다리기에 쓸 줄을 만들었다.

• **낟알(곡식알)**   아직 껍질을 벗기지 않은 곡식의 알맹이

음력 (태음력)

한자 클 태 太
그늘 음 陰
책력 력 曆

달이 / 지구 둘레를 한 바퀴 도는 데 / 걸리는 시간을 한 달로 삼아 만든 / 달력

예 우리나라에서는 옛날부터 **음력**을 쓰다가 1896년 1월 1일부터 고종의 명령에 따라 •양력을 쓰게 되었다.

• **양력(태양력)(陽 볕 · 해 양)**   지구가 태양의 둘레를 한 바퀴 도는 데 걸리는 시간을 일 년으로 삼아 만든 달력

1 문장을 읽고, 알맞은 낱말을 써 넣어 봅시다.

1) 필요한 것을 생각해서 미리 갖추다 ☐☐☐☐

2) 승부, 우열을 가리기 위해 서로 굽히지 않고 맞서서 다투다 ☐☐☐

3) 나이가 젊고·기운이 좋은 남자 ☐☐

4) 농사일이 바쁜 철인 농번기가 끝난 후부터 다음
농번기까지의 한가한 기간 ☐☐☐

5) 벼, 보리, 밀, 조, 메밀 등의 곡식의 낟알을 떨어내고 남은 줄기 ☐

6) 달이 지구 둘레를 한 바퀴 도는 데 걸리는 시간을 한 달로 삼아 만든 달력 ☐☐

2 밑줄 친 곳에 알맞은 낱말을 써 넣어 문장을 완성해 봅시다.

1) 대동놀이인 줄다리기는 줄을 당길 때보다 줄다리기를 _____ 과정에 더 많은
뜻이 담겨 있다.

2) 두 아이는 누가 더 잘 달리는지 운동장에 나가서 달리기 실력을 _____.

3) 조선 후기 풍속화인 김홍도의 《씨름》에는 두 _____ 이 서로 부둥켜 잡고
힘을 겨루는 장면이 그려져 있다.

4) 벼농사를 끝낸 추수 후부터 다음 모내기까지의 기간을 _____ 라고 한다.

5) 옛날에 농한기가 되면 마을의 장정들은 집집을 돌면서 _____ 을 모아다가
마을 사람들과 함께 줄다리기에 쓸 줄을 만들었다.

6) 우리나라에서는 옛날부터 _____ 을 쓰다가 1896년 1월 1일부터 고종의
명령에 따라 양력을 쓰게 되었다.

매달리다

어떤 일에만 / 몸과 마음이 / •쏠리다

예 백 점을 맞고 싶었던 아이는 주말 내내 시험공부에 **매달렸다**.

• **쏠리다**　(마음, 눈길, 관심 따위가 무엇에) 끌리어 집중되다

대보름
(대보름날)

한자 큰 대 大

한 해의 첫 •보름달이 뜨는 / 음력 •정월 •보름에 지내는 / 우리나라의 명절

예 '가장 큰 보름'이라는 뜻의 **대보름**은 한 해의 첫 보름달이 뜨는 음력 1월 15일
을 말한다.

• **보름달(만월, 망월)(滿 찰 만, 望 바랄 · 보름 망)**　음력 보름날에 뜨는 둥근 달
• **정월(正 바를 정, 月 달 월)**　음력으로, 일 년 중의 첫째 달(1월)
• **보름(보름날, 망일, 망)**　음력으로, 그 달의 열닷새째 되는 날(15일)

걸터앉다

어떤 물체에 / 온몸의 무게를 실어 / •걸치고 앉다

예 옛날에 줄다리기에 쓰던 줄은 어른이 줄 위에 **걸터앉으면** 발이 땅에 닿지 않
을 정도로 •엄청나게 굵었다.

• **걸치다**　(사람이 어떤 물체에 신체의 일부를) 올리어 놓다
• **엄청나다**　(양 · 정도가 생각보다) 대단하거나, 아주 심하다

농악대

한자 농사 농 農
풍류 악 樂
떼 대 隊

•농악을 연주하며 흥을 •돋우는 / 사람들의 •무리

예 마을 사람들이 논으로 들어가 일하는 동안에 **농악대**는 북과 꽹과리, 장구를
치며 농사일에 흥을 돋우었다.

• **농악(풍물놀이)**　(농촌에서, 명절이나 농사일을 할 때) 나팔, 징, 꽹과리, 북 따위를 치거나
불며 하는 우리 고유의 음악
• **돋우다**　기분 · 느낌 · 의욕 등의 감정을 자극하여 일어나게 하다
• **무리**　여럿이 모여 한 동아리를 이룬 사람들. 또는 짐승의 떼

앞장

여럿이 나아갈 때 · 어떤 일을 할 때 / 맨 앞 자리 또는 맨 앞에 가는 사람

예 반장인 아이는 학급에 •궂은일이 생기면 누구보다 먼저 **앞장**을 서서 나섰다.

• **궂은일**　(마음에 언짢고 꺼림칙하여) 하기 싫은 일

행렬

한자 다닐 행 行
벌일 렬 列

여럿이 줄지어 감 또는 그런 줄

예 명절을 맞아 고향에 가는 자동차들의 **행렬**이 꼬리에 꼬리를 맞물려 끝이
없었다.

1 문장을 읽고, 알맞은 낱말을 써 넣어 봅시다.

1)　어떤 일에만 몸과 마음이 쏠리다

2)　한 해의 첫 보름달이 뜨는 음력 정월 보름에 지내는
　　우리나라의 명절

3)　어떤 물체에 온몸의 무게를 실어 걸치고 앉다

4)　농악을 연주하며 흥을 돋우는 사람들의 무리

5)　여럿이 나아갈 때·어떤 일을 할 때 맨 앞 자리 또는 맨 앞에 가는 사람

6)　여럿이 줄지어 감 또는 그런 줄

2 밑줄 친 곳에 알맞은 낱말을 써 넣어 문장을 완성해 봅시다.

1)　백 점을 맞고 싶었던 아이는 주말 내내 시험공부에 _____ .

2)　'가장 큰 보름'이라는 뜻의 _____ 은 한 해의 첫 보름달이 뜨는 음력 1월 15일
　　을 말한다.

3)　옛날에 줄다리기에 쓰던 줄은 어른이 줄 위에 _____ 발이 땅에 닿지 않을
　　정도로 엄청나게 굵었다.

4)　마을 사람들이 논으로 들어가 일하는 동안에 _____ 는 북과 꽹과리, 장구를
　　치며 농사일에 흥을 돋우었다.

5)　반장인 아이는 학급에 궂은일이 생기면 누구보다 먼저 _____ 을 서서 나섰다.

6)　명절을 맞아 고향에 가는 자동차들의 _____ 이 꼬리에 꼬리를 맞물려 끝이
　　없었다.

1 문장을 읽고, 알맞은 낱말을 써 넣어 봅시다.

1) 승부, 우열을 가리기 위해 서로 굽히지 않고 맞서서 다투다 _____

2) 단 한 번에 높이 뛰거나 · 날아오르는 모양 _____

3) 매일같이 계속하여 _____

4) 많은 사람이 한꺼번에 모여들다 _____

5) 어떤 일에만 몸과 마음이 쏠리다 _____

6) 종이, 헝겊 따위가 여러 가닥이 늘어져서 자꾸 흔들리는 모양 _____

7) 한 해의 첫 보름달이 뜨는 음력 정월 보름에 지내는
    우리나라의 명절 _____

8) 조종사가 비행기를 조종하는 막대 모양의 장치 또는
    그 장치의 손잡이 _____

9) 농악을 연주하며 흥을 돋우는 사람들의 무리 _____

10) 매우 안타까워하다 또는 다급해하다 _____

11) 여럿이 줄지어 감 또는 그런 줄 _____

12) 나이가 젊고 · 기운이 좋은 남자 _____

13) 공중에 높이 떠서 느릿느릿 날개를 치며 시원스럽게 나는 모양 _____

14) 비행기, 새 따위가 공중으로 날아감 또는 공중을 날아다님 _____

15) 충분히 살려서 이리저리 잘 이용하다 _____

16) 비행기, 배, 자동차 따위의 기계를 다루어 부리다 _____

17) 어떤 일을 효과적으로 하거나·어떤 대상을 다루는
　　 방법이나 능력　　　　　　　　　　　　　　_____

18) 될 듯한 일이 되지 않아 섭섭하고 · 아깝다　　_____

19) 어려운 일을 헤쳐 나가려고 단단히 결심하다 또는 꾹 참다　_____

20) 필요한 것을 생각해서 미리 갖추다　　　　_____

21) 각각의 세력들이 하나로 크게 뭉침　　　　_____

22) 아래에서 위로 또는 안에서 밖으로 솟아서 오르다　_____

23) 여럿이 나아갈 때 · 어떤 일을 할 때 맨 앞 자리 또는
　　 맨 앞에 가는 사람　　　　　　　　　　　_____

24) 농사일이 바쁜 철인 농번기가 끝난 후부터 다음
　　 농번기까지의 한가한 기간　　　　　　　_____

25) 어떤 물체에 온몸의 무게를 실어 걸치고 앉다　_____

26) 벼, 보리, 밀, 조, 메밀 등의 곡식의 낟알을 떨어내고 남은 줄기　_____

27) 달이 지구 둘레를 한 바퀴 도는 데 걸리는 시간을 한 달로
　　 삼아 만든 달력　　　　　　　　　　　　_____

28) 팔, 날개 따위를 위아래로 부드럽게 자꾸 움직이는 모양　_____

29) 사람이 무엇을 가치 있게 여겨 추구하다　　_____

30) 소가 끄는 수레　　　　　　　　　　　　_____

2 밑줄 친 곳에 알맞은 낱말을 써 넣어 문장을 완성해 봅시다.

1) 독수리가 _____ 날갯짓을 하며 드넓은 하늘을 선회하고 있다.

2) 자신이 겪은 일을 글감으로 적절히 _____ 재미있는 글을 쓸 수 있다.

3) '가장 큰 보름'이라는 뜻의 _____ 은 한 해의 첫 보름달이 뜨는 음력 1월 15일을 말한다.

4) 대동놀이인 줄다리기는 줄을 당길 때보다 줄다리기를 _____ 과정에 더 많은 뜻이 담겨 있다.

5) 유명 연예인이 시내 한복판에 나타나자 사람들이 _____ .

6) 마을 사람들이 논으로 들어가 일하는 동안에 _____ 는 북과 꽹과리, 장구를 치며 농사일에 흥을 돋우었다.

7) 옛날에 줄다리기에 쓰던 줄은 어른이 줄 위에 _____ 발이 땅에 닿지 않을 정도로 엄청나게 굵었다.

8) 반장인 아이는 학급에 궂은일이 생기면 누구보다 먼저 _____ 을 서서 나섰다.

9) 독수리는 먹이를 찾기 위해 공중을 선회하는 _____ 을 계속하고 있다.

10) 축구공을 차다가 벗겨진 신발 한 짝이 하늘 높이 _____ .

11) 아이는 생일 선물로 받은 드론을 공중으로 날려서 원격으로 _____ .

12) 짚신이 너무 낡아서 걸음을 옮길 때마다 밑창이 _____ 움직였다.

13) 고양이가 담장을 한 번에 _____ 뛰어넘더니 어디론가 급히 달려갔다.

14) 두 아이는 누가 더 잘 달리는지 운동장에 나가서 달리기 실력을 _____ .

15) 엔진에 이상이 발생하여 비행기가 기우뚱기우뚱하자 조종사는 _____ 을 움켜쥐고 착륙을 시도했다.

16) 조선 후기 풍속화인 김홍도의 《씨름》에는 두 _____ 이 서로 부둥켜 잡고 힘을 겨루는 장면이 그려져 있다.

17) 명절을 맞아 고향에 가는 자동차들의 _____ 이 꼬리에 꼬리를 맞물려 끝이 없었다.

18) 아이는 이번 시합에서 친구를 꼭 이기고야 말겠다고 _____ .

19) 백 점을 맞고 싶었던 아이는 주말 내내 시험공부에 _____ .

20) 새가 하늘 높이 솟구쳐 오르더니 _____ 날갯짓을 하며 강을 가로질러 훨훨 날아갔다.

21) 시험이 코앞인데 공부는 안 하고 _____ 놀기만 한다고 엄마한테 혼났다.

22) 그는 드론을 조종하는 _____ 이 뛰어나서 한 시간 넘게 드론을 비행시킬 수 있다.

23) 벼농사를 끝낸 추수 후부터 다음 모내기까지의 기간을 _____ 라고 한다.

24) 공부 욕심이 많았던 아이는 백 점을 맞지 못하면 _____ 잠을 못 잤다.

25) 옛날에 농한기가 되면 마을의 장정들은 집집을 돌면서 _____ 을 모아다가 마을 사람들과 함께 줄다리기에 쓸 줄을 만들었다.

26) 소는 수레 위에 짐을 가득 실은 _____ 를 덜컹덜컹 소리를 내며 끌고 갔다.

27) 늦은 밤이 되어도 아이가 귀가하지 않자 어머니는 동동 _____ .

28) 직업을 선택할 때는 돈을 _____ 말고, 꿈을 _____ 한다.

29) 올림픽은 전 세계 사람들이 어우러져 화합하는 _____ 의 축제이다.

30) 우리나라에서는 옛날부터 _____ 을 쓰다가 1896년 1월 1일부터 고종의 명령에 따라 양력을 쓰게 되었다.

줄다리기, 모두 하나 되는 대동 놀이 | 교과서 60~67쪽 |

꿈틀거리다

몸의 한 부분을 / 이리저리 꾸부리어 / 자꾸 움직이다

㉔ 40미터가 넘는 줄다리기 줄을 어깨에 메고 가는 모습을 위에서 내려다보니 •마치 용이 이리저리 움직이며 **꿈틀거리는** 것 같았다.

• **마치**   거의 비슷하게. 흡사

쩌렁쩌렁

목소리가 / 자꾸 크고 세게 울리는 소리 또는 그 모양을 나타내는 말

㉔ 우리나라 축구팀을 응원하는 •함성 소리가 온 경기장에 **쩌렁쩌렁** 울렸다.

• **함성**(喊 소리칠 함, 聲 소리 성)   여럿이 함께 목소리 높여 크게 지르는 소리

민속놀이

한자 백성 민 民
풍속 속 俗

•민간에 전하여 내려오는 / 그 지방의 생활과 •풍속이 나타나 있는 / 놀이

㉔ 민간에 전하여 내려오는 **민속놀이**는 농민들을 중심으로 행해졌으며, 그 종 류에는 가무 놀이, 경기 놀이, 겨루기 놀이, 아동 놀이 등이 있다.

• **민간**(民 백성 민, 間 사이 간)   보통 서민들의 사회

• **풍속**(風 바람 풍, 俗 풍속 속)   예로부터 전해 오는 의 · 식 · 주 및 생활에 관한 습관

풍물놀이

한자 바람 풍 風
만물 물 物

농촌에서 농부들이 / 나팔, 징, 꽹과리, 북 따위를 불거나 치면서 노래하고 춤추며 하 는 / 우리나라 •고유의 음악

㉔ 농사일을 즐겁게 하고, 마음과 힘을 하나로 모으기 위해 행해진 **풍물놀이**는 우 리 민족 고유의 놀이로, '풍물 굿'이나 '농악' 등의 이름으로 불리기도 했다.

• **고유**(固 굳을 고, 有 있을 유)   본디(처음)부터 지니고 있는 특유한 것

비 농악

풍년

한자 풍년 풍 豐
해 년 年

•평년보다 •수확이 많은 / 해

㉔ 줄다리기가 끝난 후 조상들은 줄을 썰어서 논에 거름으로 뿌렸는데, 이렇게 하 면 농작물이 병에 들지 않고 **풍년**이 든다고 믿었기 때문이다.

• **평년**(平 평평할 평, 年 해 년)   농사가 보통(흔히 있어 평범함) 정도로 된 해

• **수확**(收 거둘 수, 穫 거둘 확)   익은 곡식 · 채소 따위의 농작물을 거두어들임. 또는 그 농 작물

기원하다

한자 빌 기 祈
원할 원 願

원하는 일이 / 이루어지기를 / 빌다

㉔ 옛 조상들은 정월 대보름에 풍년을 **기원하며** •오곡밥을 먹었다.

• **오곡밥**(五 다섯 오, 穀 곡식 곡)   찹쌀에 기장 · 차조 · 검정콩 · 붉은팥의 다섯 가지 곡식으로 지은 밥

비 바라다, 빌다, 소원하다(所 바 소), 기도하다(禱 빌 도), 발원하다(發 필 발)

1 문장을 읽고, 알맞은 낱말을 써 넣어 봅시다.

1) 몸의 한 부분을 이리저리 꾸부리어 자꾸 움직이다 ☐☐☐☐☐

2) 목소리가 자꾸 크고 세게 울리는 소리 또는
   그 모양을 나타내는 말 ☐☐☐

3) 민간에 전하여 내려오는 그 지방의 생활과 풍속이
   나타나 있는 놀이 ☐☐☐☐

4) 농촌에서 농부들이 나팔, 징, 꽹과리, 북 따위를 불거나
   치면서 노래하고 춤추며 하는 우리나라 고유의 음악 ☐☐☐

5) 평년보다 수확이 많은 해 ☐☐

6) 원하는 일이 이루어지기를 빌다 ☐☐☐☐

2 밑줄 친 곳에 알맞은 낱말을 써 넣어 문장을 완성해 봅시다.

1) 40미터가 넘는 줄다리기 줄을 어깨에 메고 가는 모습을 위에서 내려다보니 마치 용이
   이리저리 움직이며 _____ 것 같았다.

2) 우리나라 축구팀을 응원하는 함성 소리가 온 경기장에 _____ 울렸다.

3) 민간에 전하여 내려오는 _____ 는 농민들을 중심으로 행해졌으며, 그 종류에
   는 가무 놀이, 경기 놀이, 겨루기 놀이, 아동 놀이 등이 있다.

4) 농사일을 즐겁게 하고, 마음과 힘을 하나로 모으기 위해 행해진 _____ 는
   우리 민족 고유의 놀이로, '풍물 굿'이나 '농악' 등의 이름으로 불리기도 했다.

5) 줄다리기가 끝난 후 조상들은 줄을 썰어서 논에 거름으로 뿌렸는데, 이렇게 하면 농작
   물이 병에 들지 않고 _____ 이 든다고 믿었기 때문이다.

6) 옛 조상들은 정월 대보름에 풍년을 _____ 오곡밥을 먹었다.

줄다리기, 모두 하나 되는 대동놀이 | 교과서 60~67쪽 |

암줄

줄다리기에서 / 한쪽 끝에 둥근 고리가 있어 / °수줄의 머리를 끼울 수 있게 된 쪽의 / 줄

㉮ 줄다리기에서 편을 나누어 줄을 잡을 때 여자는 **암줄**, 남자는 수줄을 잡는다.

° 수줄　　　 줄다리기에서, 한쪽 끝을 암줄로 꿰어 비녀목을 꽂고 잇게 된 동쪽 편의 줄

비녀목

한자 나무 목 木

줄다리기에서 / 암줄에 수줄을 끼울 때 벗겨지지 않게 하기 위해 / 수줄 가닥 사이에 끼우는 / 나무

㉮ 줄다리기에서 엮은 줄이 풀리지 않도록 수줄 가닥 사이에 **비녀목**을 꽂는다.

어르다

사람, 짐승을 / 놀리며 장난하다

㉮ 고양이는 쥐 한 마리를 물어 와서 앞발로 **어르고** 있었다.

승부

한자 이길 승 勝
질 부 負

이김과 짐

㉮ 옛날에 줄다리기의 **승부**를 겨룰 때 이기는 쪽은 항상 여자 편이었는데, 여자 편이 이겨야 풍년이 든다고 믿었기 때문이다.

비 승패(敗 패할 패)

지르다

한쪽과 다른 한쪽 사이를 / 막대, 줄 따위로 / °건너막다 또는 °내리꽂다

㉮ 줄다리기는 암줄에 수줄을 끼우고 비녀목을 **지르고** 나서 양편에서 서로 힘차게 줄을 당겨서 승부를 가린다.

° 건너막다　 (한쪽에서 다른 쪽까지) 죽 질러서 막다

° 내리꽂다　 (무엇을 어디에) 위에서 아래로 힘차게 찔러 넣다

응원하다

한자 응할 응 應
도울 원 援

하는 일이 잘되도록 / 곁에서 °돕다 또는 °격려하다

㉮ 이어달리기 시합이 시작되자 학생들은 자기편을 목이 터져라 **응원했다**.

° 돕다　　　 남이 하는 일이 잘되도록 거들거나 힘을 보태다

° 격려하다(激 격할감정·기세가 몹시 급하고 거세다 격, 勵 힘쓸 려)　　　 용기·의욕이 솟아나도록 북돋아 주다

1　문장을 읽고, 알맞은 낱말을 써 넣어 봅시다.

1)　줄다리기에서 한쪽 끝에 둥근 고리가 있어 수줄의
　　머리를 끼울 수 있게 된 쪽의 줄 　　　　□□

2)　줄다리기에서 암줄에 수줄을 끼울 때 벗겨지지 않게 하기 위해
　　수줄 가닥 사이에 끼우는 나무 　　　　□□□

3)　사람, 짐승을 놀리며 장난하다 　　　　□□□

4)　이김과 짐 　　　　□□

5)　한쪽과 다른 한쪽 사이를 막대, 줄 따위로 건너막다
　　또는 내리꽂다 　　　　□□□

6)　하는 일이 잘되도록 곁에서 돕다 또는 격려하다 　　　　□□□

2　밑줄 친 곳에 알맞은 낱말을 써 넣어 문장을 완성해 봅시다.

1)　줄다리기에서 편을 나누어 줄을 잡을 때 여자는 ＿＿＿＿＿, 남자는 수줄을 잡는다.

2)　줄다리기에서 엮은 줄이 풀리지 않도록 수줄 가닥 사이에 ＿＿＿＿ 을 꽂는다.

3)　고양이는 쥐 한 마리를 물어 와서 앞발로 ＿＿＿＿ 있었다.

4)　옛날에 줄다리기의 ＿＿＿＿ 를 겨룰 때 이기는 쪽은 항상 여자 편이었는데,
　　여자 편이 이겨야 풍년이 든다고 믿었기 때문이다.

5)　줄다리기는 암줄에 수줄을 끼우고 비녀목을 ＿＿＿＿ 나서 양편에서 서로
　　힘차게 줄을 당겨서 승부를 가린다.

6)　이어달리기 시합이 시작되자 학생들은 자기편을 목이 터져라 ＿＿＿＿.

줄다리기, 모두 하나 되는 대동 놀이 | 교과서 60~67쪽 |

소망

한자 바 소 所
바랄 망 望

어떤 일을 바람 또는 그 •바라는 것

예 그는 오랫동안 간절히 바라던 소망이 •성취되어 무척 기뻤다.

• 바라다   생각대로 되기를 원하다

• 성취(成 이룰 성, 就 나아갈·이룰 취) 목적한 바를 이룸

비 염원(念 생각 염, 願 원할 원), 소원, 원, 희망(希 바랄 희), 바람

거르다

사람이 •반복적인 행위를 / 하지 않고 넘어가다

예 아이는 늦잠을 자는 바람에 아침 식사를 **거른** 채 등교를 해서 배가 고팠다.

• 반복(反 돌이킬 반, 復 회복할 복)   같은 일을 여러 번 하고 또 함

비 건너뛰다, 건너다

한데

• 한곳 또는 한•군데

예 학생들은 두 편으로 나누기 위해 **한데** 모여 가위바위보를 했다.

• 한   (단위를 나타내는 말 앞에 쓰여) 그 수량이 '하나'임을 나타내는 말

• 군데   낱낱(여럿 가운데의 하나하나)의 '곳'을 세는 단위

일손

일하는 손 또는 일하는 사람

예 정월 대보름이 되면 집집마다 짚을 거두고 놀이에 필요한 돈과 **일손**을 내어 줄을 만들어 줄다리기 놀이를 했다.

지혜

한자 지혜 지 智
슬기로울 혜 慧

사물의 이치, 상황을 제대로 깨닫고 / 그것에 슬기롭게 대처할 방법을 생각해 내는 / 정신 능력

예 줄다리기에는 풍년을 기원하고, 마을 사람들이 마음을 한데 모아 •무사히 한 해 농사를 지으려는 조상들의 **지혜**가 담겨 있다.

• 무사히(無 없을 무, 事 일 사)   아무런 일이 없이. 사고가 없어서 편안하게

무형 문화재

한자 없을 무 無
모양 형 形
글월 문 文
될 화 化
재물 재 財

조상들의 •문화 중에서 / 노래, 춤, 기술처럼 일정한 모양이 없는 •유산

예 풍년을 기원하며 행하는 영산 줄다리기는 국가 **무형 문화재** 제26호로 •지정됐다.

• 문화(文 글월 문, 化 될 화) (의식주, 언어, 풍습, 종교, 학문, 예술, 제도 등) 사회 구성원들로부터 배우고 전달받은 모든 것

• 유산(遺 남길 유, 産 낳을 산)   앞 세대(조상들)이 남긴 가치 있는 사물이나 문화

• 지정되다(指 가리킬지, 定 정할 정)   어떤 것에 특정한 자격이 주어지다

1 문장을 읽고, 알맞은 낱말을 써 넣어 봅시다.

1) 어떤 일을 바람 또는 그 바라는 것

2) 사람이 반복적인 행위를 하지 않고 넘어가다

3) 한곳 또는 한군데

4) 일하는 손 또는 일하는 사람

5) 사물의 이치, 상황을 제대로 깨닫고 그것에 슬기롭게
   대처할 방법을 생각해 내는 정신 능력

6) 조상들의 문화 중에서 노래, 춤, 기술처럼
   일정한 모양이 없는 유산

2 밑줄 친 곳에 알맞은 낱말을 써 넣어 문장을 완성해 봅시다.

1) 그는 오랫동안 간절히 바라던 _____ 이 성취되어 무척 기뻤다.

2) 아이는 늦잠을 자는 바람에 아침 식사를 _____ 채 등교를 해서 배가 고팠다.

3) 학생들은 두 편으로 나누기 위해 _____ 모여 가위바위보를 했다.

4) 정월 대보름이 되면 집집마다 짚을 거두고 놀이에 필요한 돈과 _____ 을
   내어 줄을 만들어 줄다리기 놀이를 했다.

5) 줄다리기에는 풍년을 기원하고, 마을 사람들이 마음을 한데 모아 무사히 한 해 농사를
   지으려는 조상들의 _____ 가 담겨 있다.

6) 풍년을 기원하며 행하는 영산 줄다리기는 국가 _____ 제26호로 지정됐다.

조선의 냉장고 '석빙고'의 과학 | 교과서 68~75쪽 |

이동

한자 옮길 이 移
움직일 동 動

움직여서 옮김 또는 움직여서 자리를 바꿈

예 고체에서 열은 온도가 높은 곳에서 온도가 낮은 곳으로 **이동**하는데, 이러한 열의 **이동**을 •전도라고 한다.

• 전도(傳 전할 전, 導 인도할 도) 접촉해 있는 물질끼리, 또는 물질 내부에 있는 분자가 충돌하면서 열이 차례차례 전달되는 것

냉장고

한자 찰 냉 冷
감출 장 藏
곳집 고 庫

음식을 차게 하거나 신선하게 보관하기 위하여 / 낮은 온도에서 차갑게 저장하는 / 상자 모양의 장치

예 날씨가 너무 더워서 **냉장고** 안에 있는 시원한 음료수를 꺼내 마셨다.

무더위

온도와 습도가 매우 높아 / 찌는 듯 견디기 어려운 / •더위

예 여름철 •장마가 끝나자 •본격적인 **무더위**가 시작되었다.

• 더위   여름날의 몹시 더운 기운

• 장마   여름철 많은 비가 여러 날 계속해서 내리는 것. 또는 그 비

• 본격적(本 근본 본, 格 격식 격, 的 과녁 적)   일의 진행 상태가 제 궤도에 올라 매우 활발한 (것)

결론적

한자 맺을 결 結
논할 론 論
과녁 적 的

생각, 연구 끝에 / •최종적으로 •판단을 내리는 (것)

예 •녹양방초란 '푸른 버드나무'와 '향기로운 풀'을 뜻하는데, **결론적**으로 '자연의 아름다움'을 나타내는 말이다.

• 최종적(最 가장 최, 終 마칠 종)   맨 나중의 (것)

• 판단(判 판가름할 판, 斷 끊을 단)   (옳고 그름, 나음과 못함을) 따져서 분명하게 정함

• 녹양방초(綠 초록빛·푸를 녹, 楊 버들 양, 芳 꽃다울 방, 草 풀 초)

저장하다

한자 쌓을 저 貯
감출 장 藏

쓸 만한 값어치가 있는 / 물품을 / 모아서 쌓아 두다 또는 잘 •간수하다

예 다람쥐는 땅속에 굴을 파고 그곳에 먹이를 **저장하여** 겨울을 •난다.

• 간수하다   물건 따위를 잘 거두어 보호하거나 보관하다

• 나다(지내다, 보내다)   (어디에서 일정 기간을) 생활하며 지내다

창고

한자 곳집 창 倉
곳집 고 庫

물건을 보관하는 / 건물

예 석빙고는 얼음을 저장하기 위해 돌로 만든 **창고**이다.

비 곳간(庫 곳집 고, 間 사이 간), 곳집

1 **문장을 읽고, 알맞은 낱말을 써 넣어 봅시다.**

1) 움직여서 옮김 또는 움직여서 자리를 바꿈

2) 음식을 차게 하거나 신선하게 보관하기 위하여
   낮은 온도에서 차갑게 저장하는 상자 모양의 장치

3) 온도와 습도가 매우 높아 찌는 듯 견디기 어려운 더위

4) 생각, 연구 끝에 최종적으로 판단을 내리는 (것)

5) 쓸 만한 값어치가 있는 물품을 모아서 쌓아 두다
   또는 잘 간수하다

6) 물건을 보관하는 건물

2 **밑줄 친 곳에 알맞은 낱말을 써 넣어 문장을 완성해 봅시다.**

1) 고체에서 열은 온도가 높은 곳에서 온도가 낮은 곳으로 _____ 하는데,
   이러한 열의 _____ 을 전도라고 한다.

2) 날씨가 너무 더워서 _____ 안에 있는 시원한 음료수를 꺼내 마셨다.

3) 여름철 장마가 끝나자 본격적인 _____ 가 시작되었다.

4) 녹양방초란 '푸른 버드나무'와 '향기로운 풀'을 뜻하는데, _____ 으로 '자연의
   아름다움'을 나타내는 말이다.

5) 다람쥐는 땅속에 굴을 파고 그곳에 먹이를 _____ 겨울을 난다.

6) 석빙고는 얼음을 저장하기 위해 돌로 만든 _____ 이다.

5일

2. 지식이나 경험을 활용해요

조선의 냉장고 '석빙고'의 과학 | 교과서 68~75쪽 |

보관하다
한자 지킬 보 保
대롱 관 管

물건을 •맡아 / 지키고 · •관리하다
예 여름철에는 음식이 금방 상하기 때문에 음식을 반드시
냉장고에 **보관해야** 한다.
• **맡다**   어떤 물건을 받아 보관하다
• **관리하다**(管 대롱 관, 理 다스릴 리)   시설 · 물건을 유지하고 개량하다(나쁜 점을 고쳐 좋
게 하다)

석빙고
한자 돌 석 石
얼음 빙 氷
곳집 고 庫

얼음을 넣어두던 돌로 만든 / 창고
예 얼음을 보관하는 창고는 삼국 시대 때부터 만들어졌으나, 지금까지 남아 있
는 **석빙고**는 모두 조선 시대에 만들어진 것이다.

빙실
한자 얼음 빙 氷
집 실 室

얼음을 저장하여 두는 / 곳
예 옛사람들이 얼음을 저장하던 곳인 **빙실**은 그 안의 찬 공기가 아래로 내려가
서 오랫동안 머물렀기 때문에 안의 있는 얼음이 녹지 않았다.
비 빙고, 장빙고(藏 감출 장)

생활필수품
한자 날 생 生
살 활 活
반드시 필 必
쓰일 수 需
물건 품 品

•일상생활에 / 반드시 있어야 할 / •물품
예 오늘날 휴대폰은 현대인에게 없어서는 안 될 **생활필수품**이 되었다.
• **일상생활**(日 날 일, 常 항상 상)   날마다의 생활. 평소의 생활
• **물품**(物 물건 물, 品 물건 품)   쓸 만한 값어치가 있는 물건

냉기
한자 찰 냉 冷
기운 기 氣

차가운 기운
예 •늦가을로 접어들자 **냉기**가 제법 느껴지는 •쌀쌀한 바람이 불었다.
• **늦가을**(만추 晚 늦을 만, 秋 가을 추)   가을이 끝나 가는 무렵
• **쌀쌀하다**   날씨나 바람 따위가 으스스하게 차다
비 찬기, 한기(寒 찰 한)

인공적
한자 사람 인 人
장인 공 工
과녁 적 的

사람의 힘으로 / 만든 (것)
예 현대인의 생활필수품인 냉장고는 냉기나 얼음을 **인공적**으로 만드는 •장치이다.
• **장치**(裝 꾸밀 장, 置 둘 치)   어떤 목적에 따라 기능하도록 기계나 설비 따위를 달아서 붙
이거나 갖추어 차림. 또는 그 기계나 설비
비 인위적(人 사람 인, 爲 할 위)

1　문장을 읽고, 알맞은 낱말을 써 넣어 봅시다.

1)　물건을 맡아 지키고 · 관리하다

2)　얼음을 넣어두던 돌로 만든 창고

3)　얼음을 저장하여 두는 곳

4)　일상생활에 반드시 있어야 할 물품

5)　차가운 기운

6)　사람의 힘으로 만든 (것)

3주
5일

2　밑줄 친 곳에 알맞은 낱말을 써 넣어 문장을 완성해 봅시다.

1)　여름철에는 음식이 금방 상하기 때문에 음식을 반드시 냉장고에 _____ 한다.

2)　얼음을 보관하는 창고는 삼국 시대 때부터 만들어졌으나, 지금까지 남아 있는 _____ 는 모두 조선 시대에 만들어진 것이다.

3)　옛사람들이 얼음을 저장하던 곳인 _____ 은 그 안의 찬 공기가 아래로 내려가서 오랫동안 머물렀기 때문에 안의 있는 얼음이 녹지 않았다.

4)　오늘날 휴대폰은 현대인에게 없어서는 안 될 _____ 이 되었다.

5)　늦가을로 접어들자 _____ 가 제법 느껴지는 쌀쌀한 바람이 불었다.

6)　현대인의 생활필수품인 냉장고는 냉기나 얼음을 _____ 으로 만드는 장치이다.

1 **문장을 읽고, 알맞은 낱말을 써 넣어 봅시다.**

1) 움직여서 옮김 또는 움직여서 자리를 바꿈 _____

2) 몸의 한 부분을 이리저리 꾸부리어 자꾸 움직이다 _____

3) 얼음을 넣어두던 돌로 만든 창고 _____

4) 목소리가 자꾸 크고 세게 울리는 소리 또는
그 모양을 나타내는 말 _____

5) 한곳 또는 한군데 _____

6) 어떤 일을 바람 또는 그 바라는 것 _____

7) 한쪽과 다른 한쪽 사이를 막대, 줄 따위로 건너막다
또는 내리꽂다 _____

8) 줄다리기에서 한쪽 끝에 둥근 고리가 있어 수줄의
머리를 끼울 수 있게 된 쪽의 줄 _____

9) 쓸 만한 값어치가 있는 물품을 모아서 쌓아 두다
또는 잘 간수하다 _____

10) 사람, 짐승을 놀리며 장난하다 _____

11) 원하는 일이 이루어지기를 빌다 _____

12) 음식을 차게 하거나 신선하게 보관하기 위하여
낮은 온도에서 차갑게 저장하는 상자 모양의 장치 _____

13) 일하는 손 또는 일하는 사람 _____

14) 사람의 힘으로 만든 (것) _____

15) 이김과 짐 _____

16） 사물의 이치, 상황을 제대로 깨닫고 그것에 슬기롭게
　　　대처할 방법을 생각해 내는 정신 능력　　　　　　　　　　＿＿＿＿＿＿

17） 일상생활에 반드시 있어야 할 물품　　　　　　　　　　＿＿＿＿＿＿

18） 조상들의 문화 중에서 노래, 춤, 기술처럼
　　　일정한 모양이 없는 유산　　　　　　　　　　　　　　　＿＿＿＿＿＿

19） 민간에 전하여 내려오는 그 지방의 생활과 풍속이
　　　나타나 있는 놀이　　　　　　　　　　　　　　　　　　＿＿＿＿＿＿

20） 차가운 기운　　　　　　　　　　　　　　　　　　　　＿＿＿＿＿＿

21） 농촌에서 농부들이 나팔, 징, 꽹과리, 북 따위를 불거나
　　　치면서 노래하고 춤추며 하는 우리나라 고유의 음악　　　＿＿＿＿＿＿

22） 평년보다 수확이 많은 해　　　　　　　　　　　　　　＿＿＿＿＿＿

23） 줄다리기에서 암줄에 수줄을 끼울 때 벗겨지지 않게 하기 위해
　　　수줄 가닥 사이에 끼우는 나무　　　　　　　　　　　　＿＿＿＿＿＿

24） 물건을 보관하는 건물　　　　　　　　　　　　　　　　＿＿＿＿＿＿

25） 사람이 반복적인 행위를 하지 않고 넘어가다　　　　　　＿＿＿＿＿＿

26） 물건을 맡아 지키고·관리하다　　　　　　　　　　　　＿＿＿＿＿＿

27） 생각, 연구 끝에 최종적으로 판단을 내리는 (것)　　　　＿＿＿＿＿＿

28） 하는 일이 잘되도록 곁에서 돕다 또는 격려하다　　　　　＿＿＿＿＿＿

29） 얼음을 저장하여 두는 곳　　　　　　　　　　　　　　＿＿＿＿＿＿

30） 온도와 습도가 매우 높아 찌는 듯 견디기 어려운 더위　　＿＿＿＿＿＿

2 밑줄 친 곳에 알맞은 낱말을 써 넣어 문장을 완성해 봅시다.

1) 옛 조상들은 정월 대보름에 풍년을 _____ 오곡밥을 먹었다.

2) 여름철에는 음식이 금방 상하기 때문에 음식을 반드시 냉장고에 _____ 한다.

3) 오늘날 휴대폰은 현대인에게 없어서는 안 될 _____ 이 되었다.

4) 고양이는 쥐 한 마리를 물어 와서 앞발로 _____ 있었다.

5) 얼음을 보관하는 창고는 삼국 시대 때부터 만들어졌으나, 지금까지 남아 있는 _____ 는 모두 조선 시대에 만들어진 것이다.

6) 고체에서 열은 온도가 높은 곳에서 온도가 낮은 곳으로 _____ 하는데, 이러한 열의 _____ 을 전도라고 한다.

7) 민간에 전하여 내려오는 _____ 는 농민들을 중심으로 행해졌으며, 그 종류에는 가무 놀이, 경기 놀이, 겨루기 놀이, 아동 놀이 등이 있다.

8) 날씨가 너무 더워서 _____ 안에 있는 시원한 음료수를 꺼내 마셨다.

9) 우리나라 축구팀을 응원하는 함성 소리가 온 경기장에 _____ 울렸다.

10) 여름철 장마가 끝나자 본격적인 _____ 가 시작되었다.

11) 이어달리기 시합이 시작되자 학생들은 자기편을 목이 터져라 _____ .

12) 아이는 늦잠을 자는 바람에 아침 식사를 _____ 채 등교를 해서 배가 고팠다.

13) 늦가을로 접어들자 _____ 가 제법 느껴지는 쌀쌀한 바람이 불었다.

14) 녹양방초란 '푸른 버드나무'와 '향기로운 풀'을 뜻하는데, _____ 으로 '자연의 아름다움'을 나타내는 말이다.

15) 학생들은 두 편으로 나누기 위해 _____ 모여 가위바위보를 했다.

16) 현대인의 생활필수품인 냉장고는 냉기나 얼음을 _____ 으로 만드는 장치이다.

17） 줄다리기에는 풍년을 기원하고, 마을 사람들이 마음을 한데 모아 무사히 한 해 농사를
지으려는 조상들의 _____ 가 담겨 있다.

18） 농사일을 즐겁게 하고, 마음과 힘을 하나로 모으기 위해 행해진 _____ 는
우리 민족 고유의 놀이로, '풍물 굿'이나 '농악' 등의 이름으로 불리기도 했다.

19） 풍년을 기원하며 행하는 영산 줄다리기는 국가 _____ 제26호로
지정됐다.

20） 다람쥐는 땅속에 굴을 파고 그곳에 먹이를 _____ 겨울을 난다.

21） 석빙고는 얼음을 저장하기 위해 돌로 만든 _____ 이다.

22） 옛사람들이 얼음을 저장하던 곳인 _____ 은 그 안의 찬 공기가 아래로
내려가서 오랫동안 머물렀기 때문에 안의 있는 얼음이 녹지 않았다.

23） 줄다리기가 끝난 후 조상들은 줄을 썰어서 논에 거름으로 뿌렸는데, 이렇게 하면
농작물이 병에 들지 않고 _____ 이 든다고 믿었기 때문이다.

24） 줄다리기에서 편을 나누어 줄을 잡을 때 여자는 _____, 남자는 수줄을
잡는다.

25） 그는 오랫동안 간절히 바라던 _____ 이 성취되어 무척 기뻤다.

26） 줄다리기에서 엮은 줄이 풀리지 않도록 수줄 가닥 사이에 _____ 을 꽂는다.

27） 정월 대보름이 되면 집집마다 짚을 거두고 놀이에 필요한 돈과 _____ 을
내어 줄을 만들어 줄다리기 놀이를 했다.

28） 옛날에 줄다리기의 _____ 를 겨룰 때 이기는 쪽은 항상 여자 편이었는데,
여자 편이 이겨야 풍년이 든다고 믿었기 때문이다.

29） 줄다리기는 암줄에 수줄을 끼우고 비녀목을 _____ 나서 양편에서 서로
힘차게 줄을 당겨서 승부를 가린다.

30） 40미터가 넘는 줄다리기 줄을 어깨에 메고 가는 모습을 위에서 내려다보니 마치 용이
이리저리 움직이며 _____ 것 같았다.

1 일

2. 지식이나 경험을 활용해요

학교진도시기
9월 1, 2주

효과적
한자 본받을 효 效
실과 과 果
과녁 적 的

어떤 목적을 지닌 행위에 의하여 / 좋은 결과가 / 나타나는 (것)
예 마스크를 •착용하는 것은 감기 등의 질병을 •예방하는 데 **효과적**이다.
•착용(着 붙을 착, 用 쓸 용) (옷, 모자, 신발, 액세서리 따위를) 입거나, 쓰거나, 신거나, 차거나 함
•예방하다(豫 미리 예, 防 막을 방) (일이 생기기 전에) 미리 막다

냉동
한자 찰 냉 冷
얼 동 凍

음식 따위를 / •얼림
예 빙고는 겨울에 보관해 두었던 얼음을 이듬해 가을까지 녹지 않게 효과적으로 보관할 수 있는 **냉동** 창고이다.
•얼다 액체나 물기가 있는 물체를 찬 기운에 의해 고체 상태로 굳어지게 하다

이듬해 (익년)
한자 다음날 익 翌
해 년 年

•그해의 / 바로 다음에 오는 / 해
예 •대학 입시에 떨어진 그는 •재수 끝에 **이듬해**에 대학교에 합격했다.
•그해(당해, 당년)(當 마땅 당) 말하는 사람이 이야기하고자 하는 과거의 어느 해
•대학 입시(入 들 입, 試 시험 시) 대학에 입학하기 위하여 치르는 시험
•재수(再 두 번 재, 修 닦을 수) 한 번 배웠던 과정을 다시 배움

진상하다
한자 나아갈 ·
오를 진 進
위 상 上

지방의 •특산물, 귀한 물품 따위를 / 임금이나 · 높은 지위에 있는 사람에게 / 바침
예 고려 시대부터 제주도의 귤과 전복 같은 특산물을 임금에게 **진상했다**.
•특산물(토산물)(特 특별할 특, 産 낳을 산, 物 물건 물, 土 흙 토) 그 지방의 특별한 산물 (어떤 지방에서 생산되는 물건)

기록하다
한자 기록할 기 記
기록할 록 錄

남길 필요가 있는 사실을 / 글, •기호로 / 적다
예 김 교사는 학생들의 시험지를 채점한 후에 그 결과를 컴퓨터 파일에 **기록했다**.
•기호(記 기록할 기, 號 이름 호) (어떤 뜻을 나타내기 위해 쓰는) 글자, 그림 따위를 통틀어 이르는 말

입추
한자 설 입 立
가을 추 秋

24•절기 중 / 13번째 절기
예 가을로 접어드는 **입추**가 지나자 아침저녁으로 서늘한 바람이 분다.
•절기(節 마디 절, 氣 기운 기) 한 해를 스물넷으로 나눈 계절의 구분

54 | 국단어 완전 정복

1 문장을 읽고, 알맞은 낱말을 써 넣어 봅시다.

1) 어떤 목적을 지닌 행위에 의하여 좋은 결과가 나타나는 (것) ☐☐☐

2) 음식 따위를 얼림 ☐☐

3) 그해의 바로 다음에 오는 해 ☐☐☐

4) 지방의 특산물, 귀한 물품 따위를 임금이나 ·
   높은 지위에 있는 사람에게 바침 ☐☐☐☐

5) 남길 필요가 있는 사실을 글, 기호로 적다 ☐☐☐☐

6) 24절기 중 13번째 절기 ☐☐

2 밑줄 친 곳에 알맞은 낱말을 써 넣어 문장을 완성해 봅시다.

1) 마스크를 착용하는 것은 감기 등의 질병을 예방하는 데 _____ 이다.

2) 빙고는 겨울에 보관해 두었던 얼음을 이듬해 가을까지 녹지 않게 효과적으로 보관할
   수 있는 _____ 창고이다.

3) 대학 입시에 떨어진 그는 재수 끝에 _____ 에 대학교에 합격했다.

4) 고려 시대부터 제주도의 귤과 전복 같은 특산물을 임금에게 _____ .

5) 김 교사는 학생들의 시험지를 채점한 후에 그 결과를 컴퓨터 파일에 _____ .

6) 가을로 접어드는 _____ 가 지나자 아침저녁으로 서늘한 바람이 분다.

2. 지식이나 경험을 활용해요

2일

왕실
한자 임금 왕 王
집 실 室

임금의 집안 또는 **왕의 가족과 친척**
예 창경궁은 **왕실**의 웃어른인 •대비들이 편히 지낼 수 있도록 지은 궁궐이다.
• 대비(상왕비)(大 큰 대, 妃 왕비 비, 上 윗 상)　선왕(선대의 임금)의 후비(임금의 아내)를
　　　　　　　　　　　　　　　　　　　　　이르던 말

비 왕가(家 집 가), 왕족(族 겨레 족)

장빙
한자 감출 장 藏
얼음 빙 氷

겨울에 얼음을 떠서 •곳간에 넣어 둠 또는 그 얼음
예 우리나라는 옛날부터 한겨울의 얼음을 보관했다가 쓰는 **장빙** 기술이 •발
　 달했다.
• 곳간(곳집)(庫 곳집 고, 間 사이 간)　식량, 물건 따위를 보관하는 곳
• 발달하다(發 필 발, 達 통달할 달)　한 단계 더 높은 수준에 이르다

식용
한자 먹을 식 食
쓸 용 用

먹을 것으로 / 씀 또는 먹을 것으로 쓰는 / 물건
예 유대교와 이슬람교에서는 돼지고기의 **식용**을 •금지하고 있다.
• 금지하다(禁 금할 금, 止 그칠 지)　어떤 행위를 하지 못하게 하다

의료용
한자 의원 의 醫
고칠 료 療
쓸 용 用

•치료에 쓰이는 / 물건
예 의학 기술의 발달로 의사를 대신하여 수술 과정의 전체 혹은 일부를 작업하
　 는 **의료용** 로봇이 병원에서 활용되고 있다.
• 치료(治 다스릴 치, 療 고칠 료)　병·상처를 다스려 낫게 함

공급하다
한자 이바지할 공 供
줄 급 給

요구, 필요에 따라 물품 따위를 •마련해 주다 또는 •내주다
예 •구호 단체에서 •난민들에게 음식과 약품을 **공급했다**.
• 마련하다　필요한 것을 미리 골고루 준비하다(갖추다)
• 내주다　가졌던 것을 남에게 건네주다
• 구호(救 구원할 구, 護 도울 호)　어려움에 처한 사람을 도와 보호함
• 난민(難 어려울 난, 民 백성 민)　전쟁이나 재난으로 어려움에 빠진 사람

정식
한자 바를 정 正
법 식 式

•정당한 방법 또는 정당한 형식
예 태권도는 1988년 올림픽에서 처음으로 •시범 종목으로 •포함되었고, 2000년
　 올림픽에서 **정식** 종목으로 •채택되었다.
• 정당하다(正 바를 정, 當 마땅 당)　바르고 옳다
• 시범(示 보일 시, 範 법 범)　모범을 보임
• 포함되다(包 감쌀 포, 含 머금을 함)　(무엇이 어디에) 함께 들어가다, 함께 넣어지다
• 채택되다(採 캘 채, 擇 가릴 택)　(무엇이) 몇 가지 중에서 골라져 뽑히다

조선의 냉장고, '장빙'과 '고요', 그리고 공급 | 교과서 66~75쪽 |

1　문장을 읽고, 알맞은 낱말을 써 넣어 봅시다.

1)　임금의 집안 또는 왕의 가족과 친척

2)　겨울에 얼음을 떠서 곳간에 넣어 둠 또는 그 얼음

3)　먹을 것으로 씀 또는 먹을 것으로 쓰는 물건

4)　치료에 쓰이는 물건

5)　요구, 필요에 따라 물품 따위를 마련해 주다 또는 내주다

6)　정당한 방법 또는 정당한 형식

**4주
2일**

2　밑줄 친 곳에 알맞은 낱말을 써 넣어 문장을 완성해 봅시다.

1)　창경궁은 _____ 의 웃어른인 대비들이 편히 지낼 수 있도록 지은 궁궐이다.

2)　우리나라는 옛날부터 한겨울의 얼음을 보관했다가 쓰는 _____ 기술이 발달했다.

3)　유대교와 이슬람교에서는 돼지고기의 _____ 을 금지하고 있다.

4)　의학 기술의 발달로 의사를 대신하여 수술 과정의 전체 혹은 일부를 작업하는 _____ 로봇이 병원에서 활용되고 있다.

5)　구호 단체에서 난민들에게 음식과 약품을 _____ .

6)　태권도는 1988년 올림픽에서 처음으로 시범 종목으로 포함되었고, 2000년 올림픽에서 _____ 종목으로 채택되었다.

3일

2. 지식이나 경험을 활용해요

관청

한자 벼슬 관 官
관청 청 廳

나랏일을 맡아서 하는 / °기관 또는 그런 곳

예 조선시대에 빙고는 얼음을 저장하고 °지급하는 일을 맡은 정식 **관청**이었다.

° 기관(機 틀 기, 關 관계할 관) 사회생활의 영역에서 일정한 역할과 목적을 위해 만든 조직

° 지급하다(支 지탱할 지, 給 줄 급) (돈 · 물품 따위를 정해진 몫만큼) 내어 주다

규정하다

한자 법 규 規
정할 정 定

°규칙으로 정하다

예 학급 회의를 통해 8시 30분 이후에 교실에 들어오는 것을 °지각으로 **규정**했다.

° 규칙(規 법 규, 則 법칙 칙) (여러 사람이 다 함께 지키기로 정한) 약속

° 지각(遲 더딜 · 늦을지, 刻 새길 각) 정한 시각보다 늦게 옴

엄격히

한자 엄할 엄 嚴
격식 격 格

말, 태도, 규칙 따위가 / 매우 °엄하고 °철저히

예 조선 시대의 정식 관청이었던 빙고는, 법으로 **엄격히** 규정할 만큼, 얼음의 공급을 중요하게 여겼다.

° 엄하다 (규율 · 규칙을 적용하는 것이) 매우 철저하고 바르다

° 철저하다(徹 통할 철, 底 밑 저) 깊은 구석구석까지 빈틈이나 부족함이 없다

너비

°평면, 넓은 물체의 / 가로를 잰 길이

예 넓이는 '공간의 크기'를 나타내는 말이고, **너비**는 물체의 '가로 길이'를 가리키는 말이다.

° 평면(平 평평할 평, 面 낯(얼굴) 면) 평평한 표면

비 광(廣 넓을 광), 폭(幅 너비 폭)

지하

한자 땅 지 地
아래 하 下

땅속 또는 땅속을 파고 만든 °구조물의 공간

예 이 건물은 °지상 123층, **지하** 6층의 °웅장한 규모로 지어졌다.

° 구조물(構 얽을 구, 造 지을 조, 物 물건 물) 일정한 설계에 따라 여러 가지 재료를 얽어서 만든 건물, 다리, 터널과 같은 시설물

° 지상(地 땅 지, 上 윗 상) 땅의 위. 지면

° 웅장하다(雄 수컷 웅, 壯 장할 장) 규모(사물의 크기)가 엄청나게 크다

출입구

한자 날 출 出
들 입 入
입구 口

°출입하는 / 곳

예 교실의 **출입구**는 °대개 앞문과 뒷문, 두 곳이 있다.

° 출입하다 (사람이 어떤 곳을) 들어가고 나오다

° 대개(大 클 대, 槪 대부분 개) 일반적인 경우에

---

1 문장을 읽고, 알맞은 낱말을 써 넣어 봅시다.

1) 나랏일을 맡아서 하는 기관 또는 그런 곳

2) 규칙으로 정하다

3) 말, 태도, 규칙 따위가 매우 엄하고 철저히

4) 평면, 넓은 물체의 가로를 잰 길이

5) 땅속 또는 땅속을 파고 만든 구조물의 공간

6) 출입하는 곳

4주 3일

2 밑줄 친 곳에 알맞은 낱말을 써 넣어 문장을 완성해 봅시다.

1) 조선시대에 빙고는 얼음을 저장하고 지급하는 일을 맡은 정식 _____ 이었다.

2) 학급 회의를 통해 8시 30분 이후에 교실에 들어오는 것을 지각으로 _____ .

3) 조선 시대의 정식 관청이었던 빙고는, 법으로 _____ 규정할 만큼, 얼음의 공급을 중요하게 여겼다.

4) 넓이는 '공간의 크기'를 나타내는 말이고, _____ 는 물체의 '가로 길이'를 가리키는 말이다.

5) 이 건물은 지상 123층, _____ 6층의 웅장한 규모로 지어졌다.

6) 교실의 _____ 는 대개 앞문과 뒷문, 두 곳이 있다.

조선의 냉장고 '석빙고'의 과학 | 교과서 68~75쪽

구조

한자 얽을 구 構
지을 조 造

여러 •부분, •요소가 / 어떤 전체를 짜서 이룸 또는 **그 전체를 이루는 •짜임새**

예 겨울이 길고 추웠던 북부 지방에서는 'ㅁ자' 형의 •가옥 **구조**가 발달했다.

• 부분(部 떼·거느릴 부, 分 나눌 분)　전체를 몇 개로 나눈 것 중에서 하나

• 요소(要 요긴할·중요할 요, 素 본디·바탕 소)　꼭 있어야 할 성분(부분) 또는 조건

• 짜임새　(글·이야기 따위가) 체계를 갖추어 연관되어 있는 상태

• 가옥(家 집 가, 屋 집 옥)　사람이 들어가 살기 위해 지은 집

비 구성(成 이룰 성), 조직(組 짤 조, 織 짤 직), 얼개, 짜임

이중

한자 두 이 二
무거울 중 重

두 겹 또는 두 번 / •거듭되거나 겹침

예 석빙고의 지붕은 **이중** 구조인데, 바깥쪽은 진흙으로 만들었고, 안쪽은
　　•화강암으로 만들었다.

• 거듭되다　(일이나 상황이) 다시 한 번 되풀이되거나 반복적으로 되풀이되다

• 화강암(花 꽃 화, 崗 언덕 강, 巖 바위 암)　마그마(magma 지구 내부에 있는 암석이
　　열에 녹아 액체 상태로 된 것)가 땅속 깊은 곳에서 천천히 식으며 굳어진 암석

열전달

한자 더울 열 熱
전할 전 傳
통할 달 達

두 물체 사이에서 / 열에너지가 이동하는 것

예 열이 어떤 물체에서 다른 물체로 이동되는 현상을 **열전달**이라고 한다.

반원형

한자 반 반 半
둥글 원 圓
모양 형 形

원을 / 반으로 자른 것(반원)과 같이 생긴 모양

예 •오케스트라 •단원들은 지휘자를 중심으로 동그랗게 **반원형**으로 둘러앉았다.

• 오케스트라(관현악)(orchestra)　관악기, 타악기, 현악기가 함께 연주하는 형태

• 단원(團 둥글·모일 단, 員 인원 원)　어떤 단체를 이루고 있는 사람들(구성원)

장대석

한자 길 장 長
돈대 대 臺
돌 석 石

계단의 층계, •축대를 / 쌓는 데 쓰이는 / 네모지고 긴 돌

예 고구려 시대의 무덤인 •장군총은 높이가 약 13미터에 이르며, 길게 다듬은
　　장대석 1,100여 개를 7층에 걸쳐 쌓아서 만들었다.

• 축대(築 쌓을 축, 臺 대높고 평평한 건축물 대)　높이 쌓아 올린 곳(자리)

• 장군총(將 장수 장, 軍 군사 군, 塚 무덤 총)　고구려 때의 돌무덤

걸치다

어떤 물체의 / 양쪽에 / 다른 물체를 가로질러 올려 놓다

예 산의 •계곡 사이에는 흔들리는 구름다리가 **걸쳐** 있다.

• 계곡(溪 시내 계, 谷 골·골짜기 곡)　산과 산 사이에 움푹 패어 들어가 물이 흐르는 곳

1 **문장을 읽고, 알맞은 낱말을 써 넣어 봅시다.**

1) 여러 부분, 요소가 어떤 전체를 짜서 이룸 또는 그 전체를 이루는 짜임새

2) 두 겹 또는 두 번 거듭되거나 겹침

3) 두 물체 사이에서 열에너지가 이동하는 것

4) 원을 반으로 자른 것(반원)과 같이 생긴 모양

5) 계단의 층계, 축대를 쌓는 데 쓰이는 네모지고 긴 돌

6) 어떤 물체의 양쪽에 다른 물체를 가로질러 올려 놓다

4주
4일

2 **밑줄 친 곳에 알맞은 낱말을 써 넣어 문장을 완성해 봅시다.**

1) 겨울이 길고 추웠던 북부 지방에서는 'ㅁ자' 형의 가옥 _____ 가 발달했다.

2) 석빙고의 지붕은 _____ 구조인데, 바깥쪽은 진흙으로 만들었고, 안쪽은 화강암으로 만들었다.

3) 열이 어떤 물체에서 다른 물체로 이동되는 현상을 _____ 이라고 한다.

4) 오케스트라 단원들은 지휘자를 중심으로 동그랗게 _____ 으로 둘러앉았다.

5) 고구려 시대의 무덤인 장군총은 높이가 약 13미터에 이르며, 길게 다듬은 _____ 1,100여 개를 7층에 걸쳐 쌓아서 만들었다.

6) 산의 계곡 사이에는 흔들리는 구름다리가 _____ 있다.

2. 지식이나 경험을 활용해요

조선미, 고향숙, 고용숙 외 | 교과서 68~75쪽

차단하다
한자 가릴 차 遮
끊을 단 斷

무엇을 통하지 못하게 / 막다 또는 끊다

예 피부에 *선크림을 바르고 외출하면 *자외선을 어느 정도 **차단할** 수 있다.

* **선크림(sun cream)** 피부를 자외선으로부터 보호하거나 햇빛에 타지 않도록 하기 위해 바르는 기능성 화장품
* **자외선(紫 자줏빛 자, 外 바깥 외, 線 줄 선)** 태양광의 스펙트럼을 사진으로 찍었을 때, 가시광선보다 짧은 파장으로 눈에 보이지 않는 빛

배수로
(배수구)
한자 물리칠 배 排
물 수 水
길 로 路
도랑매우 좁고
작은 개울 구 溝

물이 / 빠져나갈 수 있게 만든 / *물길

예 빗물이 *고이지 않도록 땅 *주위에 **배수로**를 팠다.

* **물길(수도, 수로)** 물이 흐르거나 물을 보내는 통로(통하여 다니는 길)
* **고이다** (액체 · 가스 · 냄새 따위가) 우묵한 곳에 모이다
* **주위(周 두루 주, 圍 에워쌀 위)** (어떤 곳의) 바깥 둘레

경사지다
한자 기울 경 傾
비낄비스듬히 한쪽으로 놓이다 사 斜

땅, 바닥 따위가 / 한쪽으로 / *기울어지다

예 자전거를 타고 가다가 **경사진** *오르막길을 *맞닥뜨리면 덜컥 겁이 난다.

* **기울어지다** 비스듬히 낮아지거나 비뚤어지게 되다
* **오르막길** 낮은 곳에서 높은 곳으로 이어지는 언덕에 난 길
* **맞닥뜨리다** (상황 · 일에) 갑자기 마주 대하거나, 만나다
* 비 비탈지다, 기울어지다, 기울다

환기구
한자 바꿀 환 換
기운 기 氣
입 구 口

탁한 공기를 맑은 공기로 / 바꾸거나 · 온도 조절을 위해 / 공기가 드나들 수 있도록 만든 / 구멍

예 **환기구**를 닫아 놓은 탓에 빠져나가지 못한 연기가 방안에 가득 찼다.

왕겨
한자 임금 왕 王

벼의 겉껍질

예 현미기는 벼를 두 개의 롤러 사이에 넣어서 **왕겨**와 *현미로 *분리하는 기계이다.

* **현미(玄 검을 현, 米 쌀 미)** 왕겨만 벗겨 낸 쌀
* **분리하다(分 나눌 분, 離 떠날 리)** 서로 나누어 떨어지게 하다

단열
한자 끊을 단 斷
더울 열 熱

물체와 물체 사이에 / 열의 이동을 막음

예 *보온병을 사용하면 **단열**이 돼서 음료수를 오랫동안 따뜻하게 보관할 수 있다.

* **보온병(保 지킬 보, 溫 따뜻할 온, 瓶 병 병)** 주위의 온도에 관계없이 일정한 온도를 유지하도록 만들어진 병

1 **문장을 읽고, 알맞은 낱말을 써 넣어 봅시다.**

1) 무엇을 통하지 못하게 막다 또는 끊다

2) 물이 빠져나갈 수 있게 만든 물길

3) 땅, 바닥 따위가 한쪽으로 기울어지다

4) 탁한 공기를 맑은 공기로 바꾸거나·온도 조절을 위해 공기가 드나들 수 있도록 만든 구멍

5) 벼의 겉껍질

6) 물체와 물체 사이에 열의 이동을 막음

4주
5일

2 **밑줄 친 곳에 알맞은 낱말을 써 넣어 문장을 완성해 봅시다.**

1) 피부에 선크림을 바르고 외출하면 자외선을 어느 정도 _____ 수 있다.

2) 빗물이 고이지 않도록 땅 주위에 _____ 를 팠다.

3) 자전거를 타고 가다가 _____ 오르막길을 맞닥뜨리면 덜컥 겁이 난다.

4) _____ 를 닫아 놓은 탓에 빠져나가지 못한 연기가 방안에 가득 찼다.

5) 현미기는 벼를 두 개의 롤러 사이에 넣어서 _____ 와 현미로 분리하는 기계이다.

6) 보온병을 사용하면 _____ 이 돼서 음료수를 오랫동안 따뜻하게 보관할 수 있다.

1 **문장을 읽고, 알맞은 낱말을 써 넣어 봅시다.**

1) 물이 빠져나갈 수 있게 만든 물길   _____

2) 나랏일을 맡아서 하는 기관 또는 그런 곳   _____

3) 벼의 겉껍질   _____

4) 규칙으로 정하다   _____

5) 치료에 쓰이는 물건   _____

6) 말, 태도, 규칙 따위가 매우 엄하고 철저히   _____

7) 음식 따위를 얼림   _____

8) 평면, 넓은 물체의 가로를 잰 길이   _____

9) 물체와 물체 사이에 열의 이동을 막음   _____

10) 땅속 또는 땅속을 파고 만든 구조물의 공간   _____

11) 여러 부분, 요소가 어떤 전체를 짜서 이룸 또는
그 전체를 이루는 짜임새   _____

12) 24절기 중 13번째 절기   _____

13) 두 겹 또는 두 번 거듭되거나 겹침   _____

14) 지방의 특산물, 귀한 물품 따위를 임금이나 ·
높은 지위에 있는 사람에게 바침   _____

15) 정당한 방법 또는 정당한 형식   _____

16) 원을 반으로 자른 것(반원)과 같이 생긴 모양 _____

17) 땅, 바닥 따위가 한쪽으로 기울어지다 _____

18) 어떤 물체의 양쪽에 다른 물체를 가로질러 올려 놓다 _____

19) 출입하는 곳 _____

20) 어떤 목적을 지닌 행위에 의하여 좋은 결과가 나타나는 (것) _____

21) 임금의 집안 또는 왕의 가족과 친척 _____

22) 요구, 필요에 따라 물품 따위를 마련해 주다 또는 내주다 _____

23) 두 물체 사이에서 열에너지가 이동하는 것 _____

24) 그해의 바로 다음에 오는 해 _____

25) 남길 필요가 있는 사실을 글, 기호로 적다 _____

26) 탁한 공기를 맑은 공기로 바꾸거나 · 온도 조절을 위해
    공기가 드나들 수 있도록 만든 구멍 _____

27) 겨울에 얼음을 떠서 곳간에 넣어 둠 또는 그 얼음 _____

28) 무엇을 통하지 못하게 막다 또는 끊다 _____

29) 계단의 층계, 축대를 쌓는 데 쓰이는 네모지고 긴 돌 _____

30) 먹을 것으로 씀 또는 먹을 것으로 쓰는 물건 _____

2 밑줄 친 곳에 알맞은 낱말을 써 넣어 문장을 완성해 봅시다.

1) _____ 를 닫아 놓은 탓에 빠져나가지 못한 연기가 방안에 가득 찼다.

2) 태권도는 1988년 올림픽에서 처음으로 시범 종목으로 포함되었고, 2000년 올림픽에서 _____ 종목으로 채택되었다.

3) 빙고는 겨울에 보관해 두었던 얼음을 이듬해 가을까지 녹지 않게 효과적으로 보관할 수 있는 _____ 창고이다.

4) 빗물이 고이지 않도록 땅 주위에 _____ 를 팠다.

5) 산의 계곡 사이에는 흔들리는 구름다리가 _____ 있다.

6) 자전거를 타고 가다가 _____ 오르막길을 맞닥뜨리면 덜컥 겁이 난다.

7) 겨울이 길고 추웠던 북부 지방에서는 'ㅁ자' 형의 가옥 _____ 가 발달했다.

8) 오케스트라 단원들은 지휘자를 중심으로 동그랗게 _____ 으로 둘러앉았다.

9) 석빙고의 지붕은 _____ 구조인데, 바깥쪽은 진흙으로 만들었고, 안쪽은 화강암으로 만들었다.

10) 조선시대에 빙고는 얼음을 저장하고 지급하는 일을 맡은 정식 _____ 이었다.

11) 가을로 접어드는 _____ 가 지나자 아침저녁으로 서늘한 바람이 분다.

12) 학급 회의를 통해 8시 30분 이후에 교실에 들어오는 것을 지각으로 _____ .

13) 고구려 시대의 무덤인 장군총은 높이가 약 13미터에 이르며, 길게 다듬은 _____ 1,100여 개를 7층에 걸쳐 쌓아서 만들었다.

14) 조선 시대의 정식 관청이었던 빙고는, 법으로 _____ 규정할 만큼, 얼음의 공급을 중요하게 여겼다.

15) 고려 시대부터 제주도의 귤과 전복 같은 특산물을 임금에게 ＿＿＿＿＿＿ .

16) 넓이는 '공간의 크기'를 나타내는 말이고, ＿＿＿＿＿＿ 는 물체의 '가로 길이'를 가리키는 말이다.

17) 창경궁은 ＿＿＿＿＿＿ 의 웃어른인 대비들이 편히 지낼 수 있도록 지은 궁궐이다.

18) 대학 입시에 떨어진 그는 재수 끝에 ＿＿＿＿＿＿ 에 대학교에 합격했다.

19) 보온병을 사용하면 ＿＿＿＿＿＿ 이 돼서 음료수를 오랫동안 따뜻하게 보관할 수 있다.

20) 피부에 선크림을 바르고 외출하면 자외선을 어느 정도 ＿＿＿＿＿＿ 수 있다.

21) 의학 기술의 발달로 의사를 대신하여 수술 과정의 전체 혹은 일부를 작업하는 ＿＿＿＿＿＿ 로봇이 병원에서 활용되고 있다.

22) 현미기는 벼를 두 개의 롤러 사이에 넣어서 ＿＿＿＿＿＿ 와 현미로 분리하는 기계이다.

23) 구호 단체에서 난민들에게 음식과 약품을 ＿＿＿＿＿＿ .

24) 이 건물은 지상 123층, ＿＿＿＿＿＿ 6층의 웅장한 규모로 지어졌다.

25) 우리나라는 옛날부터 한겨울의 얼음을 보관했다가 쓰는 ＿＿＿＿＿＿ 기술이 발달했다.

26) 교실의 ＿＿＿＿＿＿ 는 대개 앞문과 뒷문, 두 곳이 있다.

27) 열이 어떤 물체에서 다른 물체로 이동되는 현상을 ＿＿＿＿＿＿ 이라고 한다.

28) 마스크를 착용하는 것은 감기 등의 질병을 예방하는 데 ＿＿＿＿＿＿ 이다.

29) 유대교와 이슬람교에서는 돼지고기의 ＿＿＿＿＿＿ 을 금지하고 있다.

30) 김 교사는 학생들의 시험지를 채점한 후에 그 결과를 컴퓨터 파일에 ＿＿＿＿＿＿ .

1 문장을 읽고, 알맞은 낱말을 써 넣어 봅시다.

1) 농촌에서 농부들이 나팔, 징, 꽹과리, 북 따위를 불거나
   치면서 노래하고 춤추며 하는 우리나라 고유의 음악   (   )

2) 농사일이 바쁜 철인 농번기가 끝난 후부터
   다음 농번기까지의 한가한 기간   (   )

3) 다른 사람의 의견, 주장, 감정 따위에 대하여 자신도
   그렇다고 똑같이 느끼다   (   )

4) 몸의 한 부분을 이리저리 꾸부리어 자꾸 움직이다   (   )

5) 승부, 우열을 가리기 위해 서로 굽히지 않고 맞서서 다투다   (   )

6) 물이 빠져나갈 수 있게 만든 물길   (   )

7) 벼, 보리, 밀, 조, 메밀 등의 곡식의 낟알을 떨어내고 남은 줄기   (   )

8) 팔, 날개 따위를 위아래로 부드럽게 자꾸 움직이는 모양   (   )

9) 요구, 필요에 따라 물품 따위를 마련해 주다 또는 내주다   (   )

10) 바로 눈앞에 맞닥뜨리고 있는 형편 또는 상황   (   )

11) 얼음을 넣어두던 돌로 만든 창고   (   )

12) 줄다리기에서 한쪽 끝에 둥근 고리가 있어 수줄의
    머리를 끼울 수 있게 된 쪽의 줄   (   )

13) 남의 말, 의견을 귀기울여 듣다   (   )

14) 사람이 반복적인 행위를 하지 않고 넘어가다   (   )

15) 남의 잘못된 점이나ㆍ흉이 될 만한 것을 찾아내어 나쁘게 말함
    또는 그런 말   (   )

16) 벼의 겉껍질   (   )

17) 평면, 넓은 물체의 가로를 잰 길이   (   )

18) 무엇이 뜻대로 되지 않아 아쉽다 또는 섭섭하다   (   )

19) 그해의 바로 다음에 오는 해   (   )

20) 집 바깥으로 나가다   (   )

21) 지방의 특산물, 귀한 물품 따위를 임금이나ㆍ높은 지위에 있는
    사람에게 바침   (   )

22) 충분히 살려서 이리저리 잘 이용하다   (   )

23) 어떤 물체의 양쪽에 다른 물체를 가로질러 올려 놓다   (   )

24) 어떤 일에만 몸과 마음이 쏠리다   (   )

25) 얼음을 저장하여 두는 곳   (   )

26) 계단의 층계, 축대를 쌓는 데 쓰이는 네모지고 긴 돌   (   )

27) 각각의 세력들이 하나로 크게 뭉침   (   )

28) 사람의 힘으로 만든 (것)   (   )

29) 생각, 연구 끝에 최종적으로 판단을 내리는 (것)   (   )

30) 사람이 글, 진리 따위를 깨달아 알다   (   )

2 밑줄 친 곳에 알맞은 낱말을 써 넣어 문장을 완성해 봅시다.

1) 아이는 선생님의 질문에 _____ 않아서 엉뚱한 대답을 했다.

2) 고양이는 쥐 한 마리를 물어 와서 앞발로 _____ 있었다.

3) 가을로 접어드는 _____ 가 지나자 아침저녁으로 서늘한 바람이 분다.

4) 아이는 생일 선물로 받은 드론을 공중으로 날려서 원격으로 _____ .

5) '가장 큰 보름'이라는 뜻의 _____ 은 한 해의 첫 보름달이 뜨는
음력 1월 15일을 말한다.

6) 열이 어떤 물체에서 다른 물체로 이동되는 현상을 _____ 이라고 한다.

7) 학생들은 두 편으로 나누기 위해 _____ 모여 가위바위보를 했다.

8) 독립운동가들은 중국 상하이에 대한민국의 광복을 위한 _____ 정부를
수립했다.

9) _____ 를 닫아 놓은 탓에 빠져나가지 못한 연기가 방안에 가득 찼다.

10) 우리나라 축구팀을 응원하는 함성 소리가 온 경기장에 _____ 울렸다.

11) 직업을 선택할 때는 돈을 _____ 말고, 꿈을 _____ 한다.

12) 겨울이 길고 추웠던 북부 지방에서는 'ㅁ자' 형의 가옥 _____ 가 발달했다.

13) _____ 을 활용하면 멀리 떨어져 있어도 소통할 수 있고, 상대를 직접
만나지 않고도 대화를 주고받을 수 있다.

14) 풍년을 기원하며 행하는 영산 줄다리기는 국가 _____ 제26호로 지정됐다.

15) 태권도는 1988년 올림픽에서 처음으로 시범 종목으로 포함되었고, 2000년
올림픽에서 _____ 종목으로 채택되었다.

16)　아이는 찰흙을 _____ 만지더니 금세 꽤 그럴듯한 인형을 빚어냈다.

17)　학급 회의를 통해 8시 30분 이후에 교실에 들어오는 것을 지각으로 _____.

18)　늦은 밤이 되어도 아이가 귀가하지 않자 어머니는 동동 _____.

19)　두 아이는 야구공을 _____ 던지고 받으며 캐치볼을 했다.

20)　보온병을 사용하면 _____ 이 돼서 음료수를 오랫동안 따뜻하게 보관할 수 있다.

21)　옛날에 농한기가 되면 마을의 장정들은 집집을 돌면서 _____ 을 모아다가 마을 사람들과 함께 줄다리기에 쓸 줄을 만들었다.

22)　조선시대에 빙고는 얼음을 저장하고 지급하는 일을 맡은 정식 _____ 이었다.

23)　아이는 친구의 사과를 듣고 서운했던 마음이 한순간에 _____ 풀렸다.

24)　40미터가 넘는 줄다리기 줄을 어깨에 메고 가는 모습을 위에서 내려다보니 마치 용이 이리저리 움직이며 _____ 것 같았다.

25)　줄다리기에서 엮은 줄이 풀리지 않도록 수줄 가닥 사이에 _____ 을 꽂는다.

26)　옛날에 줄다리기에 쓰던 줄은 어른이 줄 위에 _____ 발이 땅에 닿지 않을 정도로 엄청나게 굵었다.

27)　김 교사는 학생들의 시험지를 채점한 후에 그 결과를 컴퓨터 파일에 _____.

28)　피부에 선크림을 바르고 외출하면 자외선을 어느 정도 _____ 수 있다.

29)　아이는 이번 시합에서 친구를 꼭 이기고야 말겠다고 _____.

30)　옛 조상들은 정월 대보름에 풍년을 _____ 오곡밥을 먹었다.

5~8주

칭찬 사과 스티커

하루 공부를 잘 마쳤다면 나에게 칭찬 사과를 선물하세요.
사과 나무에 사과가 주렁주렁 열릴 때까지 열심히 공부합시다!

■ 스티커는 별책 바른답 및 색인 마지막 페이지에 있습니다.

2. 지식이나 경험을 활용해요

주변

한자 두루 주 周
가 변 邊

주(主)된 자리의 •가장자리 또는 어떤 대상의 •둘레

예 유명 연예인이 나타나자 그 **주변**으로 사람들이 몰려들었다.

• 가장자리　　물건의 둘레나 끝에 가까운 부분

• 둘레　　　　사물의 테두리나 바깥 언저리(가장자리)

비 언저리, 주위, 가장자리, 둘레

흡수하다

한자 마실 흡 吸
거둘 수 收

무엇이 / 외부의 물질을 / 안으로 빨아들이다

예 수영장에서 물 밖으로 나오면 추위를 느끼는 까닭은 몸에 묻은 물이 •증발하면서 몸과 주변의 열을 **흡수하기** 때문이다.

• 증발하다(蒸 찔 증, 發 필 발)　(액체 상태에 있는 물질이) 기체 상태로 변하다

순환

한자 돌 순 循
고리 환 環

•주기적으로 •되풀이하여 돎 또는 그런 •과정

예 우리나라는 봄, 여름, 가을, 겨울이 있어서 •계절의 **순환**이 계속 된다.

• 주기적(週 돌 주, 期 기약할 기)　　일정한 간격을 두고 되풀이되는 (것)

• 되풀이하다(반복하다)　　(같은 말이나 일을) 계속해서 하고 또 하다

• 과정(過 지날 과, 程 한도 · 길 정)　　일이 진행되는(되어 가는) 하나하나의 순서

• 계절(季 계절 계, 節 마디 절)　규칙적으로 되풀이되는 자연 현상에 따라서 일 년을 봄 · 여름 · 가을 · 겨울의 넷으로 나눈 것

원리

한자 언덕 원 原
다스릴 리 理

사물, 현상의 •근본이 되는 / 이치, 방법

예 석빙고는 차가운 공기는 내려가고, 더운 공기는 위로 올라가는 과학적인 **원리**를 바탕으로 만들어졌다.

• 근본(根 뿌리 근, 本 근본 본)　사물 · 생각 등이 생기는 본바탕

지형

한자 땅 지 地
모양 형 形

땅의 생긴 모양

예 •산맥은 •산악이 계속 길게 뻗치어 줄기를 이룬 높고 험준한 **지형**을 말한다.

• 산맥(山 메 산, 脈 줄기 맥)　여러 산악이 계속 길게 뻗치어 줄기를 이룬 지대

• 산악(岳 큰 산 악)　높고 험준하게(높고 가파르게) 솟은 산들

엿보다

•실상을 / •미루어 짐작으로 알다

예 온돌은 우리나라 고유의 과학적인 •난방법으로 조상들의 지혜를 **엿볼** 수 있다.

• 실상(實 열매 실, 相 서로 상)　실제의 모양이나 상태

• 미루다　　이미 알고 있는 것과 견주어(비교하여) 다른 것을 생각하다

• 난방법(暖 따뜻할 난, 房 방 방, 法 법 법)　방 안을 따뜻하게 하는 방법

1 **문장을 읽고, 알맞은 낱말을 써 넣어 봅시다.**

1) 주(主)된 자리의 가장자리 또는 어떤 대상의 둘레

2) 무엇이 외부의 물질을 안으로 빨아들이다

3) 주기적으로 되풀이하여 돎 또는 그런 과정

4) 사물, 현상의 근본이 되는 이치, 방법

5) 땅의 생긴 모양

6) 실상을 미루어 짐작으로 알다

2 **밑줄 친 곳에 알맞은 낱말을 써 넣어 문장을 완성해 봅시다.**

1) 유명 연예인이 나타나자 그 _____ 으로 사람들이 몰려들었다.

2) 수영장에서 물 밖으로 나오면 추위를 느끼는 까닭은 몸에 묻은 물이 증발하면서 몸과 주변의 열을 _____ 때문이다.

3) 우리나라는 봄, 여름, 가을, 겨울이 있어서 계절의 _____ 이 계속 된다.

4) 석빙고는 차가운 공기는 내려가고, 더운 공기는 위로 올라가는 과학적인 _____ 를 바탕으로 만들어졌다.

5) 산맥은 산악이 계속 길게 뻗치어 줄기를 이룬 높고 험준한 _____ 을 말한다.

6) 온돌은 우리나라 고유의 과학적인 난방법으로 조상들의 지혜를 _____ 수 있다.

2. 지식이나 경험을 활용해요

| 조선의 냉장고 '석빙고'의 과학 | 교과서 68~75쪽 |

시설
한자 베풀 시 施
베풀 설 設

•설비, 장치 따위를 갖춰 놓거나 · 일정한 구조물을 만듦 또는 **갖춰 놓은 설비나 구조물**

예 조상들의 지혜를 •한껏 엿볼 수 있는 석빙고는 세계적으로도 드문 **시설**이다.

•**설비**(備 갖출 비) 어떤 목적에 필요한 기계 · 건물 등을 갖춤. 또는 그런 시설

•**한껏**(限 한할 한 限) 할 수 있는 데까지. 또는 한계에 이르는 데까지

분류하다
한자 나눌 분 分
무리 류 類

사물을 / •종류에 따라 / •가르다

예 퇴적암은 알갱이의 크기에 따라 이암, 사암, 역암으로 **분류한다.**

•**종류**(種 씨 종, 類 무리 류) 사물의 부분을 나누는 갈래

•**가르다** 따로따로 나누어 서로 구분을 짓다

비 나누다, 구별하다(區 구분할 구, 別 나눌 별), 구분하다

| 체험한 일을 떠올리며 감상이 드러나는 글 쓰기 | 교과서 76~81쪽 |

체험하다
한자 몸 체 體
시험 험 驗

어떤 일을 자신이 실제로 / 보고 · 듣고 · 겪다

예 도시에 사는 아이들은 할머니댁이 있는 농촌에 가서 농사일을 **체험했다.**

비 겪다, 경험하다(지날 경 經, 시험 험 驗)

견학
한자 볼 견 見
배울 학 學

어떤 장소를 직접 •방문하여 / 그곳에서 지식을 보고 배움

예 •국립생태원에 **견학**을 가서 체험한 일 가운데에서 기억에 남는 일을 글로 썼다.

•**방문하다**(訪 찾을 방, 問 물을 문) 사람을 찾아가 만나거나, 장소를 찾아가서 보다

•**국립**(國 나라 국, 立 설 립) 국가에서 세움

개관
한자 열 개 開
집 관 館

도서관, 회관, 영화관 등 '관(館)' 자가 붙는 / 기관, 시설이 / 처음으로 •문을 엶

예 도서관이 •건립 공사를 마치고 드디어 내일 **개관**을 한다.

•**문(을) 열다** 영업, 업무 따위를 시작하다

•**건립**(建 세울 건, 立 설 립) (건물 · 기념비 따위를 만들어) 세움

특별전
한자 특별할 특 特
나눌 별 別
펼 전 展

일정 기간 동안에 / 특별한 물건들을 벌이어 놓고 / 많은 사람들에게 •참고가 되도록 보이는 / 모임

예 이번에 미술관에서는 과거와 미래를 주제로 한 **특별전**을 •개최한다.

•**참고**(參 참여할 참, 考 생각할 고) 어떤 자료를 살펴서 도움이 될 만한 것으로 삼음

•**개최하다**(開 열 개, 催 재촉할 최) (모임 · 행사 따위를 계획하여) 열다

---

1 문장을 읽고, 알맞은 낱말을 써 넣어 봅시다.

1) 설비, 장치 따위를 갖춰 놓거나 · 일정한 구조물을 만듦
   또는 갖춰 놓은 설비나 구조물

2) 사물을 종류에 따라 가르다

3) 어떤 일을 자신이 실제로 보고 · 듣고 · 겪다

4) 어떤 장소를 직접 방문하여 그곳에서 지식을 보고 배움

5) 도서관, 회관, 영화관 등 '관(館)' 자가 붙는 기관, 시설이
   처음으로 문을 엶

6) 일정 기간 동안에 특별한 물건들을 벌이어 놓고
   많은 사람들에게 참고가 되도록 보이는 모임

2 밑줄 친 곳에 알맞은 낱말을 써 넣어 문장을 완성해 봅시다.

1) 조상들의 지혜를 한껏 엿볼 수 있는 석빙고는 세계적으로도 드문 _____ 이다.

2) 퇴적암은 알갱이의 크기에 따라 이암, 사암, 역암으로 _____ .

3) 도시에 사는 아이들은 할머니댁이 있는 농촌에 가서 농사일을 _____ .

4) 국립생태원에 _____ 을 가서 체험한 일 가운데에서 기억에 남는 일을 글로
   썼다.

5) 도서관이 건립 공사를 마치고 드디어 내일 _____ 을 한다.

6) 이번에 미술관에서는 과거와 미래를 주제로 한 _____ 을 개최한다.

일

2. 지식이나 경험을 활용해요

기획

한자 꾀할 기 企
그을 ·
계획할 획 劃

어떤 일을 / •꾀하여 •계획함

예 박물관에서는 '세종 대왕, 한글 문화 시대를 열다'라는 **기획** 아래 개관 기념 특별전을 진행했다.

• **꾀하다**   (어떤 일을 이루려고) 뜻을 두거나, 힘을 쓰다

• **계획**   (앞으로 할 일에 대한 순서 · 방법 · 규모 따위를) 미리 생각하여 짜냄

비 계획(計 셈할 계)

업적

한자 업 업 業
길쌈할 적 績

노력, 수고를 들여 / •이루어 낸 •결실

예 세종 대왕의 가장 큰 **업적**은 훈민정음을 창제한 일이다.

• **이루다**   (사람이 바라던 것이나 어떤 결과를) 성취하거나, 힘들여 얻다

• **결실**(성과, 열매)(結 맺을 결, 實 열매 실)   좋은 결과를 맺음. 또는 그런 성과

일대기
(일생기)

한자 하나 일 一
대신할 대 代
기록할 기 記

어느 한 사람의 / •일생 동안에 있었던 일 중에서 / 남길 필요가 있는 사실들을 적은 / 글

예 **일대기**적 구성으로 쓴 •전기문은 인물의 출생부터 사망까지 전 •생애를 다룬다.

• **일생**(평생)(一 한 일, 生 날 생,)   세상에 태어나서 죽을 때까지의 동안

• **전기문**(전할 전 傳, 기록할 기 記, 글월 문 文)   한 사람의 생애, 업적 등을 사실대로 기록한 글

• **생애**(涯 물가 애) 살아 있는 한평생의 기간

유물

한자 남길 유 遺
물건 물 物

조상들이 / •후세대에 남긴 / 물건

예 조상들이 후대에 남긴 도자기, 무기, 장신구, 옷 등을 **유물**이라고 한다.

• **후세대**(후대)(後 뒤 후, 世 인간 세, 代 대신할 대)   뒤의 올 세대(같은 시대를 사는 비슷한 나이의 사람 전체)

현대적

한자 나타날 현 現
대신할 대 代
과녁 적 的

지금의 시대에 / 알맞은 (것) 또는 속하는 (것)

예 국립한글박물관 개관 •기념 특별전에서는 세종 대왕을 주제로 한 전통적인 유물과 이를 **현대적**으로 해석한 현대 작가의 작품을 만날 수 있다.

• **기념**(記 기록할 기, 念 생각 념)   뜻깊은 일을 오래도록 마음속에 간직함

해석하다

한자 풀 해 解
쪼갤 석 析

복잡하거나 · 어려운 / 현상, 사물, 대상을 / •풀어서 •밝히다
또는 알기 쉽게 바꿔서 알려 주다

예 연극단에서는 〈심청전〉을 현대적으로 **해석한** 작품을 무대에 올릴 예정이다.

• **풀다**   (복잡하거나 어려운 것을) 알기 쉽게 바꾸다

• **밝히다**   (진리, 가치, 옳고 그름 따위를) 판단하여 드러내 알리다

1 문장을 읽고, 알맞은 낱말을 써 넣어 봅시다.

1) 어떤 일을 꾀하여 계획함 ☐☐

2) 노력, 수고를 들여 이루어 낸 결실 ☐☐

3) 어느 한 사람의 일생 동안에 있었던 일 중에서
남길 필요가 있는 사실들을 적은 글 ☐☐☐

4) 조상들이 후세대에 남긴 물건 ☐☐

5) 지금의 시대에 알맞은 (것) 또는 속하는 (것) ☐☐☐

6) 복잡하거나·어려운 현상, 사물, 대상을 풀어서 밝히다
또는 알기 쉽게 바꿔서 알려 주다 ☐☐☐☐

2 밑줄 친 곳에 알맞은 낱말을 써 넣어 문장을 완성해 봅시다.

1) 박물관에서는 '세종 대왕, 한글 문화 시대를 열다'라는 _____ 아래 개관
기념 특별전을 진행했다.

2) 세종 대왕의 가장 큰 _____ 은 훈민정음을 창제한 일이다.

3) _____ 적 구성으로 쓴 전기문은 인물의 출생부터 사망까지 전 생애를 다룬다.

4) 조상들이 후대에 남긴 도자기, 무기, 장신구, 옷 등을 _____ 이라고 한다.

5) 국립한글박물관 개관 기념 특별전에서는 세종 대왕을 주제로 한 전통적인 유물과 이를
_____ 으로 해석한 현대 작가의 작품을 만날 수 있다.

6) 연극단에서는 〈심청전〉을 현대적으로 _____ 작품을 무대에 올릴 예정이다.

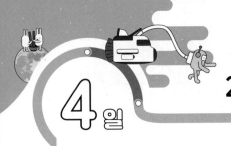

2. 지식이나 경험을 활용해요

9월 1, 2주

제 한 된 일 을 떠 올 리 며 감 상 이 드 러 나 는 글 쓰 기 | 교 과 서 76~81쪽 |

작가
> 한자 지을 작 作
> 집 가 家

문학 작품, 사진, 그림, 조각 따위의 / 예술품을 •창작하는 / 사람
예 아이가 가장 좋아하는 **작가**는 해리 포터를 쓴 조앤 롤링이다.
• **창작하다(創 비롯할 창, 作 지을 작)** 예술 작품을 처음으로 만들어 내다

운영하다
> 한자 옮길 운 運
> 경영할 영 營

조직, 일을 / 목적에 맞게 / 이끌어 나가다
예 박물관에서는 •해설이 있는 •관람 프로그램을 날마다 세 번씩 **운영한다**.
• **해설(解 풀 해, 說 말씀 설)** 무엇의 내용이나 의미 따위를 알기 쉽게 풀어서 설명함
• **관람(觀 볼 관, 覽 볼 람)** 연극, 영화, 운동 경기, 미술품 따위를 보며 즐김
비 경영하다(經 지날 경)

소중하다
> 한자 바 소 所
> 무거울 중 重

매우 •귀하고 · 중요하다
예 갯벌은 •쓸모없는 땅이 아니라, 우리와 함께 살아가는 **소중한** 장소이다.
• **귀(貴 귀할 귀)** 희귀한(드물어서 매우 귀한), 존귀한(신분이 높고 귀한), 값비싼
• **쓸모없다** 쓸 만한 가치가 없다
비 중하다, 귀중하다(貴 귀할 귀), 진중하다(鎭 진압할 · 누를 진)

지 식 이 나 경 험 을 활 용 해 함 께 글 고 치 기 | 교 과 서 82~85쪽 |

생생하다
> 한자 날 생 生
> 날 생 生

눈앞에 보이는 것처럼 / •또렷하다
예 박물관 관람을 통해 국어 시간에 배웠던 한글을 더 **생생하고** 자세하게 배우는 소중한 •기회를 얻었다.
• **또렷하다(뚜렷하다)** (흐리지 않고) 분명하고 확실하다
• **기회(찬스)(機 틀 기, 會 모일 회, chance)** 어떤 일을 하기에 가장 좋은 때

이정표
(거리표)
> 한자 마을 이 里
> 단위 정 程
> 표할 표 標

길의 가장자리에 / •이정을 적어 세워 놓은 / •푯말
예 길가에 서 있는 **이정표**를 보고 •목적지까지 10km가 남았다는 사실을 알았다.
• **이정** (한 곳에서 다른 곳 사이의) 길의 거리
• **푯말(標 표할 표)** 무엇을 표시하기 위하여 땅에 세우거나 박은 말뚝(기둥)
• **목적지(目 눈 목, 的 과녁 적, 地 땅 · 곳 지)** 목표로 삼는 곳

발길

앞으로 움직여 / 걸어 나가는 발
예 •등굣길에 딴 생각을 하다가 길을 잘 못 •들어서 학교 쪽으로 **발길**을 돌렸다.
• **등굣길(登 오를 등, 校 학교 교)** 학생이 학교로 가는 길
• **들다** 길을 택하여 가거나 오다

80 | 국단어 완전 정복

1 문장을 읽고, 알맞은 낱말을 써 넣어 봅시다.

1) 문학 작품, 사진, 그림, 조각 따위의 예술품을 창작하는 사람

2) 조직, 일을 목적에 맞게 이끌어 나가다

3) 매우 귀하고·중요하다

4) 눈앞에 보이는 것처럼 또렷하다

5) 길의 가장자리에 이정을 적어 세워 놓은 푯말

6) 앞으로 움직여 걸어 나가는 발

2 밑줄 친 곳에 알맞은 낱말을 써 넣어 문장을 완성해 봅시다.

1) 아이가 가장 좋아하는 _____ 는 해리 포터를 쓴 조앤 롤링이다.

2) 박물관에서는 해설이 있는 관람 프로그램을 날마다 세 번씩 _____ .

3) 갯벌은 쓸모없는 땅이 아니라, 우리와 함께 살아가는 _____ 장소이다.

4) 박물관 관람을 통해 국어 시간에 배웠던 한글을 더 _____ 자세하게 배우는 소중한 기회를 얻었다.

5) 길가에 서 있는 _____ 를 보고 목적지까지 10km가 남았다는 사실을 알았다.

6) 등굣길에 딴 생각을 하다가 길을 잘 못 들어서 학교 쪽으로 _____ 을 돌렸다.

5일

3. 의견을 조정하며 토의해요

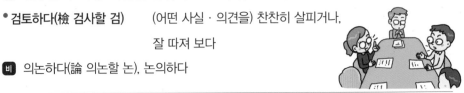

토의하다

`한자` 칠 토 討
의논할 의 議

여러 사람이 함께 / 어떤 문제를 *검토하고 · 의견을 주고받다

(예) 친구들과 '자유 시간을 즐겁게 보낼 수 있는 방법'에 대하여 **토의했다**.

*검토하다(檢 검사할 검)   (어떤 사실 · 의견을) 찬찬히 살피거나,
잘 따져 보다

(비) 의논하다(論 의논할 논), 논의하다

의견

`한자` 뜻 의 意
볼 견 見

어떤 사물, 대상, 현상, 일에 대하여 / 자기 마음에서 판단하여 가지는 / 생각

(예) 동생은 '밖에 나가서 놀자'는 **의견**을 냈고, 나는 '집 안에서 놀자'는 **의견**을
냈다.

조정하다

`한자` 고를 조 調
머무를 정 停

둘 사이에서의 *분쟁을 / 중간에서 *조절하여 / 화해시키거나 · 서로 조금씩 *양보
하여 / 의견을 하나로 모으다

(예) 동생과 내 의견을 **조정해서** 30분은 밖에서 놀고, 30분은 집에서 놀기로 했다.

*분쟁(紛 어지러울 분, 爭 다툴 쟁)   서로 시끄럽게 다툼

*조절하다(節 마디 절)   알맞은 수준으로 맞추다, 균형이 맞게 바로잡다

*양보하다(讓 사양할 양, 步 걸음 보)   (자기 주장을 굽히고) 남의 의견을 따르다

(비) 중재하다 (仲 버금으뜸의 바로 아래 중, 裁 마를옷을 치수에 맞게 자르다 재)

청정

`한자` 맑을 청 淸
깨끗할 정 淨

맑고 깨끗함

(예) 실내 공기의 **청정**을 위해 *환기를 자주하는 것이 좋다.

*환기(換 바꿀 환, 氣 기운 기)   탁한 공기를 맑은 공기로 바꿈

미세

`한자` 작을 미 微
가늘 세 細

눈에 보이지 않을 정도로 / 아주 작음

(예) **미세** 먼지를 *대처하는 *방안으로 공기 청정기를 설치하자는 의견을 냈다.

*대처하다(對 마주할 대, 處 곳 처)   알맞은 대책 · 계획을 세워 어떤 행동을 하다

*방안(方 방 방, 案 책상 안)   일을 처리해 나갈 방법이나 계획

자제하다

`한자` 스스로 자 自
절제할 제 制

사람이 자신의 / 감정, 욕망 따위를 / 스스로 *억제하여 *다스리다

(예) 장난을 **자제하지** 못하는 아이 때문에 엄마는 *한시도 편하게 지내지 못했다.

*억제하다(抑 누를 억)   (감정, 충동적 행동 따위를) 내리눌러서 그치게 하다

*다스리다   몸이나 마음을 가다듬거나 노력을 들여서 바로잡다(바르게 고치다)

*한시(일시)(時 때 시 時, 一 한 일)   잠깐 동안

1 문장을 읽고, 알맞은 낱말을 써 넣어 봅시다.

1) 여러 사람이 함께 어떤 문제를 검토하고 ·
의견을 주고받다

2) 어떤 사물, 대상, 현상, 일에 대하여 자기 마음에서
판단하여 가지는 생각

3) 둘 사이에서의 분쟁을 중간에서 조절하여 화해시키거나
· 서로 조금씩 양보하여 의견을 하나로 모으다

4) 맑고 깨끗함

5) 눈에 보이지 않을 정도로 아주 작음

6) 사람이 자신의 감정, 욕망 따위를 스스로 억제하여
다스리다

2 밑줄 친 곳에 알맞은 낱말을 써 넣어 문장을 완성해 봅시다.

1) 친구들과 '자유 시간을 즐겁게 보낼 수 있는 방법'에 대하여 _____ .

2) 동생은 '밖에 나가서 놀자'는 _____ 을 냈고, 나는 '집 안에서 놀자'는
_____ 을 냈다.

3) 동생과 내 의견을 _____ 30분은 밖에서 놀고, 30분은 집에서 놀기로 했다.

4) 실내 공기의 _____ 을 위해 환기를 자주하는 것이 좋다.

5) _____ 먼지를 대처하는 방안으로 공기 청정기를 설치하자는 의견을 냈다.

6) 장난을 _____ 못하는 아이 때문에 엄마는 한시도 편하게 지내지 못했다.

1 문장을 읽고, 알맞은 낱말을 써 넣어 봅시다.

1) 길의 가장자리에 이정을 적어 세워 놓은 푯말　　_____

2) 주(主)된 자리의 가장자리 또는 어떤 대상의 둘레　　_____

3) 지금의 시대에 알맞은 (것) 또는 속하는 (것)　　_____

4) 무엇이 외부의 물질을 안으로 빨아들이다　　_____

5) 조직, 일을 목적에 맞게 이끌어 나가다　　_____

6) 주기적으로 되풀이하여 돎 또는 그런 과정　　_____

7) 앞으로 움직여 걸어 나가는 발　　_____

8) 사물, 현상의 근본이 되는 이치, 방법　　_____

9) 설비, 장치 따위를 갖춰 놓거나 · 일정한 구조물을 만듦
　　또는 갖춰 놓은 설비나 구조물　　_____

10) 도서관, 회관, 영화관 등 '관(館)' 자가 붙는 기관, 시설이
　　처음으로 문을 엶　　_____

11) 매우 귀하고 · 중요하다　　_____

12) 문학 작품, 사진, 그림, 조각 따위의 예술품을 창작하는 사람　　_____

13) 사물을 종류에 따라 가르다　　_____

14) 어떤 일을 꾀하여 계획함　　_____

15) 실상을 미루어 짐작으로 알다　　_____

16) 노력, 수고를 들여 이루어 낸 결실　　_____

17) 눈앞에 보이는 것처럼 또렷하다　＿＿＿＿＿＿

18) 어느 한 사람의 일생 동안에 있었던 일 중에서
　　남길 필요가 있는 사실들을 적은 글　＿＿＿＿＿＿

19) 조상들이 후세대에 남긴 물건　＿＿＿＿＿＿

20) 여러 사람이 함께 어떤 문제를 검토하고·의견을 주고받다　＿＿＿＿＿＿

21) 눈에 보이지 않을 정도로 아주 작음　＿＿＿＿＿＿

22) 어떤 사물, 대상, 현상, 일에 대하여 자기 마음에서
　　판단하여 가지는 생각　＿＿＿＿＿＿

23) 맑고 깨끗함　＿＿＿＿＿＿

24) 복잡하거나·어려운 현상, 사물, 대상을 풀어서 밝히다
　　또는 알기 쉽게 바꿔서 알려 주다　＿＿＿＿＿＿

25) 어떤 일을 자신이 실제로 보고·듣고·겪다　＿＿＿＿＿＿

26) 어떤 장소를 직접 방문하여 그곳에서 지식을 보고 배움　＿＿＿＿＿＿

27) 사람이 자신의 감정, 욕망 따위를 스스로 억제하여 다스리다　＿＿＿＿＿＿

28) 일정 기간 동안에 특별한 물건들을 벌이어 놓고
　　많은 사람들에게 참고가 되도록 보이는 모임　＿＿＿＿＿＿

29) 땅의 생긴 모양　＿＿＿＿＿＿

30) 둘 사이에서의 분쟁을 중간에서 조절하여 화해시키거나
　　·서로 조금씩 양보하여 의견을 하나로 모으다　＿＿＿＿＿＿

2 **밑줄 친 곳에 알맞은 낱말을 써 넣어 문장을 완성해 봅시다.**

1) 산맥은 산악이 계속 길게 뻗치어 줄기를 이룬 높고 험준한 _____ 을 말한다.

2) 석빙고는 차가운 공기는 내려가고, 더운 공기는 위로 올라가는 과학적인 _____ 를 바탕으로 만들어졌다.

3) 아이가 가장 좋아하는 _____ 는 해리 포터를 쓴 조앤 롤링이다.

4) 실내 공기의 _____ 을 위해 환기를 자주하는 것이 좋다.

5) 박물관에서는 해설이 있는 관람 프로그램을 날마다 세 번씩 _____ .

6) 이번에 미술관에서는 과거와 미래를 주제로 한 _____ 을 개최한다.

7) 갯벌은 쓸모없는 땅이 아니라, 우리와 함께 살아가는 _____ 장소이다.

8) 국립한글박물관 개관 기념 특별전에서는 세종 대왕을 주제로 한 전통적인 유물과 이를 _____ 으로 해석한 현대 작가의 작품을 만날 수 있다.

9) 동생은 '밖에 나가서 놀자'는 _____ 을 냈고, 나는 '집 안에서 놀자'는 _____ 을 냈다.

10) 박물관 관람을 통해 국어 시간에 배웠던 한글을 더 _____ 자세하게 배우는 소중한 기회를 얻었다.

11) 연극단에서는 〈심청전〉을 현대적으로 _____ 작품을 무대에 올릴 예정이다.

12) 길가에 서 있는 _____ 를 보고 목적지까지 10km가 남았다는 사실을 알았다.

13) 등굣길에 딴 생각을 하다가 길을 잘 못 들어서 학교 쪽으로 _____ 을 돌렸다.

14) 유명 연예인이 나타나자 그 _____ 으로 사람들이 몰려들었다.

15) _____ 먼지를 대처하는 방안으로 공기 청정기를 설치하자는 의견을 냈다.

16) 수영장에서 물 밖으로 나오면 추위를 느끼는 까닭은 몸에 묻은 물이 증발하면서 몸과 주변의 열을 _____ 때문이다.

17) 조상들이 후대에 남긴 도자기, 무기, 장신구, 옷 등을 _____ 이라고 한다.

18) 우리나라는 봄, 여름, 가을, 겨울이 있어서 계절의 _____ 이 계속 된다.

19) 조상들의 지혜를 한껏 엿볼 수 있는 석빙고는 세계적으로도 드문 _____ 이다.

20) 국립생태원에 _____ 을 가서 체험한 일 가운데에서 기억에 남는 일을 글로 썼다.

21) 퇴적암은 알갱이의 크기에 따라 이암, 사암, 역암으로 _____ .

22) 도서관이 건립 공사를 마치고 드디어 내일 _____ 을 한다.

23) 세종 대왕의 가장 큰 _____ 은 훈민정음을 창제한 일이다.

24) 온돌은 우리나라 고유의 과학적인 난방법으로 조상들의 지혜를 _____ 수 있다.

25) 박물관에서는 '세종 대왕, 한글 문화 시대를 열다'라는 _____ 아래 개관 기념 특별전을 진행했다.

26) _____ 적 구성으로 쓴 전기문은 인물의 출생부터 사망까지 전 생애를 다룬다.

27) 친구들과 '자유 시간을 즐겁게 보낼 수 있는 방법'에 대하여 _____ .

28) 동생과 내 의견을 _____ 30분은 밖에서 놀고, 30분은 집에서 놀기로 했다.

29) 도시에 사는 아이들은 할머니댁이 있는 농촌에 가서 농사일을 _____ .

30) 장난을 _____ 못하는 아이 때문에 엄마는 한시도 편하게 지내지 못했다.

의견을 조정해야 아는 까닭 알기 | 교과서 92~99쪽 |

해롭다
한자 해할 해 害

•해가 되는 점이 / 있다

예 편식을 하면 건강과 •성장에 **해롭다**.

• 해　　　이롭지 않게 하거나 손상을 입힘. 또는 그런 것

• 성장(成 이룰 성 , 長 길 장)　자라서 몸무게가 늘거나, 키가 점점 커짐

설치하다
한자 베풀 설 設
둘 치 置

어떤 일을 하는 데 필요한 기계, 설비 따위를 / 장소에 두다

예 •근래에 미세 먼지가 심해져서 집 안에 공기 청정기를 **설치했다**.

• 근래(近 가까울 근, 來 올 래)　요즈음. 요전부터 이제까지의 가까운 얼마 동안

소모
한자 사라질 소 消
소모할 모 耗

써서 없앰

예 공기 청정기를 켜 놓으면 전기 **소모**가 많으니 마스크를 쓰자는 의견을 •제안했다.

• 제안하다(提 끌 제, 案 책상 안)　(어떤 일을 하자고) 의견을 내어놓다

불편하다
한자 아닐 불 不
편할 편 便

몸, 마음이 / 편하지 않다

예 하루 종일 마스크를 쓰고 있으면 무척 답답하고 숨쉬기가 **불편하다**.

고집하다
한자 굳을 고 固
잡을 집 執

자기의 의견을 / 바꾸거나 고치지 않고 / 굳게 지키며 •내세우다

예 토의에서 자기 의견만 **고집하면** 모두가 받아들일 수 있는 결론에 이를 수 없다.

• 내세우다　의견을 내놓아 여러 사람에게 알리다

합리적
한자 합할 합 合
다스릴 리 理
과녁 적 的

일의 앞뒤 사정을 놓고 볼 때 / 그렇게 하거나 되는 것이 / 옳고 알맞은 (것)

예 여럿의 의견을 조정해야 하는 까닭은 문제를 **합리적**으로 해결하기 위함이다.

1 문장을 읽고, 알맞은 낱말을 써 넣어 봅시다.

1) 해가 되는 점이 있다

2) 어떤 일을 하는 데 필요한 기계, 설비 따위를 장소에 두다

3) 써서 없앰

4) 몸, 마음이 편하지 않다

5) 자기의 의견을 바꾸거나 고치지 않고 굳게 지키며 내세우다

6) 일의 앞뒤 사정을 놓고 볼 때 그렇게 하거나 되는 것이 옳고 알맞은 (것)

2 밑줄 친 곳에 알맞은 낱말을 써 넣어 문장을 완성해 봅시다.

1) 편식을 하면 건강과 성장에 _____ .

2) 근래에 미세 먼지가 심해져서 집 안에 공기 청정기를 _____ .

3) 공기 청정기를 켜 놓으면 전기 _____ 가 많으니 마스크를 쓰자는 의견을 제안했다.

4) 하루 종일 마스크를 쓰고 있으면 무척 답답하고 숨쉬기가 _____ .

5) 토의에서 자기 의견만 _____ 모두가 받아들일 수 있는 결론에 이를 수 없다.

6) 여럿의 의견을 조정해야 하는 까닭은 문제를 _____ 으로 해결하기 위함이다.

3. 의견을 조정하며 토의해요

토의 과정에서 의견을 조정하는 방법 알기 | 교과서 100~105쪽 |

갈등
[한자] 칡 갈 葛
등나무 등 藤

•칡과 •등나무가 / 서로 복잡게 얽히는 것처럼 / 서로의 의견,
•이해관계 따위가 달라 / 서로 •적대시하거나 · •충돌을 일으킴
[예] 서로 각자의 생각이 옳다고 고집을 부리면 **갈등**이 생기게
마련이다.
• 칡　　　(줄기가, 다른 물체를) 왼쪽으로 감고 올라가는 덩굴 식물
• 등나무　　(줄기가, 다른 물체를) 오른쪽으로 감아 올라가는 덩굴나무
• 이해관계(利 이로울 이, 害 해할 해)　서로의 이익이나 손해에 영향을 미치는 관계
• 적대시하다(敵 대적할 적, 對 대할 대, 視 볼 시)　적으로 여기다
• 충돌(衝 찌를 · 부딪칠 충, 突 갑자기 돌)　　　서로 맞부딪치거나 맞섬

동의하다
[한자] 한가지 동 同
뜻 의 意

다른 사람의 의견에 / 뜻을 •같이하다
[예] 엄마는 '휴대폰을 하고 싶다'는 아이의 의견에 **동의할** 수 없어서 •고개를 저
었다.
• 같이하다(함께하다)　(여러 사람이 뜻이나 행동을) 똑같이 갖거나, 비슷하게 하다
• 고개(를) 젓다　부정이나 거절의 뜻을 나타내다
[비] 찬동하다(贊 도울 찬), 찬성하다(成 이룰 성), 동조하다(調 고를 조), 맞장구치다

예측하다
[한자] 미리 예 豫
잴 측 測

앞으로 있을 일을 / 어찌할 것이라고 / 미리 생각하다
[예] 의견을 조정할 때는 의견대로 •실천했을 때 일어날 문제점을 **예측해** 보는 과
정을 거쳐야 한다.
• 실천하다(實 열매 실, 踐 밟을 천)　(계획하거나, 생각한 것을) 실제로 해 나가다
[비] 예상하다(想 생각 상)

비용
[한자] 쓸 비 費
쓸 용 用

물건을 사거나 일을 하는 데 / 쓰이는 돈
[예] 새 책을 사는 데 드는 **비용**을 줄이기 위해 헌책을 •구입했다.
• 구입하다(購 살 구, 入 들 입)　　　물건 따위를 사다

발언
[한자] 필 발 發
말씀 언 言

말을 꺼내어 의견을 말함 또는 그 말
[예] 의견을 조정하기 위해서는 상대방이 하는 **발언**을 집중해서 들어야 한다.

토의에서 자신의 의견을...

전문가
[한자] 오로지 전 專
문 문 門
집 가 家

어떤 •분야에 / •상당한 지식과 경험을 가지고 / 그 분야의 일을 잘하는 / 사람
[예] 그는 컴퓨터에 관해서 **전문가** 못지않은 •해박한 지식을 갖추고 있다.
• 분야(分 나눌 분, 野 들 야)　여러 갈래(낱낱의 부분)로 나눈 각각의 부분
• 상당하다(相 서로 상, 當 마땅 당)　(수준 · 실력이 남다르게) 뛰어나다
• 해박하다(該 갖출 해, 博 넓을 박)　(널리 보고 들어) 여러 방면으로 아는 것이 많다

1 문장을 읽고, 알맞은 낱말을 써 넣어 봅시다.

1) 칡과 등나무가 서로 복잡게 얽히는 것처럼 서로의 의견, 이해관계
　　따위가 달라 서로 적대시하거나 · 충돌을 일으킴

2) 다른 사람의 의견에 뜻을 같이하다

3) 앞으로 있을 일을 어찌할 것이라고 미리 생각하다

4) 물건을 사거나 일을 하는 데 쓰이는 돈

5) 말을 꺼내어 의견을 말함 또는 그 말

6) 어떤 분야에 상당한 지식과 경험을 가지고
　　그 분야의 일을 잘하는 사람

2 밑줄 친 곳에 알맞은 낱말을 써 넣어 문장을 완성해 봅시다.

1) 서로 각자의 생각이 옳다고 고집을 부리면 ＿＿＿＿＿＿＿ 이 생기게 마련이다.

2) 엄마는 '휴대폰을 하고 싶다'는 아이의 의견에 ＿＿＿＿＿ 수 없어서 고개를
　　저었다.

3) 의견을 조정할 때는 의견대로 실천했을 때 일어날 문제점을 ＿＿＿＿＿ 보는
　　과정을 거쳐야 한다.

4) 새 책을 사는 데 드는 ＿＿＿＿＿ 을 줄이기 위해 헌책을 구입했다.

5) 의견을 조정하기 위해서는 상대방이 하는 ＿＿＿＿＿ 을 집중해서 들어야 한다.

6) 그는 컴퓨터에 관해서 ＿＿＿＿＿ 못지않은 해박한 지식을 갖추고 있다.

3. 의견을 조정하며 토의해요

토의에서 자신의 의견을 뒷받침할 자료 찾아 읽기 | 교과서 106~111쪽 |

상세하다
한자 자세할 상 詳
가늘 세 細

내용, 설명 따위가 / 아주 작고 하찮은 부분까지 / •구체적이고 자세하다

예 동물 백과사전에는 여러 동물에 관한 **상세한** 정보가 담겨 있다.

•**구체적**(具 갖출 구, 體 몸 체, 的 과녁 적)   자세한 부분까지 담고 있는

비 자세하다(仔 자세할 자), 면밀하다(綿 솜 면, 密 빽빽할 밀), 세밀하다, 세세하다

뒷받침하다

옳다고 •인정받도록 / 도움을 주다

예 의견을 말할 때는 그 의견을 **뒷받침하는** 근거를 함께 말해야 한다.

•**인정받다**(認 알 인, 定 정할 정)   옳거나 확실하다고 여김을 받다

필수
한자 반드시 필 必
쓰일 수 需

반드시 있어야 함 또는 반드시 쓰임

예 국어와 외국어를 공부할 때 •사전은 **필수**로 챙겨야 한다.

•**사전**(辭 말씀 사, 典 법 전)   어떤 범위 안에서 쓰이는 낱말을 모아서 설명한 책

도표
한자 그림 도 圖
겉 표 表

자료를 알아보기 쉽게 / 그림으로 나타낸 / 표

예 찾은 자료를 한눈에 알아볼 수 있도록 숫자와 그림을 써서 **도표**로 나타냈다.

비 그래프(graph), 그림표

건강
한자 굳셀 건 健
편안 강 康

몸, 정신에 / 아무 •탈이 없이 **튼튼함** 또는 그런 상태

예 매일매일 줄넘기와 달리기를 했더니 •체중이 줄고 체력과 **건강**이 좋아졌다.

•**탈**   뜻밖에 일어난 좋지 않은 일이나 걱정할 만한 사고

•**체중**(體 몸 체, 重 무거울 중)   몸무게

적신호
한자 붉을 적 赤
믿을 신 信
부르짖을 호 號

위험한 상태에 있음을 알려 주는 / •신호

예 많은 학생이 •패스트푸드 •섭취가 늘고 신체 활동이 줄면서 건강에 **적신호**가 켜졌다.

•**신호**(信 믿을 신, 號 이름 호)   특정한 내용이나 정보를 전달하거나 지시하는 부호, 소리, 색깔, 빛, 모양, 몸짓 따위

•**패스트푸드**(fast food)   (햄버거·치킨·피자 등) 주문하면 즉시 완성되어 나오는 식품

•**섭취**(攝 다스릴 섭, 取 가질 취)   생물체가 양분 따위를 몸속에 빨아들이는 일

1 문장을 읽고, 알맞은 낱말을 써 넣어 봅시다.

1) 내용, 설명 따위가 아주 작고 하찮은 부분까지
   구체적이고 자세하다

2) 옳다고 인정받도록 도움을 주다

3) 반드시 있어야 함 또는 반드시 쓰임

4) 자료를 알아보기 쉽게 그림으로 나타낸 표

5) 몸, 정신에 아무 탈이 없이 튼튼함 또는 그런 상태

6) 위험한 상태에 있음을 알려 주는 신호

2 밑줄 친 곳에 알맞은 낱말을 써 넣어 문장을 완성해 봅시다.

1) 동물 백과사전에는 여러 동물에 관한 _____ 정보가 담겨 있다.

2) 의견을 말할 때는 그 의견을 _____ 근거를 함께 말해야 한다.

3) 국어와 외국어를 공부할 때 사전은 _____ 로 챙겨야 한다.

4) 찾은 자료를 한눈에 알아볼 수 있도록 숫자와 그림을 써서 _____ 로
   나타냈다.

5) 매일매일 줄넘기와 달리기를 했더니 체중이 줄고 체력과 _____ 이 좋아졌다.

6) 많은 학생이 패스트푸드 섭취가 늘고 신체 활동이 줄면서 건강에 _____ 가
   켜졌다.

토의에서 자신의 의견을 뒷받침할 자료 찾아 읽기 | 교과서 106~111쪽 |

관련하다
한자 관계할 관 關
연이을 련 聯

둘 이상의 사람, 사물, 현상 따위가 / 서로 연결되어 / •얽히다

예 자신의 지식이나 경험을 활용하여 글을 읽는 방법 중 하나는, 책을 고를 때 책의 내용과 **관련한** 지식이나 경험을 떠올려 보는 것이다.

•얽히다   이리저리 관련이 되게 하다

비 관계(係 맬 계), 연관

검색하다
한자 검사할 검 檢
찾을 색 索

책, 인터넷 따위에서 / 필요한 자료를 찾아내다

예 의견을 뒷받침할 자료와 관련한 낱말을 컴퓨터로 **검색했다.**

훑어 읽기

필요한 내용이 있는지 알아보기 위하여 / 일정한 범위를 한쪽에서 시작하여 죽 더듬거나 살피며 / 빠르게 읽기

예 **훑어 읽기**는 짧은 시간에 필요한 정보를 많이 얻을 수 있는 독서법이다.

기사문
한자 기록할 기 記
일 사 事
글월 문 文

실제로 있었던 일을 / 보고 들은 그대로 / •기록한 글

예 미세 먼지에 관한 숙제를 하려고 인터넷으로 **기사문**을 검색해서 읽었다.

•기록하다(記 기록할 기, 錄 기록할 록) (남길 필요가 있는 사실을) 글로 쓰다

보도문
한자 알릴 보 報
길 도 道
글월 문 文

새로운 •소식을 / 사람들에게 널리 알리기 위해 쓴 / 글

예 어떤 사실을 정확히 전달하기 위해 쓰는 **보도문**이나 기사문에는 '누가, 언제, 어디서, 무엇을, 어떻게, 왜' 했는가가 포함되어야 한다.

•소식(消 사라질 소, 息 숨쉴 식)   (안부, 상황 따위를) 알리는 말이나 글

찾은 자료를 정리해 알기 쉽게 표현하기 | 교과서 112~117쪽 |

비만
한자 살찔 비 肥
찰 만 滿

살이 쪄서 / 몸이 뚱뚱함

예 **비만**을 예방하기 위해서는 •과식을 하지 않고 운동을 •규칙적으로 해야 한다.

•과식(過 지날 과, 食 밥 식)   지나치게 많이 먹음

•규칙적(規 법 규, 則 법칙 칙) 일정한 규칙을 따르고 있는 (것). 질서가 잡혀 있는 (것)

1 **문장을 읽고, 알맞은 낱말을 써 넣어 봅시다.**

1) 둘 이상의 사람, 사물, 현상 따위가 서로 연결되어 얽히다 ☐☐☐☐

2) 책, 인터넷 따위에서 필요한 자료를 찾아내다 ☐☐☐☐

3) 필요한 내용이 있는지 알아보기 위하여 일정한 범위를 한쪽에서 시작하여 죽 더듬거나 살피며 빠르게 읽기 ☐☐☐

4) 실제로 있었던 일을 보고 들은 그대로 기록한 글 ☐☐☐

5) 새로운 소식을 사람들에게 널리 알리기 위해 쓴 글 ☐☐☐

6) 살이 쪄서 몸이 뚱뚱함 ☐☐

2 **밑줄 친 곳에 알맞은 낱말을 써 넣어 문장을 완성해 봅시다.**

1) 자신의 지식이나 경험을 활용하여 글을 읽는 방법 중 하나는, 책을 고를 때 책의 내용과 _____ 지식이나 경험을 떠올려 보는 것이다.

2) 의견을 뒷받침할 자료와 관련한 낱말을 컴퓨터로 _____ .

3) _____ 는 짧은 시간에 필요한 정보를 많이 얻을 수 있는 독서법이다.

4) 미세 먼지에 관한 숙제를 하려고 인터넷으로 _____ 을 검색해서 읽었다.

5) 어떤 사실을 정확히 전달하기 위해 쓰는 _____ 이나 기사문에는 '누가, 언제, 어디서, 무엇을, 어떻게, 왜' 했는가가 포함되어야 한다.

6) _____ 을 예방하기 위해서는 과식을 하지 않고 운동을 규칙적으로 해야 한다.

찾은 자료를 정리해 알기 쉽게 표현하기 | 교과서 112~117쪽 |

아동
한자 아이 아 兒
아이 동 童

유치원에 다닐 나이에서 12~13세까지의 / 어린아이

예 **아동** 비만이 건강의 적신호인 까닭은 어린 시절에 살이 찌면 •지방 •세포가 늘어나서 어른이 돼서 다시 살이 찔 •가능성이 아주 높기 때문이다.

• **지방**(脂 기름 지 , 肪 살찔 방)　　　몸에 필요한 에너지를 만들고, 몸을 구성하는 물질

• **세포**(細 가늘 세, 胞 세포 포)　생물의 몸을 이루는 기본 단위. 세포질과 세포핵으로 구성

• **가능성**(可 옳을 가, 能 능할 능, 性 성품 성)　앞으로 실현될 수 있는 성질

비 어린이

증가하다
한자 더할 증 增
더할 가 加

수, 양이 / 이전보다 더 많아지다

예 초중고생의 비만 •비율이 13.8•퍼센트에서 14.2퍼센트로 약 0.6퍼센트 **증가**했다.

• **비율**(比 견줄 비, 率 비율 율)　기준량에 대한 비교하는 양의 크기

• **퍼센트**(percent) 전체의 양을 100이라고 할 때 어떤 양이 100분의 몇이 되는가를 나타내는 단위. 기호로 '％'

예외
한자 법식 예 例
바깥 외 外

일반적 규칙 또는 보통의 경우에서 / 벗어남

예 아동 비만은 21세기 최대 건강 문제 가운데 하나로 꼽히며, 한국도 **예외**가 아니어서 해마다 꾸준히 비만 학생이 증가하고 있다.

관심 (관념)
한자 관계할 관 關
마음 심 心

어떤 것에 마음이 끌려 / •주의를 •기울임 또는 그런 마음이나 주의

예 아이들은 눈을 •번쩍거리며 새끼 고양이에 **관심**을 보였다.

• **주의**(注 부을 주, 意 뜻 의)　(어떤 곳이나 일에) 정신을 집중함

• **기울임**　정성 · 노력 따위를 한곳으로 모음

• **번쩍거리다**　(눈이나 귀가) 마음이 끌려 잇따라 갑자기 뜨이다

관찰하다
한자 볼 관 觀
살필 찰 察

사물, 현상을/ 주의해서 자세히 보다

예 한밤중에 •천체 망원경으로 보름달의 모습을 **관찰했다**.

• **천체 망원경**(天 하늘 천, 體 몸 체, 望 바랄 망, 遠 멀 원, 鏡 거울 경)
관찰하는 데 사용하는 망원경(멀리 있는 물체를 크고 정확하게 보게 만든 장치)

하늘의 별을

집중력
한자 모을 집 集
가운데 중 中
힘 력 力

한 가지 일에 / 관심을 / 모을 수 있는 힘

예 아이는 **집중력**이 떨어져서 수업 시간에 공부에 관심을 쏟지 못하고 딴짓만 한다.

1 문장을 읽고, 알맞은 낱말을 써 넣어 봅시다.

1) 유치원에 다닐 나이에서 12~13세까지의 어린아이

2) 수, 양이 이전보다 더 많아지다

3) 일반적 규칙 또는 보통의 경우에서 벗어남

4) 어떤 것에 마음이 끌려 주의를 기울임 또는 그런 마음이나 주의

5) 사물, 현상을 주의해서 자세히 보다

6) 한 가지 일에 관심을 모을 수 있는 힘

2 밑줄 친 곳에 알맞은 낱말을 써 넣어 문장을 완성해 봅시다.

1) _____ 비만이 건강의 적신호인 까닭은 어린 시절에 살이 찌면 지방 세포가 늘어나서 어른이 돼서 다시 살이 찔 가능성이 아주 높기 때문이다.

2) 초중고생의 비만 비율이 13.8퍼센트에서 14.2퍼센트로 약 0.6퍼센트 _____ .

3) 아동 비만은 21세기 최대 건강 문제 가운데 하나로 꼽히며, 한국도 _____ 가 아니어서 해마다 꾸준히 비만 학생이 증가하고 있다.

4) 아이들은 눈을 번쩍거리며 새끼 고양이에 _____ 을 보였다.

5) 한밤중에 천체 망원경으로 보름달의 모습을 _____ .

6) 아이는 _____ 이 떨어져서 수업 시간에 공부에 관심을 쏟지 못하고 딴짓만 한다.

1 문장을 읽고, 알맞은 낱말을 써 넣어 봅시다.

1) 사물, 현상을 주의해서 자세히 보다 　　　　　_____

2) 해가 되는 점이 있다 　　　　　_____

3) 자기의 의견을 바꾸거나 고치지 않고 굳게 지키며
내세우다 　　　　　_____

4) 일반적 규칙 또는 보통의 경우에서 벗어남 　　　　　_____

5) 어떤 일을 하는 데 필요한 기계, 설비 따위를 장소에 두다 　　　　　_____

6) 둘 이상의 사람, 사물, 현상 따위가 서로 연결되어 얽히다 　　　　　_____

7) 일의 앞뒤 사정을 놓고 볼 때 그렇게 하거나 되는 것이
옳고 알맞은 (것) 　　　　　_____

8) 책, 인터넷 따위에서 필요한 자료를 찾아내다 　　　　　_____

9) 어떤 것에 마음이 끌려 주의를 기울임 또는 그런
마음이나 주의 　　　　　_____

10) 다른 사람의 의견에 뜻을 같이하다 　　　　　_____

11) 어떤 분야에 상당한 지식과 경험을 가지고
그 분야의 일을 잘하는 사람 　　　　　_____

12) 옳다고 인정받도록 도움을 주다 　　　　　_____

13) 새로운 소식을 사람들에게 널리 알리기 위해 쓴 글 　　　　　_____

14) 내용, 설명 따위가 아주 작고 하찮은 부분까지
구체적이고 자세하다 　　　　　_____

15) 앞으로 있을 일을 어찌할 것이라고 미리 생각하다 ＿＿＿＿＿＿

16) 살이 쪄서 몸이 뚱뚱함 ＿＿＿＿＿＿

17) 몸, 마음이 편하지 않다 ＿＿＿＿＿＿

18) 칡과 등나무가 서로 복잡게 얽히는 것처럼 서로의 의견,
　　이해관계 따위가 달라 서로 적대시하거나·충돌을 일으킴 ＿＿＿＿＿＿

19) 실제로 있었던 일을 보고 들은 그대로 기록한 글 ＿＿＿＿＿＿

20) 자료를 알아보기 쉽게 그림으로 나타낸 표 ＿＿＿＿＿＿

21) 필요한 내용이 있는지 알아보기 위하여 일정한 범위를
　　한쪽에서 시작하여 죽 더듬거나 살피며 빠르게 읽기 ＿＿＿＿＿＿

22) 몸, 정신에 아무 탈이 없이 튼튼함 또는 그런 상태 ＿＿＿＿＿＿

23) 써서 없앰 ＿＿＿＿＿＿

24) 위험한 상태에 있음을 알려 주는 신호 ＿＿＿＿＿＿

25) 물건을 사거나 일을 하는 데 쓰이는 돈 ＿＿＿＿＿＿

26) 유치원에 다닐 나이에서 12~13세까지의 어린아이 ＿＿＿＿＿＿

27) 반드시 있어야 함 또는 반드시 쓰임 ＿＿＿＿＿＿

28) 한 가지 일에 관심을 모을 수 있는 힘 ＿＿＿＿＿＿

29) 말을 꺼내어 의견을 말함 또는 그 말 ＿＿＿＿＿＿

30) 수, 양이 이전보다 더 많아지다 ＿＿＿＿＿＿

2 밑줄 친 곳에 알맞은 낱말을 써 넣어 문장을 완성해 봅시다.

1) 아이는 _____ 이 떨어져서 수업 시간에 공부에 관심을 쏟지 못하고 딴짓만 한다.

2) 편식을 하면 건강과 성장에 _____ .

3) 한밤중에 천체 망원경으로 보름달의 모습을 _____ .

4) 의견을 뒷받침할 자료와 관련한 낱말을 컴퓨터로 _____ .

5) 토의에서 자기 의견만 _____ 모두가 받아들일 수 있는 결론에 이를 수 없다.

6) 공기 청정기를 켜 놓으면 전기 _____ 가 많으니 마스크를 쓰자는 의견을 제안했다.

7) 서로 각자의 생각이 옳다고 고집을 부리면 _____ 이 생기게 마련이다.

8) 아이들은 눈을 번쩍거리며 새끼 고양이에 _____ 을 보였다.

9) 엄마는 '휴대폰을 하고 싶다'는 아이의 의견에 _____ 수 없어서 고개를 저었다.

10) _____ 비만이 건강의 적신호인 까닭은 어린 시절에 살이 찌면 지방 세포가 늘어나서 어른이 돼서 다시 살이 찔 가능성이 아주 높기 때문이다.

11) 의견을 조정할 때는 의견대로 실천했을 때 일어날 문제점을 _____ 보는 과정을 거쳐야 한다.

12) 동물 백과사전에는 여러 동물에 관한 _____ 정보가 담겨 있다.

13) 여럿의 의견을 조정해야 하는 까닭은 문제를 _____ 으로 해결하기 위함이다.

14) 의견을 말할 때는 그 의견을 _____ 근거를 함께 말해야 한다.

15) 그는 컴퓨터에 관해서 _____ 못지않은 해박한 지식을 갖추고 있다.

16) 찾은 자료를 한눈에 알아볼 수 있도록 숫자와 그림을 써서 _____ 로 나타냈다.

17) 자신의 지식이나 경험을 활용하여 글을 읽는 방법 중 하나는, 책을 고를 때 책의 내용과 _____ 지식이나 경험을 떠올려 보는 것이다.

18) 미세 먼지에 관한 숙제를 하려고 인터넷으로 _____ 을 검색해서 읽었다.

19) 아동 비만은 21세기 최대 건강 문제 가운데 하나로 꼽히며, 한국도 _____ 가 아니어서 해마다 꾸준히 비만 학생이 증가하고 있다.

20) 어떤 사실을 정확히 전달하기 위해 쓰는 _____ 이나 기사문에는 '누가, 언제, 어디서, 무엇을, 어떻게, 왜' 했는가가 포함되어야 한다.

21) 근래에 미세 먼지가 심해져서 집 안에 공기 청정기를 _____ .

22) _____ 을 예방하기 위해서는 과식을 하지 않고 운동을 규칙적으로 해야 한다.

23) 매일매일 줄넘기와 달리기를 했더니 체중이 줄고 체력과 _____ 이 좋아졌다.

24) 국어와 외국어를 공부할 때 사전은 _____ 로 챙겨야 한다.

25) 많은 학생이 패스트푸드 섭취가 늘고 신체 활동이 줄면서 건강에 _____ 가 켜졌다.

26) 새 책을 사는 데 드는 _____ 을 줄이기 위해 헌책을 구입했다.

27) _____ 는 짧은 시간에 필요한 정보를 많이 얻을 수 있는 독서법이다.

28) 초중고생의 비만 비율이 13.8퍼센트에서 14.2퍼센트로 약 0.6퍼센트 _____ .

29) 의견을 조정하기 위해서는 상대방이 하는 _____ 을 집중해서 들어야 한다.

30) 하루 종일 마스크를 쓰고 있으면 무척 답답하고 숨쉬기가 _____ .

찾은 자료를 정리해 읽기 쉽게 표현하기 | 교과서 112~117쪽 |

불안감
한자 아닐 불 不
편안 안 安
느낄 감 感

마음이 / •편안하지 않은 느낌
예 •전염병이 •창궐하여 사람들의 **불안감**이 •가중되고 있다.
•**편안하다(便 편할 편)**   몸·마음이 편하고(근심·걱정이 없다) 좋다
•**전염병(傳 전할 전, 染 물들 염, 病 병 병)**   (세균, 바이러스, 따위의 병을 일으키는) 병
원체가 다른 생물체에 옮아 집단적으로 유행하는 병
•**창궐하다(猖 미쳐 날뛸 창, 獗 날뛸 궐)**   전염병 따위가 걷잡을 수 없이 퍼지다
•**가중되다(加 더할 가, 重 무거울 중)**   (부담·고통 따위를 더 크게 받거나, 어려운 상태가
심해지게 되다

향상
한자 향할 향 向
위 상 上

실력, 수준, 기술이 / 이전보다 더 / •나아짐 또는 높아짐
예 아이는 수학 •실력의 **향상**을 위해 매일 1시간씩 문제집을 푼다.
•**나아지다**   (일, 상태가) 이전보다 더 좋아지다
•**실력(實 열매 실, 力 힘 력)**   어떤 일을 실제로 해낼 수 있는 힘

감소
한자 덜 감 減
적을 소 少

수, 양이 / 이전보다 줄어서 적어짐
예 예전에는 인구 •증가가 문제였지만, 오늘날은 인구의 •급격한 **감소**가 문제
이다.
•**증가(增 더할 증, 加 더할 가)**(양·수가) 이전보다 더 늘어나거나 많아짐
•**급격하다(急 급할 급, 激 격할 격)**   (변화·움직임이) 갑자기 매우 빠르고 힘차다

단계
한자 구분 단 段
섬돌 계 階

일이 / 차례에 따라 •진행되는 과정
예 수학 문제를 푸는 첫 번째 **단계**는 '구하고자 하는 것'이 무엇인지 찾는 일이다.
•**진행되다(進 나아갈 진, 行 다닐 행)**   앞으로 향하여 나아가게 되다

배치하다
한자 나눌 배 配
둘 치 置

일정한 자리에 / 알맞게 나누어 두다
예 부모님은 거실에 있던 텔레비전을 없애고 그 자리에 •책장을
배치했다.
•**책장(册 책 책, 欌 장롱 장)**   책을 넣어 두는 장(물건을 넣어 두는 가구의 총칭)

검토하다
한자 검사할 검 檢
칠 토 討

의견, 내용, 사실 따위를 / •찬찬히 살피다 또는 잘 따져보다
예 문제를 다 푼 다음에 한 번 더 **검토해야** 실수로 틀리는 일을
줄일 수 있다.
•**찬찬히(천천히)**   성질·솜씨·행동 따위가 꼼꼼하고 침착하다(차분하다)

1 문장을 읽고, 알맞은 낱말을 써 넣어 봅시다.

1) 마음이 편안하지 않은 느낌

2) 실력, 수준, 기술이 이전보다 더 나아짐 또는 높아짐

3) 수, 양이 이전보다 줄어서 적어짐

4) 일이 차례에 따라 진행되는 과정

5) 일정한 자리에 알맞게 나누어 두다

6) 의견, 내용, 사실 따위를 찬찬히 살피다 또는 잘 따져보다

2 밑줄 친 곳에 알맞은 낱말을 써 넣어 문장을 완성해 봅시다.

1) 전염병이 창궐하여 사람들의 _____ 이 가중되고 있다.

2) 아이는 수학 실력의 _____ 을 위해 매일 1시간씩 문제집을 푼다.

3) 예전에는 인구 증가가 문제였지만, 오늘날은 인구의 급격한 _____ 가
　　문제이다.

4) 수학 문제를 푸는 첫 번째 _____ 는 '구하고자 하는 것'이 무엇인지 찾는 일
　　이다.

5) 부모님은 거실에 있던 텔레비전을 없애고 그 자리에 책장을 _____ .

6) 문제를 다 푼 다음에 한 번 더 _____ 실수로 틀리는 일을 줄일 수 있다.

번번이
한자 차례 번 番
차례 번 番

• 매번 다
예 검토를 전혀 하지 않는 아이는 시험을 볼 때마다 **번번이** 실수로 문제를 틀렸다.
• 매번(每 매양늘 · 항상 매)　매 때마다. 어느 때에나 다

변화
한자 변할 변 變
될 화 化

사물의 성질, 모양, 상태 따위가 / 변하여 달라짐
예 공기 청정기를 틀었더니 •실내 먼지의 수치가 급격히
　낮아지는 **변화**를 보였다.
• 실내(室 집 실 , 內 안 내)　집 안. 건물 안

조건
한자 가지 조 條
물건 건 件

• 갖춰야 할 / •요소 또는 상태
예 엄마는 백 점을 맞는 **조건**으로 아이에게 휴대폰을
　사주겠다고 약속했다.
• 갖추다　있어야 할 것을 가지거나 챙기다. 또는 미리 골고루 준비하다
• 요소(要 요긴할 요, 素 본디 소)　꼭 있어야 할 성분(부분) 또는 조건

하루 30분

성분
한자 성품 성 性
나눌 분 分

하나의 문장을 이루는 / •각 부분
예 •주어, 목적어, 서술어와 같이 문장을 •구성하는 부분을 문장의 **성분**이라고
　한다.
• 각　각각(사람 · 물건의 하나하나)의. 낱낱(여럿 가운데의 하나하나)의
• 주어(主 주인 주, 語 말씀 어)　문장에서 행동이나 상태의 주체가 되는 말
• 구성하다(構 얽을 구, 成 이룰 성)　부분들을 모아서 전체를 짜 이루다

호응
한자 부를 호 呼
응할 응 應

문장 안에서 / 앞에 어떤 말이 오고 / 그 말에 어울리는 말이 / 뒤따라오는 것
예 '어제저녁에 방에서 컴퓨터를 하는데 졸음이 밀려온다'는 문장 성분의 호응이
　바르지 않기 때문에 '밀려온다'를 '밀려왔다'로 고쳐야 한다.

매체
한자 중매 매 媒
몸 체 體

소식, 사실 등을 / 전달하는 / •수단
예 신문, 잡지, 라디오, 텔레비전 등과 같이 많은 사람에게
　•대량으로 정보와 생각을 전달하는 수단을 •대중 **매체**라고 한다.
• 수단(手 손 수, 段 층계 단)　어떤 목적을 이루기 위한 방법. 또는 그 도구
• 대량(大 클 대, 量 헤아릴 량)　아주 많은 양
• 대중(大 클 대, 衆 무리 중)　현대 사회를 구성하는 대다수(거의 모두 다)의 사람

1 문장을 읽고, 알맞은 낱말을 써 넣어 봅시다.

1) 매번 다 ☐☐☐

2) 사물의 성질, 모양, 상태 따위가 변하여 달라짐 ☐☐

3) 갖춰야 할 요소 또는 상태 ☐☐

4) 하나의 문장을 이루는 각 부분 ☐☐

5) 문장 안에서 앞에 어떤 말이 오고 그 말에 어울리는 말이 뒤따라오는 것 ☐☐

6) 소식, 사실 등을 전달하는 수단 ☐☐

7주 2일

2 밑줄 친 곳에 알맞은 낱말을 써 넣어 문장을 완성해 봅시다.

1) 검토를 전혀 하지 않는 아이는 시험을 볼 때마다 _____ 실수로 문제를 틀렸다.

2) 공기 청정기를 틀었더니 실내 먼지의 수치가 급격히 낮아지는 _____ 를 보였다.

3) 엄마는 백 점을 맞는 _____ 으로 아이에게 휴대폰을 사주겠다고 약속했다.

4) 주어, 목적어, 서술어와 같이 문장을 구성하는 부분을 문장의 _____ 이라고 한다.

5) '어제저녁에 방에서 컴퓨터를 하는데 졸음이 밀려온다'는 문장 성분의 _____ 이 바르지 않기 때문에 '밀려온다'를 '밀려왔다'로 고쳐야 한다.

6) 신문, 잡지, 라디오, 텔레비전 등과 같이 많은 사람에게 대량으로 정보와 생각을 전달하는 수단을 대중 _____ 라고 한다.

3일

4. 겪은 일을 써요

수정하다
한자 닦을 수 修
바로잡을 정 訂

잘못된 글자, 문장을 / 고쳐서 •바로잡다

예 "주찬이는 어제 책을 세 시간 동안 읽는다"라는 문장을 읽고,
호응이 되도록 •서술어를 '읽었다'로 **수정했다.**

• **바로잡다**　잘못된 것을 바르게 고치다

• **서술어(敍 펼 서, 述 펼 술)**　문장에서 주어의 움직임 · 상태 · 성질 따위를 설명하는 말

비 교정하다(矯 바로잡을 교, 正 바를 정)

글썽이다

눈에 눈물이 / 넘칠 듯이 모이다

예 아기는 눈물을 **글썽이더니** •끝내 울음을 터뜨리고 말았다.

• **끝내**　　끝에 가서 드디어

호령
한자 부르짖을 호 號
명령할 령 令

큰 소리로 •꾸짖음

예 교사의 **호령**이 떨어지자 소란스럽게 떠들던 학생들이 잡담을 멈췄다.

• **꾸짖다**　아랫사람의 잘못을 엄하게 꾸중하다

비 호통

쭈뼛쭈뼛

부끄럽거나 · •겸연쩍어서 / 쉽게 나서지 못하고 / 자꾸 몹시 •머뭇거리는 모양

예 지각한 아이는 교실에 들어갈 •엄두를 내지 못한 채 복도에 **쭈뼛쭈뼛** 서 있었다.

• **겸연쩍다(계면쩍다)(慊 찐덥지 않을 겸, 然 그럴 연)**　　너무 미안하여 낯이 화끈하다

• **머뭇거리다(머무적거리다)**　말, 행동을 딱 잘라서 하지 못하고 자꾸 망설이다

• **엄두**　　감히 무엇을 하려는 마음

피식

웃음소리는 내지 않고 / 입술을 힘없이 터뜨리며 / 싱겁게 한 번 웃을 때 나는 / 소리 또는 그 모양

예 친구들은 아이의 엉뚱한 행동이 •하도 어이가 없어 **피식** 웃었다.

• **하도(아주, 몹시)**　해(정도가 아주 심하거나, 수량이 아주 많게)를 강조하는 말

간결하다
한자 대쪽 간 簡
깨끗할 결 潔

글, 말이 / •간단하고 •짜임새가 있다

예 지시어나 접속어를 써서 불필요한 반복을 피하면 글이 **간결해진다.**

• **간단하다(單 홑 단)**　(내용, 짜임새 따위가) 쉽고 짧다

• **짜임새**　　글, 이야기 따위가 잘 짜여(이루어져) 있는 모양

1 문장을 읽고, 알맞은 낱말을 써 넣어 봅시다.

1) 잘못된 글자, 문장을 고쳐서 바로잡다

2) 눈에 눈물이 넘칠 듯이 모이다

3) 큰 소리로 꾸짖음

4) 부끄럽거나·겸연쩍어서 쉽게 나서지 못하고
   자꾸 몹시 머뭇거리는 모양

5) 웃음소리는 내지 않고 입술을 힘없이 터뜨리며 싱겁게
   한 번 웃을 때 나는 소리 또는 그 모양

6) 글, 말이 간단하고 짜임새가 있다

2 밑줄 친 곳에 알맞은 낱말을 써 넣어 문장을 완성해 봅시다.

1) "주찬이는 어제 책을 세 시간 동안 읽는다"라는 문장을 읽고, 호응이 되도록 서술어를
   '읽었다'로 _____ .

2) 아기는 눈물을 _____ 끝내 울음을 터뜨리고 말았다.

3) 교사의 _____ 이 떨어지자 소란스럽게 떠들던 학생들이 잡담을 멈췄다.

4) 지각한 아이는 교실에 들어갈 엄두를 내지 못한 채 복도에 _____ 서 있었다.

5) 친구들은 아이의 엉뚱한 행동이 하도 어이가 없어 _____ 웃었다.

6) 지시어나 접속어를 써서 불필요한 반복을 피하면 글이 _____ .

| 교과서 124~131쪽 |

생성하다

한자 날 생 生
이룰 성 成

무엇이 새로 / •생겨나다 또는 생겨나게 하다

예 •풍력 발전기는 바람을 이용하여 전기 에너지를 **생성하는** 장치이다.

• **생겨나다** 없던 것이 있게 되다

• **풍력 발전기**(風 바람 풍, 力 힘 력, 發 필 발, 電 번개 전, 機 틀 기) 바람의 에너지를 전기 에너지로 바꿔주는 장치

비 발생하다(發 필 발, 生 날 생), 생겨나다

조직하다

한자 짤 조 組
짤 직 織

여러 요소들을 / •짜서 이루다 또는 •얽어서 만들다

예 주장과 근거가 포함되도록 내용을 **조직하여** •논설문을 썼다.

• **짜다** 부분을 맞추어 전체를 꾸며 만들다

• **얽다** 글의 틀을 구성하다

• **논설문**(論 논할 논, 說 말씀 설, 文 글월 문) 주장을 내세워 읽는 설득하는 글

비 구성하다(構 얽을 구, 成 이룰 성), 짜다, 만들다

| 교과서 132~137쪽 |

파괴

한자 깨뜨릴 파 破
무너질 괴 壞

깨뜨려서 무너뜨림

예 •환경을 •보호해야 하는 까닭은 환경 **파괴**의 •피해가 결국 우리에게 돌아오기 때문이다.

• **환경**(環 고리양 끝을 맞붙여 둥글거나 모나게 만든 물건 환, 境 지경땅의 가장자리 경)
동식물의 생존과 생활에 영향을 미치는 자연적 조건이나 상태

• **보호하다**(保 지킬 보, 護 도울 호) (위험 · 어려움이 없도록) 보살피거나 지키다

• **피해**(被 입을 피, 害 해로울 해) (생명 · 재산 · 명예 · 신체 따위에) 손해를 입음

결코 (결단코)

한자 •결단할 결 決

어떤 경우에도 / •절대로

예 나는 친구가 거짓말을 한 것이 **결코** 바른 행동이 아니라고 생각한다.

• **결단하다**(斷 끊을 단) 딱 잘라 결정하거나 단정을 내리다

• **절대로**(絕 끊을 절, 對 대할 · 마주할 대) 어떤 일이 있어도 반드시. 꼭

예문

한자 법식 예 例
글월 문 文

단어의 쓰임새를 알리기 위해 / •예로 드는 글

예 '별로'가 문장 안에서 실제로 어떻게 쓰이는지 알아보려고 사전에서 **예문**을 찾아보았다.

• **예** 무엇을 설명하거나 증명하는 데에 본보기가 될 만한 사물

여간

한자 같을 여 如
방패 간 干

그 상태가 / •어지간히 생각할 정도로

예 백 점을 맞는 것은 여간 어려운 일이 아니지만, 빵 점을 맞는 것도 **여간** 어려운 일이 아니다.

• **어지간히** (수준이나 정도가) 보통에 가깝거나, 그보다 약간 더 하게

1 문장을 읽고, 알맞은 낱말을 써 넣어 봅시다.

1) 무엇이 새로 생겨나다 또는 생겨나게 하다

2) 여러 요소들을 짜서 이루다 또는 얽어서 만들다

3) 깨뜨려서 무너뜨림

4) 어떤 경우에도 절대로

5) 단어의 쓰임새를 알리기 위해 예로 드는 글

6) 그 상태가 어지간히 생각할 정도로

7주
4일

2 밑줄 친 곳에 알맞은 낱말을 써 넣어 문장을 완성해 봅시다.

1) 풍력 발전기는 바람을 이용하여 전기 에너지를 _____ 장치이다.

2) 주장과 근거가 포함되도록 내용을 _____ 논설문을 썼다.

3) 환경을 보호해야 하는 까닭은 환경 _____ 의 피해가 결국 우리에게 돌아오기 때문이다.

4) 나는 친구가 거짓말을 한 것이 _____ 바른 행동이 아니라고 생각한다.

5) '별로'가 문장 안에서 실제로 어떻게 쓰이는지 알아보려고 사전에서 _____ 을 찾아보았다.

6) 백 점을 맞는 것은 여간 어려운 일이 아니지만, 빵 점을 맞는 것도 _____ 어려운 일이 아니다.

문장 성분의 호응 관계 알기 | 교과서 132~137쪽 |

도전하다

한자 •돋울 도 挑
싸울 전 戰

어려운 일을 이루기 위해 / 나서서 맞서다

예 열심히 공부해서 백 점에 **도전했지만**, •결국 한 문제를 틀려서 실패했다.

• **돋우다**   기분 · 느낌 · 의욕 등의 감정을 자극하여 일어나게 하다

• **결국(結 맺을 결, 局 판**일이 벌어지는 장면 **國)**   일의 마지막에 이르러

성취하다

한자 이룰 성 成
나아갈 취 就

목적한 바를 / 이루다

예 일에 도전하고 그 목표를 **성취하려고** 노력하는 순간들은 결과 못지않게
소중하다.

비 성공하다(功 공로 공), 달성하다(達 통달할 달), 완수하다(完 완전할 완, 遂 드디어 수)

겪은 일이 드러나게 글 쓰기 | 교과서 138~143쪽 |

글감 (글거리)

글로 쓸 만한 / •소재

예 오늘 겪었던 일 가운데 인상적인 경험은 일기의 **글감**이 되기에 •적절하다.

• **소재(素 본디 소, 材 재목 재)**   예술 작품에서 지은이가 말하고자 하는 바를 나타내기 위
해 선택하는 재료

• **적절하다(適 맞을 적, 切 끊을 절)**   매우 알맞다(기준에 넘치거나 모자라지 않다)

일반적

한자 한 일 一
가지 반 般
과녁 적 的

전체에 / •두루 •해당되는 (것)

예 겪은 일이 드러나는 글은 **일반적**으로 처음-가운데-끝의 세 부분으로 나눈다.

• **두루**   널리. 일반적으로(일부에 한정되지 않고 전체에 걸친)

• **해당되다(該 갖출 해, 當 마땅 당)**   (범위 · 조건에) 바로 들어맞다, 속하게 되다

비 보편적(普 넓을 보, 遍 두루 편, 的 과녁 적)

주제

한자 주인 주 主
제목 제 題

글쓴이가 / 글을 통해 전하고자 하는 / 생각

예 흥부전의 **주제**는 '•선하면 복을 받고 •악하면 벌을 받는다'는 것이다.

• **선하다(善 착할 선)**   (언행, 마음씨 따위가) 착하며 곱고 어질다

• **악하다(惡 악할 악)**   (언행, 마음씨 따위가) 못되고 나쁘다

비 중심 생각(中 가운데 중, 心 마음 심)

격언

한자 격식 격 格
말씀 언 言

인생의 •교훈이 될 만한 / 짧은 말

예 '콩 심은 데 콩 나고, 팥 심은 데 팥 난다'는 **격언**은 '모든 일은 •원인에 따라서
•결과가 생긴다'는 뜻이다.

• **교훈(敎 가르칠 교, 訓 가르칠 훈)**   생활에 도움이 되거나, 참고할 만한 경험적 사실

• **원인(原 언덕 · 근원 원, 因 인할**이유가 되다 **인)**   (어떤 결과를) 벌어지게 만든 일

• **결과(結 맺을 결, 果 과실 · 열매 과)**   (어떤 원인으로 말미암아) 생긴 일

1 문장을 읽고, 알맞은 낱말을 써 넣어 봅시다.

1) 어려운 일을 이루기 위해 나서서 맞서다

2) 목적한 바를 이루다

3) 글로 쓸 만한 소재

4) 전체에 두루 해당되는 (것)

5) 글쓴이가 글을 통해 전하고자 하는 생각

6) 인생의 교훈이 될 만한 짧은 말

2 밑줄 친 곳에 알맞은 낱말을 써 넣어 문장을 완성해 봅시다.

1) 열심히 공부해서 백 점에 _____ , 결국 한 문제를 틀려서 실패했다.

2) 일에 도전하고 그 목표를 _____ 노력하는 순간들은 결과 못지않게 소중하다.

3) 오늘 겪었던 일 가운데 인상적인 경험은 일기의 _____ 이 되기에 적절하다.

4) 겪은 일이 드러나는 글은 _____ 으로 처음-가운데-끝의 세 부분으로 나눈다.

5) 흥부전의 _____ 는 '선하면 복을 받고 악하면 벌을 받는다'는 것이다.

6) '콩 심은 데 콩 나고, 팥 심은 데 팥 난다'는 _____ 은 '모든 일은 원인에 따라서 결과가 생긴다'는 뜻이다.

1 문장을 읽고, 알맞은 낱말을 써 넣어 봅시다.

1) 일이 차례에 따라 진행되는 과정 _____

2) 글로 쓸 만한 소재 _____

3) 단어의 쓰임새를 알리기 위해 예로 드는 글 _____

4) 실력, 수준, 기술이 이전보다 더 나아짐 또는 높아짐 _____

5) 의견, 내용, 사실 따위를 찬찬히 살피다 또는 잘 따져보다 _____

6) 수, 양이 이전보다 줄어서 적어짐 _____

7) 매번 다 _____

8) 전체에 두루 해당되는 (것) _____

9) 깨뜨려서 무너뜨림 _____

10) 문장 안에서 앞에 어떤 말이 오고 그 말에 어울리는
    말이 뒤따라오는 것 _____

11) 갖춰야 할 요소 또는 상태 _____

12) 그 상태가 어지간히 생각할 정도로 _____

13) 하나의 문장을 이루는 각 부분 _____

14) 잘못된 글자, 문장을 고쳐서 바로잡다 _____

15) 인생의 교훈이 될 만한 짧은 말 _____

16) 큰 소리로 꾸짖음 _____

17) 글쓴이가 글을 통해 전하고자 하는 생각 _____

18) 부끄럽거나·겸연쩍어서 쉽게 나서지 못하고
자꾸 몹시 머뭇거리는 모양 _____

19) 여러 요소들을 짜서 이루다 또는 얽어서 만들다 _____

20) 사물의 성질, 모양, 상태 따위가 변하여 달라짐 _____

21) 웃음소리는 내지 않고 입술을 힘없이 터뜨리며 싱겁게
한 번 웃을 때 나는 소리 또는 그 모양 _____

22) 무엇이 새로 생겨나다 또는 생겨나게 하다 _____

23) 마음이 편안하지 않은 느낌 _____

24) 소식, 사실 등을 전달하는 수단 _____

25) 어려운 일을 이루기 위해 나서서 맞서다 _____

26) 어떤 경우에도 절대로 _____

27) 글, 말이 간단하고 짜임새가 있다 _____

28) 일정한 자리에 알맞게 나누어 두다 _____

29) 눈에 눈물이 넘칠 듯이 모이다 _____

30) 목적한 바를 이루다 _____

2 밑줄 친 곳에 알맞은 낱말을 써 넣어 문장을 완성해 봅시다.

1) 친구들은 아이의 엉뚱한 행동이 하도 어이가 없어 _____ 웃었다.

2) 열심히 공부해서 백 점에 _____, 결국 한 문제를 틀려서 실패했다.

3) 주어, 목적어, 서술어와 같이 문장을 구성하는 부분을 문장의 _____ 이라고 한다.

4) 아기는 눈물을 _____ 끝내 울음을 터뜨리고 말았다.

5) '별로'가 문장 안에서 실제로 어떻게 쓰이는지 알아보려고 사전에서 _____ 을 찾아보았다.

6) 오늘 겪었던 일 가운데 인상적인 경험은 일기의 _____ 이 되기에 적절하다.

7) 지시어나 접속어를 써서 불필요한 반복을 피하면 글이 _____ .

8) 겪은 일이 드러나는 글은 _____ 으로 처음-가운데-끝의 세 부분으로 나눈다.

9) 풍력 발전기는 바람을 이용하여 전기 에너지를 _____ 장치이다.

10) '어제저녁에 방에서 컴퓨터를 하는데 졸음이 밀려온다'는 문장 성분의 _____ 이 바르지 않기 때문에 '밀려온다'를 '밀려왔다'로 고쳐야 한다.

11) 주장과 근거가 포함되도록 내용을 _____ 논설문을 썼다.

12) 백 점을 맞는 것은 여간 어려운 일이 아니지만, 빵 점을 맞는 것도 _____ 어려운 일이 아니다.

13) 흥부전의 _____ 는 '선하면 복을 받고 악하면 벌을 받는다'는 것이다.

14) 나는 친구가 거짓말을 한 것이 _____ 바른 행동이 아니라고 생각한다.

15) "주찬이는 어제 책을 세 시간 동안 읽는다"라는 문장을 읽고, 호응이 되도록 서술어를 '읽었다'로 _____ .

16) 엄마는 백 점을 맞는 _____ 으로 아이에게 휴대폰을 사주겠다고 약속했다.

17) '콩 심은 데 콩 나고, 팥 심은 데 팥 난다'는 _____ 은 '모든 일은 원인에 따라서 결과가 생긴다'는 뜻이다.

18) 교사의 _____ 이 떨어지자 소란스럽게 떠들던 학생들이 잡담을 멈췄다.

19) 전염병이 창궐하여 사람들의 _____ 이 가중되고 있다.

20) 아이는 수학 실력의 _____ 을 위해 매일 1시간씩 문제집을 푼다.

21) 수학 문제를 푸는 첫 번째 _____ 는 '구하고자 하는 것'이 무엇인지 찾는 일이다.

22) 검토를 전혀 하지 않는 아이는 시험을 볼 때마다 _____ 실수로 문제를 틀렸다.

23) 부모님은 거실에 있던 텔레비전을 없애고 그 자리에 책장을 _____ .

24) 환경을 보호해야 하는 까닭은 환경 _____ 의 피해가 결국 우리에게 돌아오기 때문이다.

25) 문제를 다 푼 다음에 한 번 더 _____ 실수로 틀리는 일을 줄일 수 있다.

26) 지각한 아이는 교실에 들어갈 엄두를 내지 못한 채 복도에 _____ 서 있었다.

27) 예전에는 인구 증가가 문제였지만, 오늘날은 인구의 급격한 _____ 가 문제이다.

28) 일에 도전하고 그 목표를 _____ 노력하는 순간들은 결과 못지않게 소중하다.

29) 신문, 잡지, 라디오, 텔레비전 등과 같이 많은 사람에게 대량으로 정보와 생각을 전달하는 수단을 대중 _____ 라고 한다.

30) 공기 청정기를 틀었더니 실내 먼지의 수치가 급격히 낮아지는 _____ 를 보였다.

의성어

한자 흉내낼 의 擬
소리 성 聲
말씀 어 語

소리를 *흉내 낸 / 말

(예) '고양이는 야옹야옹, 강아지는 멍멍'에서 **의성어**는 '야옹야옹'과 '멍멍'이다.

*흉내   남이 하는 말이나 행동을 그대로 옮기는 짓

의태어

한자 흉내낼 의 擬
모양 태 態
말씀 어 語

모양, 움직임을 흉내 낸 / 말

(예) '나비가 *훨훨 날아갔다'에서 '훨훨'은 **의태어**이다.

*훨훨   날짐승이 높이 떠서 느릿느릿 날개를 치며 시원스럽게 나는 모양

인상

한자 도장 인 印
코끼리 상 象

어떤 대상을 / 보거나 들었을 때 / 그것이 사람의 마음에 주는 느낌

(예) *글머리는 글 전체의 **인상**을 만들어 주기 때문에 중요하다.

*글머리(서두)(書 글 서, 頭 머리 두)   글을 시작하는 첫 부분

(비) 이미지(image)

간격

한자 사이 ·
틈 간 間
사이 뜰 격 隔

두 대상의 / *사이

(예) 줄넘기를 하기 위해 양팔을 좌우로 *나란히 하여 옆 사람과 **간격**을 벌였다.

*사이   (한곳에서 다른 곳까지, 한 물체에서 다른 물체까지의) 떨어져 있는 거리

*나란히   여럿이 줄지어 늘어선 모양이 가지런한 상태로

(비) 틈, 간극(隙 틈 극)

반영하다

한자 돌이킬 반 反
비칠 영 映

다른 것에 영향을 받아 / 무엇을 겉으로 *나타나 보이게 하다

(예) 부모님께서는 제주도를 가고 싶다는 내 의견을 **반영하여**
가족 여행지를 제주도로 결정하셨다.

*나타나다   일의 징후(일이 일어날 낌새)나 결과, 사실 따위가 겉으로 드러나다

(비) 나타내다, 드러내다

소감

한자 바 소 所
느낄 감 感

마음에 / 느낀 *바

(예) 학생들은 새 학년이 된 **소감**을 친구들 앞에서 발표했다.

*바   앞에서 말한 내용 그 자체나 일 따위를 나타내는 말

(비) 감상(感 느낄 감, 想 생각 상)

1 문장을 읽고, 알맞은 낱말을 써 넣어 봅시다.

1) 소리를 흉내 낸 말

2) 모양, 움직임을 흉내 낸 말

3) 어떤 대상을 보거나 들었을 때 그것이 사람의 마음에 주는 느낌

4) 두 대상의 사이

5) 다른 것에 영향을 받아 무엇을 겉으로 나타나 보이게 하다

6) 마음에 느낀 바

8주 1일

2 밑줄 친 곳에 알맞은 낱말을 써 넣어 문장을 완성해 봅시다.

1) '고양이는 야옹야옹, 강아지는 멍멍'에서 _____ 는 '야옹야옹'과 '멍멍'이다.

2) '나비가 훨훨 날아갔다'에서 '훨훨'은 _____ 이다.

3) 글머리는 글 전체의 _____ 을 만들어 주기 때문에 중요하다.

4) 줄넘기를 하기 위해 양팔을 좌우로 나란히 하여 옆 사람과 _____ 을 벌였다.

5) 부모님께서는 제주도를 가고 싶다는 내 의견을 _____ 가족 여행지를 제주도로 결정하셨다.

6) 학생들은 새 학년이 된 _____ 을 친구들 앞에서 발표했다.

2일

5. 여러 가지 매체 자료

생태
한자 날 생 生
모습 태 態

생물이 살아가는 / 모양 또는 상태
예 동물원에 가면 동물들이 어떻게 살아가는지 그 **생태**를 생생하게 살펴볼 수 있다.

세력 (세)
한자 기세 세 勢
힘 력 力

•기세를 뻗치는 / 힘
예 **세력**이 •강성해진 몽골은 1231년부터 1259년까지 고려를 여섯 차례 침략했다.
•기세(氣 기운 기)　기운차게 뻗치는 모양이나 상태
•강성하다(強 강할 강, 盛 성할 세력이 한창 왕성하다 성)　　　힘이 강하고 성하다

수생 식물
한자 물 수 水
날 생 生
심을 식 植
물건 물 物

물속, 물가에 / 사는 식물
예 여름철 우포•늪은 개구리밥, 마름, 생이가래 같은 **수생 식물**이 세력을 넓힌다.
•늪　　　진흙으로 된 바닥에 물이 늘 고여 있어 수생 식물이 많이 자라는 질퍽한 곳

거닐다

아무 목적 없이 / 이리저리 •한가롭게 걷다
예 우리는 산길을 •느긋하게 **거닐며** •울긋불긋 물든 단풍을 구경했다.
•한가롭다(閑 한가할 한, 暇 틈·겨를 가)　　　(할 일이 없어) 여유가 있다
•느긋하다　마음에 여유(시간적으로 넉넉하고 남음이 있음)가 있다
•울긋불긋　짙고 옅은 여러 가지 빛깔들이 야단스럽게 한데 뒤섞여 있는 모양

절정
한자 끊을 절 絕
정수리 정 頂

사물, 현상이 진행되는 과정 중에 / 가장 •한창인 상태
예 가을 단풍이 **절정**에 달하자 산에는 관광객들로 •인산인해를 이루었다.
•한창　　　어떤 일이 가장 활기 있고 왕성하게 일어나는 때
•인산인해(人 사람 인, 山 메 산, 人 사람 인, 海 바다 해)　(사람이 산을 이루고 바다를 이루었다는 뜻으로) 사람이 수없이 많이 모인 상태를 이르는 말

머지않다

일이 일어날 때가 / 시간적으로 그리 많이 남지 않은 상태에 있다
예 날씨가 제법 •쌀쌀해진 걸 보니 기온이 영하로 떨어질 날도 **머지않았다**.
•쌀쌀하다　(날씨나 바람이) 춥게 느껴질 정도로 차다

국단어 완전 정복 186~161 지리교 | 기우 명표 제매 지지 명향

1 문장을 읽고, 알맞은 낱말을 써 넣어 봅시다.

1) 생물이 살아가는 모양 또는 상태

2) 기세를 뻗치는 힘

3) 물속, 물가에 사는 식물

4) 아무 목적 없이 이리저리 한가롭게 걷다

5) 사물, 현상이 진행되는 과정 중에 가장 한창인 상태

6) 일이 일어날 때가 시간적으로 그리 많이 남지 않은 상태에 있다

8주 2일

2 밑줄 친 곳에 알맞은 낱말을 써 넣어 문장을 완성해 봅시다.

1) 동물원에 가면 동물들이 어떻게 살아가는지 그 _____ 를 생생하게 살펴볼 수 있다.

2) _____ 이 강성해진 몽골은 1231년부터 1259년까지 고려를 여섯 차례 침략했다.

3) 여름철 우포늪은 개구리밥, 마름, 생이가래 같은 _____ 이 세력을 넓힌다.

4) 우리는 산길을 느긋하게 _____ 울긋불긋 물든 단풍을 구경했다.

5) 가을 단풍이 _____ 에 달하자 산에는 관광객들로 인산인해를 이루었다.

6) 날씨가 제법 쌀쌀해진 걸 보니 기온이 영하로 떨어질 날도 _____ .

여러 가지 매체 자료 읽기 | 교과서 186~191쪽 |

수치
한자 셈 수 數
값 치 値

계산하여 얻은 / •값

예 공기 청정기를 틀었더니 집안의 미세 먼지 **수치**가 50에서 10으로 낮아졌다.

• **값(셈값)** 어떤 식이나 문제를 풀어서 얻어지는 수

일기
한자 날 일 日
기운 기 氣

그날그날의 비, 구름, 바람, 기온 따위가 나타나는 / •기상 상태

예 강풍을 동반한 •폭우가 내리는 **일기**로 인해 •출항이 취소되었다.

• **기상(氣 기운 기, 象 코끼리 상)** 비 · 눈 · 바람 · 안개 · 구름 · 기온 따위의 대기(지구를 둘러싸고 있는 공기층) 중에서 일어나는 모든 현상

• **폭우(暴 사나울 폭, 雨 비 우)** 갑자기 세차게 쏟아지는 비

• **출항(出 날 출, 港 항구 항)** 배가 항구를 떠나감

비 날씨

예보
한자 미리 예 豫
갚을 보 報

앞으로 일어날 일을 / 미리 알림

예 오후에 비가 온다는 일기 **예보**를 듣고 아침에 우산을 챙겨서 집을 나섰다.

비 예고(告 고할 고)

영상
한자 비칠 영 映
모양 상 像

영사막, 브라운관, 모니터 등의 / •화면에 •비추어진 / 모습

예 전학 간 친구와 **영상** •통화로 얼굴을 보며 안부를 주고받았다.

• **화면(畵 그림 화, 面 낯 면)** 텔레비전 · 컴퓨터 따위에서, 그림 · 영상이 나타나는 면

• **비추다** (빛을 반사하는 물체에) 어떤 물체의 모습이 나타나게 하다

• **통화(通 통할 통, 話 말씀 화)** 전화기로 말을 주고받음

인쇄
한자 도장 인 印
인쇄할 쇄 刷

문자, 그림, 사진 등이 그려져 있는 면에 / 잉크를 발라 / 종이, 천에 찍어 내는 일

예 시험지의 **인쇄**가 너무 흐릿하게 돼서 글씨와
그림이 잘 보이지 않는다.

시각
한자 볼 시 視
깨달을 각 覺

눈으로 보고 느끼는 / •감각

예 헬렌 켈러는 심한 •열병에 걸려 **시각**을 잃고 영영 앞을 못 보게 되었다.

• **감각(感 느낄 감, 覺 깨달을 각)** 신체 기관(눈, 코, 귀, 혀, 살갗)을 통해 바깥의 어떤 자극을 알아차림. 또는 그런 능력

• **열병(熱 더울 열, 病 병 병)** 몸에서 열이 몹시 오르고 심하게 앓는 병

1 문장을 읽고, 알맞은 낱말을 써 넣어 봅시다.

1) 계산하여 얻은 값

2) 그날그날의 비, 구름, 바람, 기온 따위가 나타나는 기상 상태

3) 앞으로 일어날 일을 미리 알림

4) 영사막, 브라운관, 모니터 등의 화면에 비추어진 모습

5) 문자, 그림, 사진 등이 그려져 있는 면에 잉크를 발라
종이, 천에 찍어 내는 일

6) 눈으로 보고 느끼는 감각

8주
3일

2 밑줄 친 곳에 알맞은 낱말을 써 넣어 문장을 완성해 봅시다.

1) 공기 청정기를 틀었더니 집안의 미세 먼지 _____ 가 50에서 10으로 낮아졌다.

2) 강풍을 동반한 폭우가 내리는 _____ 로 인해 출항이 취소되었다.

3) 오후에 비가 온다는 일기 _____ 를 듣고 아침에 우산을 챙겨서 집을 나섰다.

4) 전학 간 친구와 _____ 통화로 얼굴을 보며 안부를 주고받았다.

5) 시험지의 _____ 가 너무 흐릿하게 돼서 글씨와 그림이 잘 보이지 않는다.

6) 헬렌 켈러는 심한 열병에 걸려 _____ 을 잃고 영영 앞을 못 보게 되었다.

5. 여러 가지 매체 자료

여러 가지 매체 자료 읽기

탐색하다
한자 찾을 탐 探
찾을 색 索

감춰진 사실을 알아내기 위해 / •살펴 찾다

예 인터넷을 활용하여 임진왜란이 조선 사회에 •미친 영향을 **탐색했다.**

• 살피다　주의하여 빠짐없이 골고루 자세히 보다
• 미치다　어떤 대상에 힘이나 작용이 가해지다

매체 자료의 특성을 생각하며 행동을 떠올리며 읽기 | 교과서 162~194쪽 |

처하다
한자 處 곳 처

사람이 어떤 •형편에 / 놓이다 또는 •맞닥뜨리다

예 중요한 시험을 앞두고 병을 치료해 달라는 사람들이 몰려들자 허준은 •난처한 상황에 **처했다.**

• 형편(形 모양 형, 便 편할 편)　일이 되어 가는 모습 · 과정 · 결과
• 맞닥뜨리다　(사람이 상황 · 일에) 마주 대하게 되다
• 난처하다(難 어려울 난)　이럴 수도 없고 저럴 수도 없어 처지가 곤란하다
비 당면하다(當 마땅 당, 面 낯 · 얼굴 면)

이상하다
한자 다를 이 異
항상 상 常

•기능, 활동이 / 정상적인 상태와 다르다

예 밤에 골목길을 걷다가 평소와 다른 **이상한** •낌새가 느껴져서 집까지 뛰어갔다.

• 기능(機 틀 · 기계 기, 能 능할 능)　어떤 일을 해내는 능력
• 낌새　확실히 드러나지 않는 묘한 분위기. 또는 그런 것을 알아챌 수 있는 눈치

여러 가지 매체 자료를 읽고 주요 내용 정리하기 | 교과서 195~198쪽 |

보태다

모자라는 것에 무엇을 / 더하여 채우다

예 내 돈 이천 원에 동생 돈 천 원을 **보태서** 떡볶이를 사 먹었다.

비 보충하다 (補 깁다떨어지거나 해어진 곳을 꿰매다 보, 充 채울 충)

가치관
한자 값 가 價
값 치 値
볼 관 觀

어떤 사람이 / 어떤 대상에 대하여 / 옳고 그름, 좋고 나쁨 따위의 •가치를 •매기는 / •관점

예 김만덕은 나누고 베푸는 삶을 중요하게 여기는 **가치관**을 갖고 있었기에 곡식을 사서 제주도 사람들에게 나눠주었다.

• 가치　(인간과의 관계에 의하여 갖게 되는) 사물이나 대상의 중요성
• 매기다　일정한 기준에 따라 차례 · 값 · 등수 따위를 정하다
• 관점(觀 볼 관, 點 점 점) (사물 · 현상을 관찰할 때) 그것을 바라보는 방향, 생각하는 입장

실망하다
한자 잃을 실 失
바랄 망 望

바라던 일이 / 뜻대로 되지 않거나 · 기대에 어긋나서 / 기분이 / 못마땅하고 괴롭다

예 일주일 동안 열심히 공부를 했는데 시험을 망쳐서 몹시 **실망했다.**

비 낙담하다(落 떨어질 낙, 膽 쓸개 담), 낙심하다(心 마음 심)

1　문장을 읽고, 알맞은 낱말을 써 넣어 봅시다.

1)　감춰진 사실을 알아내기 위해 살펴 찾다

2)　사람이 어떤 형편에 놓이다 또는 맞닥뜨리다

3)　기능, 활동이 정상적인 상태와 다르다

4)　모자라는 것에 무엇을 더하여 채우다

5)　어떤 사람이 어떤 대상에 대하여 옳고 그름, 좋고 나쁨 따위의 가치를 매기는 관점

6)　바라던 일이 뜻대로 되지 않거나·기대에 어긋나서 기분이 못마땅하고 괴롭다

8주
4일

2　밑줄 친 곳에 알맞은 낱말을 써 넣어 문장을 완성해 봅시다.

1)　인터넷을 활용하여 임진왜란이 조선 사회에 미친 영향을 _____.

2)　중요한 시험을 앞두고 병을 치료해 달라는 사람들이 몰려들자 허준은 난처한 상황에 _____.

3)　밤에 골목길을 걷다가 평소와 다른 _____ 낌새가 느껴져서 집까지 뛰어갔다.

4)　내 돈 이천 원에 동생 돈 천 원을 _____ 떡볶이를 사 먹었다.

5)　김만덕은 나누고 베푸는 삶을 중요하게 여기는 _____ 을 갖고 있었기에 곡식을 사서 제주도 사람들에게 나눠주었다.

6)　일주일 동안 열심히 공부를 했는데 시험을 망쳐서 몹시 _____.

되짚다

다시 살피거나 · *반성하다

예 시험에서 실수를 줄이려면 문제를 다 푼 후에 다시 **되짚어** 보아야 한다.

*반성하다(反 돌이킬 반, 省 살필 성) 자신의 말 · 행동 · 생각에 대하여 그 잘못이나 옳고 그름 따위를 스스로 돌이켜 생각하다

분석하다

한자 나눌 분 分
쪼갤 석 析

얽혀 있거나 복잡한 / 대상을 풀어서 / 그 *성분, *성질 따위를 / 확실히 밝히다

예 우유갑의 겉면에는 우유의 영양 성분을 **분석한** 표가 적혀 있다.

*성분(成 이룰 성, 分 나눌 분) 물체를 이루는 바탕이 되는 요소

*성질(性 성품 성, 質 바탕 질) 사물이 본래부터 가지고 있는 특유(그것만이 특별히 가지고 있음)의 것

모함하다

한자 꾀 모 謀
빠질 함 陷

나쁜 *꾀를 써서 / 남을 어려운 처지에 빠지게 하다

예 *누명을 뒤집어씌워서 공주를 내쫓은 왕비는 이번에는 왕자들을 **모함했다**.

*꾀   일을 잘 꾸며 내는 묘한 생각이나 수단

*누명(陋 더러울 누, 名 이름 명)   사실이 아닌 일로 이름을 더럽히는 억울한 평판

비방하다

한자 헐뜯을 비 誹
헐뜯을 방 謗

남의 *흠을 잡아내어 / 나쁘게 말하다

예 친구가 주변 사람들에게 내 인성이 안 좋다는 식으로 **비방하는** 말을 *떠벌리 고 다닌다는 소문을 듣고, 그 사실을 선생님께 말씀드렸다.

*흠   잘못된 점, 흉이 되는 점

*떠벌리다   (사람이 어찌한다고) 허풍을 치며 수다스럽게 지껄여 대다

비 흉보다, 험담하다(險 험할 험, 談 말씀 담)

**마녀사냥
(마녀재판)**

한자 마귀 마 魔
계집 녀 女

정확한 근거 없이 / 특정 사람에게 죄를 뒤집어씌우는 것을 / 비유적으로 이르는 말

예 죄 없는 사람을 근거 없이 모함하고 비방하는 **마녀사냥**은 바람직한 태도가 아니다.

계정

한자 셈할 계 計
정할 정 定

인터넷에서, 이용자의 신분을 *증명할 수 있는 문자, 숫자 등으로 이루어진 / 고유의 *체계

예 인터넷 사이트를 통해 상품을 주문할 때, 전자메일을 주고받을 때, 댓글을 남 길 때는 우선 자신의 **계정**으로 로그인을 해야 한다.

*증명하다(證 증거 증, 明 밝을 명)   (참인지 거짓인지, 진짜인지 가짜인지) 증거를 들어 서 밝히다

*체계(體 몸 체, 系 맬 계)   (일정한 원리에 따라 낱낱의 부분이 잘 짜여서) 조화를 이룬 전체

1 문장을 읽고, 알맞은 낱말을 써 넣어 봅시다.

1) 다시 살피거나 · 반성하다

2) 얽혀 있거나 복잡한 대상을 풀어서 그 성분, 성질 따위를 확실히 밝히다

3) 나쁜 꾀를 써서 남을 어려운 처지에 빠지게 하다

4) 남의 흠을 잡아내어 나쁘게 말하다

5) 정확한 근거 없이 특정 사람에게 죄를 뒤집어씌우는 것을 비유적으로 이르는 말

6) 인터넷에서, 이용자의 신분을 증명할 수 있는 문자, 숫자 등으로 이루어진 고유의 체계

8주 5일

2 밑줄 친 곳에 알맞은 낱말을 써 넣어 문장을 완성해 봅시다.

1) 시험에서 실수를 줄이려면 문제를 다 푼 후에 다시 _____ 보아야 한다.

2) 우유갑의 겉면에는 우유의 영양 성분을 _____ 표가 적혀 있다.

3) 누명을 뒤집어씌워서 공주를 내쫓은 왕비는 이번에는 왕자들을 _____.

4) 친구가 주변 사람들에게 내 인성이 안 좋다는 식으로 _____ 말을 떠벌리고 다닌다는 소문을 듣고, 그 사실을 선생님께 말씀드렸다.

5) 죄 없는 사람을 근거 없이 모함하고 비방하는 _____ 은 바람직한 태도가 아니다.

6) 인터넷 사이트를 통해 상품을 주문할 때, 전자메일을 주고받을 때, 댓글을 남길 때는 우선 자신의 _____ 으로 로그인을 해야 한다.

1 문장을 읽고, 알맞은 낱말을 써 넣어 봅시다.

1) 마음에 느낀 바 　　　　　　　　　　　　　　　　　　　_____

2) 물속, 물가에 사는 식물 　　　　　　　　　　　　　_____

3) 소리를 흉내 낸 말 　　　　　　　　　　　　　　　　　_____

4) 사물, 현상이 진행되는 과정 중에 가장 한창인 상태 　_____

5) 모양, 움직임을 흉내 낸 말 　　　　　　　　　　　_____

6) 얽혀 있거나 복잡한 대상을 풀어서 그 성분, 성질
　　따위를 확실히 밝히다 　　　　　　　　　　　　　_____

7) 계산하여 얻은 값 　　　　　　　　　　　　　　　　_____

8) 다시 살피거나 · 반성하다 　　　　　　　　　　　_____

9) 그날그날의 비, 구름, 바람, 기온 따위가 나타나는 기상 상태 　_____

10) 어떤 사람이 어떤 대상에 대하여 옳고 그름, 좋고 나쁨
　　따위의 가치를 매기는 관점 　　　　　　　　　　_____

11) 정확한 근거 없이 특정 사람에게 죄를 뒤집어씌우는
　　것을 비유적으로 이르는 말 　　　　　　　　　　_____

12) 영사막, 브라운관, 모니터 등의 화면에 비추어진 모습 　_____

13) 일이 일어날 때가 시간적으로 그리 많이 남지 않은
　　상태에 있다 　　　　　　　　　　　　　　　　　　_____

14) 눈으로 보고 느끼는 감각 　　　　　　　　　　　_____

15) 어떤 대상을 보거나 들었을 때 그것이 사람의 마음에
　　주는 느낌 　　　　　　　　　　　　　　　　　　　_____

16) 문자, 그림, 사진 등이 그려져 있는 면에 잉크를 발라
    종이, 천에 찍어 내는 일   _____

17) 다른 것에 영향을 받아 무엇을 겉으로 나타나 보이게 하다   _____

18) 생물이 살아가는 모양 또는 상태   _____

19) 감춰진 사실을 알아내기 위해 살펴 찾다   _____

20) 사람이 어떤 형편에 놓이다 또는 맞닥뜨리다   _____

21) 두 대상의 사이   _____

22) 기능, 활동이 정상적인 상태와 다르다   _____

23) 앞으로 일어날 일을 미리 알림   _____

24) 모자라는 것에 무엇을 더하여 채우다   _____

25) 기세를 뻗치는 힘   _____

26) 바라던 일이 뜻대로 되지 않거나 · 기대에 어긋나서
    기분이 못마땅하고 괴롭다   _____

27) 나쁜 꾀를 써서 남을 어려운 처지에 빠지게 하다   _____

28) 인터넷에서, 이용자의 신분을 증명할 수 있는 문자,
    숫자 등으로 이루어진 고유의 체계   _____

29) 아무 목적 없이 이리저리 한가롭게 걷다   _____

30) 남의 흠을 잡아내어 나쁘게 말하다   _____

2 밑줄 친 곳에 알맞은 낱말을 써 넣어 문장을 완성해 봅시다.

1) 죄 없는 사람을 근거 없이 모함하고 비방하는 _____ 은 바람직한 태도가 아니다.

2) 우유갑의 겉면에는 우유의 영양 성분을 _____ 표가 적혀 있다.

3) 누명을 뒤집어씌워서 공주를 내쫓은 왕비는 이번에는 왕자들을 _____ .

4) 부모님께서는 제주도를 가고 싶다는 내 의견을 _____ 가족 여행지를 제주도로 결정하셨다.

5) 인터넷을 활용하여 임진왜란이 조선 사회에 미친 영향을 _____ .

6) '나비가 훨훨 날아갔다'에서 '훨훨'은 _____ 이다.

7) 동물원에 가면 동물들이 어떻게 살아가는지 그 _____ 를 생생하게 살펴볼 수 있다.

8) 글머리는 글 전체의 _____ 을 만들어 주기 때문에 중요하다.

9) _____ 이 강성해진 몽골은 1231년부터 1259년까지 고려를 여섯 차례 침략했다.

10) 인터넷 사이트를 통해 상품을 주문할 때, 전자메일을 주고받을 때, 댓글을 남길 때는 우선 자신의 _____ 으로 로그인을 해야 한다.

11) 내 돈 이천 원에 동생 돈 천 원을 _____ 떡볶이를 사 먹었다.

12) 공기 청정기를 틀었더니 집안의 미세 먼지 _____ 가 50에서 10으로 낮아졌다.

13) 친구가 주변 사람들에게 내 인성이 안 좋다는 식으로 _____ 말을 떠벌리고 다닌다는 소문을 듣고, 그 사실을 선생님께 말씀드렸다.

14) 강풍을 동반한 폭우가 내리는 _____ 로 인해 출항이 취소되었다.

15) '고양이는 야옹야옹, 강아지는 멍멍'에서 _____ 는 '야옹야옹'과 '멍멍'이다.

16) 오후에 비가 온다는 일기 _____ 를 듣고 아침에 우산을 챙겨서 집을
나섰다.

17) 중요한 시험을 앞두고 병을 치료해 달라는 사람들이 몰려들자 허준은 난처한 상황에
_____ .

18) 전학 간 친구와 _____ 통화로 얼굴을 보며 안부를 주고받았다.

19) 밤에 골목길을 걷다가 평소와 다른 _____ 낌새가 느껴져서 집까지 뛰어갔다.

20) 김만덕은 나누고 베푸는 삶을 중요하게 여기는 _____ 을 갖고 있었기에
곡식을 사서 제주도 사람들에게 나눠주었다.

21) 학생들은 새 학년이 된 _____ 을 친구들 앞에서 발표했다.

22) 일주일 동안 열심히 공부를 했는데 시험을 망쳐서 몹시 _____ .

23) 시험지의 _____ 가 너무 흐릿하게 돼서 글씨와 그림이 잘 보이지 않는다.

24) 여름철 우포늪은 개구리밥, 마름, 생이가래 같은 _____ 이 세력을 넓힌다.

25) 헬렌 켈러는 심한 열병에 걸려 _____ 을 잃고 영영 앞을 못 보게 되었다.

26) 우리는 산길을 느긋하게 _____ 울긋불긋 물든 단풍을 구경했다.

27) 가을 단풍이 _____ 에 달하자 산에는 관광객들로 인산인해를 이루었다.

28) 날씨가 제법 쌀쌀해진 걸 보니 기온이 영하로 떨어질 날도 _____ .

29) 줄넘기를 하기 위해 양팔을 좌우로 나란히 하여 옆 사람과 _____ 을 벌였다.

30) 시험에서 실수를 줄이려면 문제를 다 푼 후에 다시 _____ 보아야 한다.

1 문장을 읽고, 알맞은 낱말을 써 넣어 봅시다.

1) 소리를 흉내 낸 말 ( )

2) 글로 쓸 만한 소재 ( )

3) 필요한 내용이 있는지 알아보기 위하여 일정한 범위를
한쪽에서 시작하여 죽 더듬거나 살피며 빠르게 읽기 ( )

4) 길의 가장자리에 이정을 적어 세워 놓은 푯말 ( )

5) 마음에 느낀 바 ( )

6) 칡과 등나무가 서로 복잡게 얽히는 것처럼 서로의 의견,
이해관계 따위가 달라 서로 적대시하거나·충돌을 일으킴 ( )

7) 의견, 내용, 사실 따위를 찬찬히 살피다 또는 잘 따져보다 ( )

8) 앞으로 있을 일을 어찌할 것이라고 미리 생각하다 ( )

9) 정확한 근거 없이 특정 사람에게 죄를 뒤집어씌우는 것을
비유적으로 이르는 말 ( )

10) 무엇이 외부의 물질을 안으로 빨아들이다 ( )

11) 얽혀 있거나 복잡한 대상을 풀어서 그 성분, 성질 따위를
확실히 밝히다 ( )

12) 한 가지 일에 관심을 모을 수 있는 힘 ( )

13) 다른 사람의 의견에 뜻을 같이하다 ( )

14) 사물을 종류에 따라 가르다 ( )

15) 목적한 바를 이루다 ( )

16) 눈앞에 보이는 것처럼 또렷하다 　　　　　　　　　(　　　　)

17) 매번 다 　　　　　　　　　　　　　　　　　　(　　　　)

18) 사물, 현상의 근본이 되는 이치, 방법 　　　　　　(　　　　)

19) 웃음소리는 내지 않고 입술을 힘없이 터뜨리며 싱겁게 한 번
　　웃을 때 나는 소리 또는 그 모양 　　　　　　　　(　　　　)

20) 어느 한 사람의 일생 동안에 있었던 일 중에서 남길 필요가
　　있는 사실들을 적은 글 　　　　　　　　　　　　(　　　　)

21) 잘못된 글자, 문장을 고쳐서 바로잡다 　　　　　　(　　　　)

22) 수, 양이 이전보다 더 많아지다 　　　　　　　　　(　　　　)

23) 남의 흠을 잡아내어 나쁘게 말하다 　　　　　　　(　　　　)

24) 눈에 보이지 않을 정도로 아주 작음 　　　　　　　(　　　　)

25) 다른 것에 영향을 받아 무엇을 겉으로 나타나 보이게 하다 (　　　　)

26) 실제로 있었던 일을 보고 들은 그대로 기록한 글 　(　　　　)

27) 일정 기간 동안에 특별한 물건들을 벌이어 놓고 많은
　　사람들에게 참고가 되도록 보이는 모임 　　　　　(　　　　)

28) 부끄럽거나・겸연쩍어서 쉽게 나서지 못하고 자꾸 몹시
　　머뭇거리는 모양 　　　　　　　　　　　　　　　(　　　　)

29) 다시 살피거나・반성하다 　　　　　　　　　　　(　　　　)

30) 옳다고 인정받도록 도움을 주다 　　　　　　　　　(　　　　)

2 밑줄 친 곳에 알맞은 낱말을 써 넣어 문장을 완성해 봅시다.

1) 누명을 뒤집어씌워서 공주를 내쫓은 왕비는 이번에는 왕자들을 _____ .

2) 공기 청정기를 켜 놓으면 전기 _____ 가 많으니 마스크를 쓰자는 의견을 제안했다.

3) 산맥은 산악이 계속 길게 뻗치어 줄기를 이룬 높고 험준한 _____ 을 말한다.

4) 아동 비만은 21세기 최대 건강 문제 가운데 하나로 꼽히며, 한국도 _____ 가 아니어서 해마다 꾸준히 비만 학생이 증가하고 있다.

5) 많은 학생이 패스트푸드 섭취가 늘고 신체 활동이 줄면서 건강에 _____ 가 켜졌다.

6) 친구들과 '자유 시간을 즐겁게 보낼 수 있는 방법'에 대하여 _____ .

7) 아기는 눈물을 _____ 끝내 울음을 터뜨리고 말았다.

8) 박물관에서는 '세종 대왕, 한글 문화 시대를 열다'라는 _____ 아래 개관 기념 특별전을 진행했다.

9) 공기 청정기를 틀었더니 실내 먼지의 수치가 급격히 낮아지는 _____ 를 보였다.

10) 부모님은 거실에 있던 텔레비전을 없애고 그 자리에 책장을 _____ .

11) 세종 대왕의 가장 큰 _____ 은 훈민정음을 창제한 일이다.

12) 문제를 다 푼 다음에 한 번 더 _____ 실수로 틀리는 일을 줄일 수 있다.

13) 편식을 하면 건강과 성장에 _____ .

14) 교사의 _____ 이 떨어지자 소란스럽게 떠들던 학생들이 잡담을 멈췄다.

15) 환경을 보호해야 하는 까닭은 환경 _____ 의 피해가 결국 우리에게 돌아오기 때문이다.

16) 유명 연예인이 나타나자 그 _____ 으로 사람들이 몰려들었다.

17) 찾은 자료를 한눈에 알아볼 수 있도록 숫자와 그림을 써서 _____ 로 나타냈다.

18) 김만덕은 나누고 베푸는 삶을 중요하게 여기는 _____ 을 갖고 있었기에 곡식을 사서 제주도 사람들에게 나눠주었다.

19) 우리나라는 봄, 여름, 가을, 겨울이 있어서 계절의 _____ 이 계속 된다.

20) 인터넷 사이트를 통해 상품을 주문할 때, 전자메일을 주고받을 때, 댓글을 남길 때는 우선 자신의 _____ 으로 로그인을 해야 한다.

21) '별로'가 문장 안에서 실제로 어떻게 쓰이는지 알아보려고 사전에서 _____ 을 찾아보았다.

22) 하루 종일 마스크를 쓰고 있으면 무척 답답하고 숨쉬기가 _____ .

23) 공기 청정기를 틀었더니 집안의 미세 먼지 _____ 가 50에서 10으로 낮아졌다.

24) 박물관 관람을 통해 국어 시간에 배웠던 한글을 더 _____ 자세하게 배우는 소중한 기회를 얻었다.

25) 중요한 시험을 앞두고 병을 치료해 달라는 사람들이 몰려들자 허준은 난처한 상황에 _____ .

26) 토의에서 자기 의견만 _____ 모두가 받아들일 수 있는 결론에 이를 수 없다.

27) 여름철 우포늪은 개구리밥, 마름, 생이가래 같은 _____ 이 세력을 넓힌다.

28) 동물 백과사전에는 여러 동물에 관한 _____ 정보가 담겨 있다.

29) 날씨가 제법 쌀쌀해진 걸 보니 기온이 영하로 떨어질 날도 _____ .

30) 장난을 _____ 못하는 아이 때문에 엄마는 한시도 편하게 지내지 못했다.

칭찬 사과 스티커

하루 공부를 잘 마쳤다면 나에게 칭찬 사과를 선물하세요.
사과 나무에 사과가 주렁주렁 열릴 때까지 열심히 공부합시다!

■ 스티커는 별책 바른답 및 색인 마지막 페이지에 있습니다.

일

5. 여러 가지 매체 자료

학교진도시기
10월 3, 4주, 11월 1주

수군대다

남이 알아듣지 못하도록 / 낮은 목소리로 자꾸 *가만가만 말하다

(예) 극장에서 영화를 보는데, 뒷자리에서 자꾸 **수군대는** 소리가 들려서 짜증 났다.

*가만가만   아주 조용하게. 남이 모르게 살그머니

비 수군거리다, 수군수군하다, 소곤대다

반박하다

한자 돌이킬 반 反
논박할 박 駁

남의 의견, 비난에 맞서서 / 그 잘못된 점을 조리 있게 *지적하며 *따지다

(예) 아이는 자신을 험담하는 친구의 말이 거짓임을 밝히기 위해 *조목조목 **반박
했다.**

*지적하다(指 가리킬 지, 摘 들추어낼 적)   (잘못·실수 등을) 드러내어 꼭 집어 말하다

*따지다   문제가 되는 일을 상대에게 캐묻고 분명한 답을 요구하다

*조목조목(條 가지 조, 目 눈 목)   일을 이루고 있는 하나하나 빠짐없이 모두

비 논박하다(論 논할 논), 반론하다(論 논할 론)

휘둥그레지다

매우 놀라거나·두려워서 / 눈이 크고 둥그렇게 되다

(예) *눈앞에서 교통사고를 *목격한 아이는 너무 놀라서 눈이 **휘둥그레졌다.**

*눈앞   눈으로 보이는 아주 가까운 곳

*목격하다(목도하다)(目 눈 목, 擊 칠 격, 睹 볼 도)   눈으로 직접 보다

자부심

한자 스스로 자 自
질 부 負
마음 심 心

자기와 관련된 일에 대하여 / 스스로의 가치, 능력을 믿고 / 자랑으로 여기는 마음

(예) 노인은 자신이 만든 도자기를 볼 때마다 세상에서 *제일간다는 **자부심**을 느
꼈다.

*제일가다(第 차례 제, 一 한 일)   여럿 가운데서 가장 뛰어나다. 으뜸가다. 첫째가다

비 긍지(矜 자랑할 긍, 持 가질지)

두둔하다

한자 말·싸울 두 斗
조아릴 둔 頓

옳고 그름에 관계없이 / 한쪽만 편들어 감싸다

(예) 동생이 먼저 잘못했는데, 동생만 **두둔하는** 엄마에게 무척 서운한 마음이 들었다.

비 편들다, 감싸다, 역성들다

일방적

한자 하나 일 一
모 방 方
과녁 적 的

어느 한쪽으로만 *치우치는 (것)

(예) 엄마는 아이에게 이번 시험에서 무조건 백 점을 맞으라고 **일방적으로** *요구
했다.

*치우치다   (균형을 잃고 기울어지면서) 한쪽으로 쏠리다(몰리다)

*요구하다(要 요긴할 요, 求 구할 구)   필요한 것을 달라고 청하다(원하다. 바라다)

136 | 국단어 완전 정복

1 문장을 읽고, 알맞은 낱말을 써 넣어 봅시다.

1) 남이 알아듣지 못하도록 낮은 목소리로
자꾸 가만가만 말하다

2) 남의 의견, 비난에 맞서서 그 잘못된 점을 조리 있게
지적하며 따지다

3) 매우 놀라거나·두려워서 눈이 크고
둥그렇게 되다

4) 자기와 관련된 일에 대하여 스스로의 가치, 능력을 믿고
자랑으로 여기는 마음

5) 옳고 그름에 관계없이 한쪽만 편들어 감싸다

6) 어느 한쪽으로만 치우치는 (것)

2 밑줄 친 곳에 알맞은 낱말을 써 넣어 문장을 완성해 봅시다.

1) 극장에서 영화를 보는데, 뒷자리에서 자꾸 _____ 소리가 들려서 짜증 났다.

2) 아이는 자신을 험담하는 친구의 말이 거짓임을 밝히기 위해 조목조목 _____.

3) 눈앞에서 교통사고를 목격한 아이는 너무 놀라서 눈이 _____.

4) 노인은 자신이 만든 도자기를 볼 때마다 세상에서 제일간다는 _____ 을 느꼈다.

5) 동생이 먼저 잘못했는데, 동생만 _____ 엄마에게 무척 서운한 마음이 들었다.

6) 엄마는 아이에게 이번 시험에서 무조건 백 점을 맞으라고 _____ 으로
요구했다.

5. 여러 가지 매체 자료

2일

속(이) 시원하다	일이 뜻대로 이루어지거나 · 걱정이 사라져 / 마음이 •후련하다
	例 일주일 동안 시험공부를 하느라 힘들었는데, 오늘 시험이 끝나서 **속이 시원했다.**
	•**후련하다** (마음에 들지 않거나, 불쾌한 것이 풀려) 마음이 시원하다
본인 한자 근본 본 本 사람 인 人	어떤 일에 / 직접 관계있는 사람
	例 학업 성적은 **본인**이 얼마나 어떻게 공부를 하는가에 따라 •좌우된다.
	•**좌우되다(左 왼 좌, 右 오른쪽 우)** 어떤 일에 영향이 주어져 지배되다
	比 당사자(當 마땅 당, 事 일 사, 者 놈 자), 자기(自 스스로 자, 己 몸 기), 자신(身 몸 신)
사생활 한자 사사로울 사 私 날 생 生 살 활 活	•개인의 •사사로운 일상생활
	例 동생이 자꾸 내 **사생활**에 •미주알고주알 간섭을 해서 "남 일에 상관하지 마라"고 쏘아붙였다.
	•**개인(個 낱 개, 人 사람 인)** 국가 · 단체 따위를 구성하는 낱낱의 사람
	•**사사롭다(私 사사로울 사)** 무엇이 개인적인 성질이 있다
	•**미주알고주알(고주알미주알)** 아주 사소한 일까지 속속들이(깊은 속까지 샅샅이)
얼토당토않다 **(얼토당토아니하다)**	일, 말 따위가 / 전혀 옳지 않다 또는 도무지 이치에 맞지 않다
	例 동생이 본인에게 언니라고 부르라며 **얼토당토않은** 말을 해서 어이가 없었다.
숨을 죽이다	숨소리가 들리지 않을 정도로 / 조용히 하다
	例 •관객들은 주인공이 악당과 맞서 싸우는 장면을 **숨을 죽인** 채 지켜보았고, 영화관은 사람이 없는 것처럼 •고요했다.
	•**관객(觀 볼 관, 客 손 객)** 운동 경기, 공연, 영화 따위를 보거나 듣는 사람
	•**고요하다** (아무런 소리도 들리지 않고) 조용하다
꼬리에 꼬리를 물다	계속 •이어지다
	例 친구에게 비밀을 말한 후로 나에 대한 이상한 소문이 꼬리에 꼬리를 물고 퍼졌고, 친구가 소문을 냈다는 •의심이 **꼬리에 꼬리를 물고** 이어졌다.
	•**이어지다** (끊어지지 않고) 계속되다
	•**의심(疑 의심할 의, 心 마음 심)** 확실히 알 수 없거나 믿지 못해 이상히 여기는 마음

1 문장을 읽고, 알맞은 낱말을 써 넣어 봅시다.

1) 일이 뜻대로 이루어지거나 · 걱정이 사라져
마음이 후련하다 　□□□□□

2) 어떤 일에 직접 관계있는 사람 　□□

3) 개인의 사사로운 일상생활 　□□□

4) 일, 말 따위가 전혀 옳지 않다 또는
도무지 이치에 맞지 않다 　□□□□□□

5) 숨소리가 들리지 않을 정도로 조용히 하다 　□□□□□

6) 계속 이어지다 　□□□□□□□

2 밑줄 친 곳에 알맞은 낱말을 써 넣어 문장을 완성해 봅시다.

1) 일주일 동안 시험공부를 하느라 힘들었는데, 오늘 시험이 끝나서 _____ .

2) 학업 성적은 _____ 이 얼마나 어떻게 공부를 하는가에 따라 좌우된다.

3) 동생이 자꾸 내 _____ 에 미주알고주알 간섭을 해서 "남 일에 상관하지
마라"고 쏘아붙였다.

4) 동생이 본인에게 언니라고 부르라며 _____ 말을 해서 어이가 없었다.

5) 관객들은 주인공이 악당과 맞서 싸우는 장면을 _____ 채 지켜보았고,
영화관은 사람이 없는 것처럼 고요했다.

6) 친구에게 비밀을 말한 후로 나에 대한 이상한 소문이 꼬리에 꼬리를 물고 퍼졌고,
친구가 소문을 냈다는 의심이 _____ 이어졌다.

3일

눈을 의심하다
잘못 보지 않았나 하여 / 믿지 않고 이상하게 생각하다
예 항상 100점을 맞았던 학생이 60점을 맞자, 김 교사는 **눈을 의심하며** 재차 시험지를 채점했다.

공격하다
한자 칠 공 攻
칠 격 擊
운동 경기, •오락 따위에서 / 상대편을 이기기 위해 / •적극적으로 행동하다
예 피구 경기를 시작하기 위해서는 먼저 가위바위보로 **공격할** 팀을 정해야 한다.
• 오락(娛 즐길 오, 樂 즐길 락) 게임, 노래, 춤 따위를 하거나 보며 기분을 즐겁게 하는 일
• 적극적(積 쌓을 적, 極 극진할매우 정성스럽다 극) 어떤 일에 열심히 힘을 다하는 (것)

인정하다
한자 알 인 認
정할 정 定
마음속으로 / 확실히 그렇다고 생각하다
예 아이가 자신의 잘못을 •순순히 **인정하자**, 엄마는 아이의 잘못을 •용서해 주었다.
• 순순히(順 순할 순) 성질·태도가 매우 고분고분하고 온순하게
• 용서하다(容 얼굴 용, 恕 용서할 서) 지은 죄나 잘못한 일을 그냥 덮어 주다

딱하다
•처하여 있는 상황이 / •애처롭고·불쌍하다
예 지낼 곳이 없어서 •배회하는 길고양이들을 볼 때마다 **딱하다**는 생각이 든다.
• 처하다(處 곳 처) 어떤 형편이나 처지에 놓이다
• 애처롭다 가엾고 불쌍하여 마음이 슬프다
• 배회하다(徘 어정거릴 배, 徊 머뭇거릴 회) 목적 없이 이리저리 돌아다니다
비 가엾다, 가엽다, 애처롭다, 불쌍하다

어이없다
(어처구니없다)
미처 생각하지 못한 일이 벌어져서 / •기가 막히다
예 말도 안 되는 거짓 소문이 꼬리에 꼬리를 물고 이어지는 상황이 정말 **어이없다**.
• 기(가)막히다 (기운 기 氣) (너무 놀랍거나, 언짢아서) 할 말이 없다

반격
한자 돌이킬 반 反
부딪칠 격 擊
쳐들어오는 상대방을 / 맞받아 공격함
예 •전반전 내내 •수비만 계속하던 우리 팀은 후반전이 시작되자 **반격**에 나섰다.
• 전반전(前 앞 전, 半 반 반, 戰 싸움 전) 운동 경기에서, 경기 시간을 반씩 둘로 나눈 것의 앞쪽 경기
• 수비(守 지킬 수, 備 갖출 비) 외부의 침략이나 공격을 막아 지킴

1 문장을 읽고, 알맞은 낱말을 써 넣어 봅시다.

1) 잘못 보지 않았나 하여 믿지 않고
   이상하게 생각하다

2) 운동 경기, 오락 따위에서 상대편을 이기기 위해
   적극적으로 행동하다

3) 마음속으로 확실히 그렇다고 생각하다

4) 처하여 있는 상황이 애처롭고·불쌍하다

5) 미처 생각하지 못한 일이 벌어져서 기가 막히다

6) 쳐들어오는 상대방을 맞받아 공격함

2 밑줄 친 곳에 알맞은 낱말을 써 넣어 문장을 완성해 봅시다.

1) 항상 100점을 맞았던 학생이 60점을 맞자, 김 교사는 _____ 재차 시험지를
   채점했다.

2) 피구 경기를 시작하기 위해서는 먼저 가위바위보로 _____ 팀을 정해야 한다.

3) 아이가 자신의 잘못을 순순히 _____ , 엄마는 아이의 잘못을 용서해 주었다.

4) 지낼 곳이 없어서 배회하는 길고양이들을 볼 때마다 _____ 는 생각이 든다.

5) 말도 안 되는 거짓 소문이 꼬리에 꼬리를 물고 이어지는 상황이 정말 _____ .

6) 전반전 내내 수비만 계속하던 우리 팀은 후반전이 시작되자 _____ 에 나섰다.

4일

매체자료 | 교과서 199~205쪽

잠자코

아무 말 없이 / •가만히

㉠ •시비를 거는 친구와 •충돌하기가 싫어서 친구의 말을 **잠자코** 듣기만 했다.

•가만히(가만)　　(움직이지 않고, 아무 말이 없이) 조용히

•시비(是 옳을 시, 非 아닐 비)　옳고 그름을 따지는 말다툼

•충돌하다(衝 찌를 · 부딪칠 충, 突 갑자기 돌)　(입장이 달라) 서로 맞서 싸우다

참조하다

한자 참여할 참 參
　　 비칠 조 照

어떤 사항을 / 더불어 •살펴보다

㉠ 숙제를 하기에 교과서만으로 부족해서 도서관에서 관련 도서를 빌려서 **참조**했다.

•살펴보다　하나하나 자세히 주의해서 보다

디자인하다

영어 design

물건의 형태, 색상, 장식 등을 / •설계, •도안을 하여 / 그림으로 나타내다

㉠ 재활용품으로 생활용품을 만들기 위해 머릿속에 떠오르는 아이디어를 도화지에 **디자인했다.**

•설계(設 베풀 설, 計 셀 · 셈할 계)　건축물, 구조물, 기계 따위를 만들기 위해 계획을 세워 도면(그림)으로 그 내용을 밝히는 일

•도안(圖 그림 도, 案 책상 안)　미술품 · 공예품 · 건축물 · 상품 등을 (만들거나 꾸미기 위하여 모양이나 색채 등을) 그림으로 나타냄

여전히

한자 같을 여 如
　　 앞 전 前

전과 다름없이

㉠ 어제 친구와 다툰 아이는 아직 화가 덜 풀렸는지 오늘도 **여전히** 인상을 쓰고 있다.

비 아직

의심하다

한자 의심할 의 疑
　　 마음 심 心

믿지 못하다 또는 •이상하게 여기다

㉠ 어제 만 원을 잃어버렸는데, 동생이 만 원을 가지고 있는 걸 보고, 내 돈을 훔쳐 간 게 아닐까, 동생을 **의심했다.**

•이상하다(異 다를 이, 常 떳떳할 상)　의심스럽거나 알 수 없는 데가 있다

의료

한자 의원 의 醫
　　 고칠 료 療

•의술로 / 병을 고치는 일

㉠ 학자들은 **의료** 기술이 발달함에 따라 인간 •수명이 •연장될 것으로 예측한다.

•의술(術 재주 술)　병을 고치는 기술. 또는 의학에 관련되는 기술

•수명(壽 목숨 수, 命 목숨 명)　생물의 목숨. 또는 생물이 살아 있는 동안

•연장되다(延 늘일 연, 長 길 장)　(시간 · 길이 따위가) 길게 늘어나다

1 문장을 읽고, 알맞은 낱말을 써 넣어 봅시다.

1) 아무 말 없이 가만히

2) 어떤 사항을 더불어 살펴보다

3) 물건의 형태, 색상, 장식 등을 설계,
도안을 하여 그림으로 나타내다

4) 전과 다름없이

5) 믿지 못하다 또는 이상하게 여기다

6) 의술로 병을 고치는 일

2 밑줄 친 곳에 알맞은 낱말을 써 넣어 문장을 완성해 봅시다.

1) 시비를 거는 친구와 충돌하기가 싫어서 친구의 말을 _____ 듣기만 했다.

2) 숙제를 하기에 교과서만으로 부족해서 도서관에서 관련 도서를 빌려서
_____ .

3) 재활용품으로 생활용품을 만들기 위해 머릿속에 떠오르는 아이디어를 도화지에
_____ .

4) 어제 친구와 다툰 아이는 아직 화가 덜 풀렸는지 오늘도 _____ 인상을 쓰고
있다.

5) 어제 만 원을 잃어버렸는데, 동생이 만 원을 가지고 있는 걸 보고, 내 돈을 훔쳐 간 게
아닐까, 동생을 _____ .

6) 학자들은 _____ 기술이 발달함에 따라 인간 수명이 연장될 것으로 예측한다.

봉사
한자 받들 봉 奉
섬길 사 仕

국가, 사회, •타인을 돕기 위하여 / •헌신적으로 일하다
예 학생들은 학교 주변과 운동장에 떨어져 있는 쓰레기를 줍는 **봉사** 활동을 했다.

• 타인(他 다를 타, 人 사람 인)　(자신 이외의) 다른 사람
• 헌신적(獻 드릴 헌, 身 몸 신, 的 과녁 적)　(자신에게 이익이 될지 손해가 될지 따지지 않고) 몸과 마음을 바쳐 있는 힘을 다하는 (것)

비난하다
한자 아닐 ·
비방할 비 非
어려울 난 難

상대방이 / 잘못한 점, 부족한 점 따위를 / 찾아내어 나쁘게 말하다
예 '칭찬은 고래를 춤추게 한다'라는 말도 있듯이, **비난하는** 말보다는 •칭찬하는 말이 상대를 •긍정적으로 변화시킬 수 있다.

• 칭찬하다(稱 일컬을 · 저울 칭, 讚 기릴 찬)　남의 좋은 점, 훌륭한 점 등을 들어 높이 평가하는 말을 하다
• 긍정적(肯 즐길 긍, 定 정할 정)　무엇을 좋게 보거나 옳다고 인정하는 (것)
비 헐뜯다, 지탄하다(指 가리킬지, 彈 탄알 탄), 타박하다, 힐난하다(詰 꾸짖을 힐)

최소한
(최소한도)
한자 가장 최 最
작을 소 小
한계 한 限

더 이상 줄이기 어려운 / 가장 작은 •한도
예 공공장소에서 시끄럽게 떠들지 않는 것은 타인에 대한 **최소한**의 예의이다.

• 한도(限 한정할 한, 度 법도 도)　일정하게 정한 정도. 그 이상 넘을 수 없는 범위

신상
한자 몸 신 身
위 상 上

한 사람의 •개인적인 / 일 또는 상황
예 표정이 무척 안 좋은 것을 보니 친구의 **신상**에 •불길한 일이 생겼음이 분명하다.

• 개인적(個 낱 개, 人 사람 인, 的 과녁 적)　개인과 관련된 것
• 불길하다(不 아닐 불, 吉 길할운이 좋다 길)　나쁜 일이 생길 것 같은 느낌이 있다

역공
한자 거스를 역 逆
칠 공 攻

공격을 받던 편에서 / 맞받아 •역으로 하는 공격
예 수비하던 •상대 팀 선수에게 공을 가로채여 **역공**을 당했다.

• 역　(차례나 방향이) 반대
• 상대 팀(相 서로 상, 對 대할 대, team)경기 따위를 할 때 짝을 이루는 팀

슬그머니

남이 알아차리지 못하게 / •넌지시
예 아이는 친구와 놀기 위해 숙제를 중단하고 엄마 몰래 **슬그머니** 집을 나왔다.

• 넌지시(슬며시)　남의 눈에 띄지 않게(드러나지 않게) 가만히

1 문장을 읽고, 알맞은 낱말을 써 넣어 봅시다.

1) 국가, 사회, 타인을 돕기 위하여 헌신적으로 일하다 ☐☐

2) 상대방이 잘못한 점, 부족한 점 따위를 찾아내어
   나쁘게 말하다 ☐☐☐☐

3) 더 이상 줄이기 어려운 가장 작은 한도 ☐☐☐

4) 한 사람의 개인적인 일 또는 상황 ☐☐

5) 공격을 받던 편에서 맞받아 역으로 하는 공격 ☐☐

6) 남이 알아차리지 못하게 넌지시 ☐☐☐

2 밑줄 친 곳에 알맞은 낱말을 써 넣어 문장을 완성해 봅시다.

1) 학생들은 학교 주변과 운동장에 떨어져 있는 쓰레기를 줍는 _____ 활동을
   했다.

2) '칭찬은 고래를 춤추게 한다'라는 말도 있듯이, _____ 말보다는 칭찬하는
   말이 상대를 긍정적으로 변화시킬 수 있다.

3) 공공장소에서 시끄럽게 떠들지 않는 것은 타인에 대한 _____ 의 예의이다.

4) 표정이 무척 안 좋은 것을 보니 친구의 _____ 에 불길한 일이 생겼음이
   분명하다.

5) 수비하던 상대 팀 선수에게 공을 가로채여 _____ 을 당했다.

6) 아이는 친구와 놀기 위해 숙제를 중단하고 엄마 몰래 _____ 집을 나왔다.

1 문장을 읽고, 알맞은 낱말을 써 넣어 봅시다.

1) 숨소리가 들리지 않을 정도로 조용히 하다 _____

2) 자기와 관련된 일에 대하여 스스로의 가치, 능력을 믿고
   자랑으로 여기는 마음 _____

3) 물건의 형태, 색상, 장식 등을 설계,
   도안을 하여 그림으로 나타내다 _____

4) 남의 의견, 비난에 맞서서 그 잘못된 점을 조리 있게
   지적하며 따지다 _____

5) 잘못 보지 않았나 하여 믿지 않고 이상하게 생각하다 _____

6) 더 이상 줄이기 어려운 가장 작은 한도 _____

7) 운동 경기, 오락 따위에서 상대편을 이기기 위해
   적극적으로 행동하다 _____

8) 믿지 못하다 또는 이상하게 여기다 _____

9) 마음속으로 확실히 그렇다고 생각하다 _____

10) 공격을 받던 편에서 맞받아 역으로 하는 공격 _____

11) 매우 놀라거나 · 두려워서 눈이 크고 둥그렇게 되다 _____

12) 국가, 사회, 타인을 돕기 위하여 헌신적으로 일하다 _____

13) 미처 생각하지 못한 일이 벌어져서 기가 막히다 _____

14) 쳐들어오는 상대방을 맞받아 공격함 _____

15) 남이 알아듣지 못하도록 낮은 목소리로 자꾸 가만가만 말하다 _____

16) 처하여 있는 상황이 애처롭고 · 불쌍하다 _____

17) 일이 뜻대로 이루어지거나 · 걱정이 사라져 마음이 후련하다 _____

18) 아무 말 없이 가만히 _____

19) 어떤 사항을 더불어 살펴보다 _____

20) 전과 다름없이 _____

21) 개인의 사사로운 일상생활 _____

22) 의술로 병을 고치는 일 _____

23) 어떤 일에 직접 관계있는 사람 _____

24) 상대방이 잘못한 점, 부족한 점 따위를 찾아내어
나쁘게 말하다 _____

25) 한 사람의 개인적인 일 또는 상황 _____

26) 어느 한쪽으로만 치우치는 (것) _____

27) 남이 알아차리지 못하게 넌지시 _____

28) 일, 말 따위가 전혀 옳지 않다 또는 도무지 이치에 맞지 않다 _____

29) 계속 이어지다 _____

30) 옳고 그름에 관계없이 한쪽만 편들어 감싸다 _____

2 밑줄 친 곳에 알맞은 낱말을 써 넣어 문장을 완성해 봅시다.

1) 숙제를 하기에 교과서만으로 부족해서 도서관에서 관련 도서를 빌려서 _____ .

2) 학자들은 _____ 기술이 발달함에 따라 인간 수명이 연장될 것으로 예측한다.

3) 말도 안 되는 거짓 소문이 꼬리에 꼬리를 물고 이어지는 상황이 정말 _____ .

4) 동생이 먼저 잘못했는데, 동생만 _____ 엄마에게 무척 서운한 마음이 들었다.

5) 재활용품으로 생활용품을 만들기 위해 머릿속에 떠오르는 아이디어를 도화지에 _____ .

6) 눈앞에서 교통사고를 목격한 아이는 너무 놀라서 눈이 _____ .

7) 일주일 동안 시험공부를 하느라 힘들었는데, 오늘 시험이 끝나서 _____ .

8) 아이가 자신의 잘못을 순순히 _____ , 엄마는 아이의 잘못을 용서해 주었다.

9) 학업 성적은 _____ 이 얼마나 어떻게 공부를 하는가에 따라 좌우된다.

10) 학생들은 학교 주변과 운동장에 떨어져 있는 쓰레기를 줍는 _____ 활동을 했다.

11) 어제 친구와 다툰 아이는 아직 화가 덜 풀렸는지 오늘도 _____ 인상을 쓰고 있다.

12) '칭찬은 고래를 춤추게 한다'라는 말도 있듯이, _____ 말보다는 칭찬하는 말이 상대를 긍정적으로 변화시킬 수 있다.

13) 피구 경기를 시작하기 위해서는 먼저 가위바위보로 _____ 팀을 정해야 한다.

14) 어제 만 원을 잃어버렸는데, 동생이 만 원을 가지고 있는 걸 보고, 내 돈을 훔쳐 간 게 아닐까, 동생을 _____ .

15) 수비하던 상대 팀 선수에게 공을 가로채여 _____ 을 당했다.

16) 아이는 친구와 놀기 위해 숙제를 중단하고 엄마 몰래 _____ 집을 나왔다.

17) 동생이 자꾸 내 _____ 에 미주알고주알 간섭을 해서 "남 일에 상관하지 마라"고 쏘아붙였다.

18) 극장에서 영화를 보는데, 뒷자리에서 자꾸 _____ 소리가 들려서 짜증 났다.

19) 동생이 본인에게 언니라고 부르라며 _____ 말을 해서 어이가 없었다.

20) 엄마는 아이에게 이번 시험에서 무조건 백 점을 맞으라고 _____ 으로 요구했다.

21) 지낼 곳이 없어서 배회하는 길고양이들을 볼 때마다 _____ 는 생각이 든다.

22) 항상 100점을 맞았던 학생이 60점을 맞자, 김 교사는 _____ 재차 시험지를 채점했다.

23) 표정이 무척 안 좋은 것을 보니 친구의 _____ 에 불길한 일이 생겼음이 분명하다.

24) 전반전 내내 수비만 계속하던 우리 팀은 후반전이 시작되자 _____ 에 나섰다.

25) 관객들은 주인공이 악당과 맞서 싸우는 장면을 _____ 채 지켜보았고, 영화관은 사람이 없는 것처럼 고요했다.

26) 아이는 자신을 험담하는 친구의 말이 거짓임을 밝히기 위해 조목조목 _____ .

27) 친구에게 비밀을 말한 후로 나에 대한 이상한 소문이 꼬리에 꼬리를 물고 퍼졌고, 친구가 소문을 냈다는 의심이 _____ 이어졌다.

28) 노인은 자신이 만든 도자기를 볼 때마다 세상에서 제일간다는 _____ 을 느꼈다.

29) 시비를 거는 친구와 충돌하기가 싫어서 친구의 말을 _____ 듣기만 했다.

30) 공공장소에서 시끄럽게 떠들지 않는 것은 타인에 대한 _____ 의 예의이다.

된통 (되게)

아주 몹시

㉠ 아이는 늦은 저녁까지 밖에서 놀다 들어와서 엄마한테 **된통** 혼이 났다.

꼬리(를) 내리다

상대의 •압력에 의해 / 자신의 의지, 주장을 꺾고 / 상대의 주장, 명령 따위를 / 따르다

㉠ 엄마가 •호통을 치며 •나무라자 변명을 늘어놓던 아이는 슬그머니 **꼬리를 내렸다.**

• **압력(壓 누를 압, 力 힘 력)** 남을 자기 의지에 따르도록 압박하는 힘

• **호통(호령)** 몹시 화가 나서 크게 꾸짖음. 또는 그 소리

• **나무라다** 상대방의 잘못·부족한 점을 지적하여 주의를 주며 알아듣도록 말하다

고소하다

미운 사람이 / 잘못되는 것을 보고 / 속이 시원하고 재미있다

㉠ 내가 벌을 받고 있을 때 •얄밉게 웃던 동생이 엄마한테 된통 혼나는 모습을 보니 무척 **고소했다.**

• **얄밉다** 말과 행동이 거슬리고 밉다

짝(이) 없다

비할 데 없이(비교할 대상이 없을 만큼) / •대단하다 또는 심하다

㉠ 나를 •약 올리던 친구가 미끄러져 넘어지는 걸 보고 고소하기 **짝이 없었다.**

• **대단하다** (무엇이 수준·정도가) 매우 심하다, 몹시 크거나 많다

• **약(을) 올리다** (비위를 상하게 하여) 언짢게 하거나, 은근히 화가 나게 하다

우롱하다

한자 어리석을 우 愚
• **희롱할 롱 弄**

사람을 바보로 •여겨 / 비웃고 놀리다

㉠ 아이는 자신의 말실수를 •꼬투리 잡아 흉내를 내며 **우롱하는** 친구를 선생님에게 •일러바쳤다.

• **희롱하다(戲 놀이 희)** (다른 사람에게 말이나 행동으로) 실없이 놀리거나, 짓궂게 굴거나, 흉을 보거나, 웃음거리로 만들다

• **여기다** 마음속으로 그렇다고 생각하다

• **꼬투리** 남을 해코지하거나 헐뜯을 만한 거리

• **일러바치다** (남의 잘못이나, 감추고자 하는 일을) 다른 사람에게 알리다

단박

그 자리에서 •바로

㉠ 그녀는 한 번 만나 보고 그가 좋은 사람이라는 것을 **단박** 알 수 있었다.

• **바로** (시간적인 간격을 두지 않고) 곧

1 문장을 읽고, 알맞은 낱말을 써 넣어 봅시다.

1) 아주 몹시

2) 상대의 압력에 의해 자신의 의지, 주장을 꺾고 상대의 주장, 명령 따위를 따르다

3) 미운 사람이 잘못되는 것을 보고 속이 시원하고 재미있다

4) 비할 데 없이(비교할 대상이 없을 만큼) 대단하다 또는 심하다

5) 사람을 바보로 여겨 비웃고 놀리다

6) 그 자리에서 바로

2 밑줄 친 곳에 알맞은 낱말을 써 넣어 문장을 완성해 봅시다.

1) 아이는 늦은 저녁까지 밖에서 놀다 들어와서 엄마한테 _____ 혼이 났다.

2) 엄마가 호통을 치며 나무라자 변명을 늘어놓던 아이는 슬그머니 _____ .

3) 내가 벌을 받고 있을 때 얄밉게 웃던 동생이 엄마한테 된통 혼나는 모습을 보니 무척 _____ .

4) 나를 약 올리던 친구가 미끄러져 넘어지는 걸 보고 고소하기 _____ .

5) 아이는 자신의 말실수를 꼬투리 잡아 흉내를 내며 _____ 친구를 선생님에게 일러바쳤다.

6) 그녀는 한 번 만나 보고 그가 좋은 사람이라는 것을 _____ 알 수 있었다.

5. 여러 가지 매체 자료

증명하다
한자 증거 증 證
밝을 명 明

무엇의 •진위를 / •증거를 들어서 밝히다

예 친구가 통장에 1억원이 있다는 어처구니없는 말을 해서 통장을 보여서 **증명해** 보라고 요구했다.

• 진위(眞 참 진, 僞 거짓 위) 참과 거짓. 또는 진짜와 가짜
• 증거(據 근거 거) 증명할 수 있는 근거
비 입증하다(立 설 입), 증빙하다(憑 기댈 빙)

교묘하다
한자 •공교할 교 巧
묘할 묘 妙

솜씨, 방법 따위가 / •재치 있고 · •약삭빠르다

예 숙제를 안 한 아이는 공책을 잃어버렸다는 **교묘한** •잔꾀로 위기를 •모면했다.

• 공교하다(工 장인 공, 巧 공교할 교) (솜씨, 꾀 따위가) 재치가 있고, 교묘하다
• 재치(才 재주 재, 致 이를어떤 장소나 시간에 닿다 치) 어떤 상황에서 일을 눈치 빠르게, 능숙하게, 슬기롭게 처리하는 솜씨
• 약삭빠르다 눈치가 빠르거나, 자기 잇속에 맞게 행동하는 데 재빠르다
• 잔꾀 어려운 일이나 난처한 일을 피하려고 부리는 얕은(수준 낮은) 꾀
• 모면하다(謀 꾀 모, 免 면할 · 벗어날 면) (어떤 일을) 꾀를 써서 벗어나다

구경하다

무엇을 / 흥미를 갖고 / 관심 있게 보다

예 학생들은 동물원에 가서 •각가지 동물들을 흥미롭게 **구경했다.**

• 각가지(各 각각 각) 여러 가지. 각종(種 씨 종). 많은 종류(類 무리 류)

일제
한자 날 일 日
임금 제 帝

일본 •제국 또는 일본 제국주의를 / 줄여 부르는 말

예 우리 민족은 **일제**의 탄압에 굴복하지 않고 독립운동을 했다..

• 제국(帝 임금 제, 國 나라 국) 황제가 다스리는 나라

저항하다
한자 막을 저 抵
겨룰 항 抗

외부의 압력에 / •굴하지 않고 / 맞서서 •겨루다

예 3·1운동은 1919년에 일제의 식민지 지배에 **저항하여** 일어난 독립운동이다.

• 굴하다 (압력 · 어려움에 맞서지 못하고) 자신의 뜻 · 주장 따위를 꺾고 남을 따르다
• 겨루다 서로 버티어 힘이나 승부(이김과 짐)를 다투다
비 대항하다(對 대할 대), 항거하다(拒 막을 거)

극적
한자 심할 극 劇
과녁 적 的

상황, 사건이 / 마치 연극을 보는 듯한 / •긴장이나 감동을 불러일으키는 (것)

예 우리 팀이 8회까지 지고 있다가 9회 말에 만루 홈런으로 **극적인** 역전승을 거뒀다.

• 긴장(緊 긴할꼭 필요하다 긴, 張 베풀 장) 마음을 늦추지 않고 정신을 바짝 차림

1 문장을 읽고, 알맞은 낱말을 써 넣어 봅시다.

1) 무엇의 진위를 증거를 들어서 밝히다

2) 솜씨, 방법 따위가 재치 있고·약삭빠르다

3) 무엇을 흥미를 갖고 관심 있게 보다

4) 일본 제국 또는 일본 제국주의를 줄여 부르는 말

5) 외부의 압력에 굴하지 않고 맞서서 겨루다

6) 상황, 사건이 마치 연극을 보는 듯한 긴장이나 감동을 불러일으키는 (것)

2 밑줄 친 곳에 알맞은 낱말을 써 넣어 문장을 완성해 봅시다.

1) 친구가 통장에 1억원이 있다는 어처구니없는 말을 해서 통장을 보여서 _____ 보라고 요구했다.

2) 숙제를 안 한 아이는 공책을 잃어버렸다는 _____ 잔꾀로 위기를 모면했다.

3) 학생들은 동물원에 가서 각가지 동물들을 흥미롭게 _____ .

4) 우리 민족은 _____ 의 탄압에 굴복하지 않고 독립운동을 했다.

5) 3·1운동은 1919년에 일제의 식민지 지배에 _____ 일어난 독립운동이다.

6) 우리 팀이 8회까지 지고 있다가 9회 말에 만루 홈런으로 _____ 인 역전승을 거뒀다.

토론이 필요한 경우 알기 | 교과서 210~215쪽 |

타당성
한자 온당할 타 妥
마땅할 당 當
성품 성 性

이치에 맞는 / 옳은 성질

예) 그의 주장은 •일견 **타당성**이 있는 듯하지만, 곰곰이 생각해 보면 •모순이 많다.

• **일견**(一 한 일, 見 볼 견)　　한 번 보아. 언뜻 보기에

• **모순**(矛 창 모, 盾 방패 순)　(말, 행동, 사실의) 앞뒤가 서로 맞지 않음

주장
한자 주인 주 主
베풀 장 張

자신의 의견을 / 굳게 내세움 또는 **그런 의견**

예) **주장**을 내세울 때 타당성을 얻기 위해서는 적절한 근거가 뒷받침되어야
　　한다.

근거
한자 뿌리 근 根
근거 거 據

의견의 내용을 / •뒷받침해 주는 / •까닭

예) 회의에서 의견을 낼 때에는 그에 대한 **근거**도 함께 말해야 한다.

• **뒷받침하다**　　　뒤에서 힘을 보태고 도움을 주다

• **까닭**　　　(일이 생기게 된) 이유, 원인, 조건, 상황

토론하다
한자 칠 토 討
논할 론 論

**서로 의견이 다른 문제를 놓고 / 여러 사람이 각자 의견을 내세우고 · 그 •정당함을
•논하다**

예) 쓰레기통 주변이 오히려 더 지저분해서 '쓰레기통을 없애자'는
　　주제로 **토론**했다.

• **정당하다**(正 바를 정, 當 마땅 당)　　(이치에 맞아) 바르고 옳다

• **논하다**　　옳고 그름을 따져 자신의 의견(생각)을 말하다

주차
한자 머무를 주 駐
車 수레 차 車

자동차를 일정한 곳에 / 세워 둠

예) 학교 앞에 **주차**를 •불법으로 하는 차가 너무 많아서 경찰이 •단속에 나섰다.

• **불법**(不 아닐 불, 法 법 법)　　법에 어긋남. 법을 지키지 않음

• **단속**(團 둥글 단, 束 묶을 속)　　규칙 · 명령 · 법 따위를 지키도록 통제함

개방하다
한자 열 개 開
놓을 방 放

공간, 장소 따위를 열어 / 자유롭게 / 드나들게 하다 또는 **이용하게 하다**

예) '•문화재를 **개방해야** 한다'는 주장에 대한 근거로 '문화재를 관람하면 조상들
　　이 살았던 때를 생생히 느낄 수 있기 때문'이라고 말했다.

• **문화재**(글월 문 文, 될 화 化, 재물 재 財)

조상들이 남긴 유산(조상들이 남긴 가치 있는 사물이나 문화) 중

역사적, 문화적 가치가 높아 보호해야 할 것

1 문장을 읽고, 알맞은 낱말을 써 넣어 봅시다.

1) 이치에 맞는 옳은 성질 ☐☐☐

2) 자신의 의견을 굳게 내세움 또는 그런 의견 ☐☐

3) 의견의 내용을 뒷받침해 주는 까닭 ☐☐

4) 서로 의견이 다른 문제를 놓고 여러 사람이 각자
   의견을 내세우고 · 그 정당함을 논하다 ☐☐☐☐

5) 자동차를 일정한 곳에 세워 둠 ☐☐

6) 공간, 장소 따위를 열어 자유롭게 드나들게 하다 또는
   이용하게 하다 ☐☐☐☐

2 밑줄 친 곳에 알맞은 낱말을 써 넣어 문장을 완성해 봅시다.

1) 그의 주장은 일견 _____ 이 있는 듯하지만, 곰곰이 생각해 보면 모순이 많다.

2) _____ 을 내세울 때 타당성을 얻기 위해서는 적절한 근거가 뒷받침되어야
   한다.

3) 회의에서 의견을 낼 때에는 그에 대한 _____ 도 함께 말해야 한다.

4) 쓰레기통 주변이 오히려 더 지저분해서 '쓰레기통을 없애자'는 주제로 _____.

5) 학교 앞에 _____ 를 불법으로 하는 차가 너무 많아서 경찰이 단속에 나섰다.

6) '문화재를 _____ 한다'는 주장에 대한 근거로 '문화재를 관람하면 조상들이
   살았던 때를 생생히 느낄 수 있기 때문'이라고 말했다.

유일하다

한자 오직 유 唯
하나 일 一

오직 / 그 하나만 있다

예 *한반도는 전 세계에서 **유일한** *분단국가이다.

*한반도(韓 한국 한, 半 반 반, 島 섬 도) '남북한'을 달리 이르는 말

*분단국가(분단국)(分 나눌 분, 斷 끊을 단, 國 나라 국, 家 집 가)   본래는 하나의 국가였으나 전쟁 또는 외국의 지배 등으로 말미암아 둘 이상으로 갈라진 국가

전통적

한자 전할 전 傳
거느릴·
큰 줄기 통 統
과녁 적 的

예로부터 현재까지 / 이어져 내려오는 (것)

예 *민요는 예로부터 *민중 사이에 저절로 생겨나서 불려 오던 **전통적** 노래이다.

*민요(民 백성양반이 아닌 일반 평민 민, 謠 노래 요)   예로부터 민중 속에서 전해 내려온, 민중의 소박한 생활 감정이 담긴 노래

*민중(衆 무리모여서 뭉친 한 동아리 중)   국가와 사회를 구성하고 있는 사람들(일반 국민)

형식적

한자 형상 형 形
법 식 式
과녁 적 的

겉으로 나타나는 또는 밖으로 보이는 / 모양, *방식에 *치중하는 (것)

예 난생처음 만난 두 사람은 알맹이가 없는 **형식적** 대화만 주고받았다.

*방식(법식)(方 네모 방, 法 법 법)   일을 할 때의 일정한 방법이나 형식

*치중하다(置 둘 치, 重 무거울 중)   어떠한 것에 특히 중점(가장 중요하게 여겨야 할 점)을 두다

삐딱하다

생각, 말, 행동 따위가 / 바르지 못하고 / 조금 비뚤어져 있다

예 '왜 이런 일이 생겼을까?', '이것을 바꿀 수는 없을까?'라는 생각을 **삐딱하다**고 받아들이면 *진정한 토론이 이루어질 수 없다.

*진정하다(眞 참 진, 正 바를 정)   무엇이 참되고 옳고 바르다

연달다

한자 잇닿을 연 連

사건, 행동이 / 끊어지지 않고 / 계속 뒤를 이어 *달다

예 이번 기말시험은 하루에 2과목씩 3일 동안 **연달아** 치러진다.

*달다   붙이다, 보태다(있는 것에 더해서 늘리다)

비 잇달다, 잇따르다

평가하다
(평하다)

한자 평할 평 評
값 가 價

무엇의 *가치, 수준에 대하여 / 좋고 나쁨, 옳고 그름, 잘하고 못함, 높고 낮음 따위를 / *판가름하다

예 근거 자료를 **평가하는** 기준에 따라 주장을 뒷받침하는 자료인지 살펴봐야 한다.

*가치(價 값 가, 値 값 치)   (사물이 지니고 있는) 값, 값어치, 쓸모

*판가름하다   옳고 그름, 나음과 못함 따위를 판단하여 가르다(결정을 내리다)

1 문장을 읽고, 알맞은 낱말을 써 넣어 봅시다.

1) 오직 그 하나만 있다

2) 예로부터 현재까지 이어져 내려오는 (것)

3) 겉으로 나타나는 또는 밖으로 보이는 모양, 방식에 치중하는 (것)

4) 생각, 말, 행동 따위가 바르지 못하고 조금 비뚤어져 있다

5) 사건, 행동이 끊어지지 않고 계속 뒤를 이어 달다

6) 무엇의 가치, 수준에 대하여 좋고 나쁨, 옳고 그름, 잘하고 못함, 높고 낮음 따위를 판가름하다

2 밑줄 친 곳에 알맞은 낱말을 써 넣어 문장을 완성해 봅시다.

1) 한반도는 전 세계에서 ＿＿＿＿ 분단국가이다.

2) 민요는 예로부터 민중 사이에 저절로 생겨나서 불려 오던 ＿＿＿＿ 노래이다.

3) 난생처음 만난 두 사람은 알맹이가 없는 ＿＿＿＿ 대화만 주고받았다.

4) '왜 이런 일이 생겼을까?', '이것을 바꿀 수는 없을까?'라는 생각을 ＿＿＿＿ 고 받아들이면 진정한 토론이 이루어질 수 없다.

5) 이번 기말시험은 하루에 2과목씩 3일 동안 ＿＿＿＿ 치러진다.

6) 근거 자료를 ＿＿＿＿ 기준에 따라 주장을 뒷받침하는 자료인지 살펴봐야 한다.

유행
[한자] 흐를 유 流
다닐 행 行

특정한 언어, 옷차림, 취미, 현상 따위가 / 사회 •구성원들에게 / •일시적으로 널리 퍼짐
[예] 고려 시대에는 몽골의 언어, 옷, •풍습이 **유행**처럼 퍼졌다.
• **구성원**(構 얽을 구, 成 이룰 성, 員 인원 원)　(집단, 단체를 이루는) 사람들
• **일시적**(一 한 일, 時 때 시)　한때나 한동안만의 (것). 오래가지 못하는 (것)
• **풍습**(風 바람 풍, 習 익힐 습)　예로부터 그 사회에 전해 오는 생활에 관한 습관

직업
[한자] 직분 직 職
업 업 業

살아가는 데 필요한 돈을 벌기 위해 / 자신의 적성과 능력에 따라 / 일정한 기간 동안 / 하는 일
[예] 조사에 따르면 초등학생이 희망하는 **직업** 1위는 운동선수이고, 2위는 의사이다.

장래 희망
[한자] 장차 장 將
올 래 來
바랄 희 希
바랄 망 望

•장차 하고자 하는 / 일, 직업에 대한 / •희망
[예] 최근 한 매체에서 '연예인'이 초등학생들의 **장래 희망** 직업 1위를 차지했다는 결과를 발표했다.
• **장차**(將 장차 장, 次 버금 차)　앞으로. 미래의 어느 때에 가서
• **희망**　(일이 원하는 대로 이루어지기를) 바라면서 기다림

열풍
[한자] 세찰 열 烈
바람 풍 風

매우 세차게 일어나는 / •기운, •기세를 / 비유적으로 이르는 말
[예] 한국의 사교육 **열풍**은 지나칠 정도로 뜨거워서 •가히 •광풍이라 불릴 만하다.
• **기운**　어떤 일이 벌어지려고 하는 분위기
• **기세**(氣 기운 기, 勢 형세 세) 기운이 넘치고 활발하게 뻗치는 모양이나 상태
• **가히**(可 옳을 가)　'능히', '넉넉히', '크게 틀림없이' 의 뜻을 나타냄.
• **광풍**(狂 미칠 광) 갑자기 또는 무섭게 일어나는 기세를 비유적으로 이르는 말

대다수
[한자] 클 대 大
많을 다 多
셈 수 數

거의 모두 또는 대단히 많은 수
[예] 한국은 사교육 열풍이 대단해서 일부를 제외한 **대다수** 학생이 방과 후에 학원에 다닌다.

소득
[한자] 바 소 所
얻을 득 得

•노동을 하고 •대가로 / 얻는 돈
[예] 자신이 얻은 **소득**보다 더 많은 돈을 •지출하면 점점 가난해질 수밖에 없다.
• **노동**(勞 일할 노, 動 움직일 동)　몸을 움직여 일을 함
• **대가**(代 대신할 대, 價 값 가)　일하고 그에 대한 값으로 받는 돈이나 물품
• **지출하다**(支 지탱할지, 出 날 출)　(어떤 목적을 위해) 돈을 쓰다
[비] 수입(收 거둘 수, 入 들 입)

1 문장을 읽고, 알맞은 낱말을 써 넣어 봅시다.

1) 특정한 언어, 옷차림, 취미, 현상 따위가
사회 구성원들에게 일시적으로 널리 퍼짐

2) 살아가는 데 필요한 돈을 벌기 위해 자신의 적성과
능력에 따라 일정한 기간 동안 하는 일

3) 장차 하고자 하는 일, 직업에 대한 희망

4) 매우 세차게 일어나는 기운, 기세를 비유적으로 이르는 말

5) 거의 모두 또는 대단히 많은 수

6) 노동을 하고 대가로 얻는 돈

2 밑줄 친 곳에 알맞은 낱말을 써 넣어 문장을 완성해 봅시다.

1) 고려 시대에는 몽골의 언어, 옷, 풍습이 _____ 처럼 퍼졌다.

2) 조사에 따르면 초등학생이 희망하는 _____ 1위는 운동선수이고, 2위는
의사이다.

3) 최근 한 매체에서 '연예인'이 초등학생들의 _____ 직업 1위를 차지했다는 결
과를 발표했다.

4) 한국의 사교육 _____ 은 지나칠 정도로 뜨거워서 가히 광풍이라 불릴 만하다.

5) 한국은 사교육 열풍이 대단해서 일부를 제외한 _____ 학생이 방과 후에
학원에 다닌다.

6) 자신이 얻은 _____ 보다 더 많은 돈을 지출하면 점점 가난해질 수밖에 없다.

1 문장을 읽고, 알맞은 낱말을 써 넣어 봅시다.

1) 노동을 하고 대가로 얻는 돈 _____

2) 외부의 압력에 굴하지 않고 맞서서 겨루다 _____

3) 아주 몹시 _____

4) 거의 모두 또는 대단히 많은 수 _____

5) 상대의 압력에 의해 자신의 의지, 주장을 꺾고
   상대의 주장, 명령 따위를 따르다 _____

6) 무엇의 진위를 증거를 들어서 밝히다 _____

7) 그 자리에서 바로 _____

8) 생각, 말, 행동 따위가 바르지 못하고 조금 비뚤어져 있다 _____

9) 오직 그 하나만 있다 _____

10) 무엇을 흥미를 갖고 관심 있게 보다 _____

11) 사람을 바보로 여겨 비웃고 놀리다 _____

12) 일본 제국 또는 일본 제국주의를 줄여 부르는 말 _____

13) 이치에 맞는 옳은 성질 _____

14) 장차 하고자 하는 일, 직업에 대한 희망 _____

15) 자신의 의견을 굳게 내세움 또는 그런 의견 _____

16) 매우 세차게 일어나는 기운, 기세를 비유적으로 이르는 말 _____

17) 의견의 내용을 뒷받침해 주는 까닭 _____

18) 겉으로 나타나는 또는 밖으로 보이는 모양, 방식에
치중하는 (것) _____

19) 무엇의 가치, 수준에 대하여 좋고 나쁨, 옳고 그름,
잘하고 못함, 높고 낮음 따위를 판가름하다 _____

20) 서로 의견이 다른 문제를 놓고 여러 사람이 각자
의견을 내세우고 · 그 정당함을 논하다 _____

21) 사건, 행동이 끊어지지 않고 계속 뒤를 이어 달다 _____

22) 자동차를 일정한 곳에 세워 둠 _____

23) 특정한 언어, 옷차림, 취미, 현상 따위가
사회 구성원들에게 일시적으로 널리 퍼짐 _____

24) 공간, 장소 따위를 열어 자유롭게 드나들게 하다 또는
이용하게 하다 _____

25) 예로부터 현재까지 이어져 내려오는 (것) _____

26) 솜씨, 방법 따위가 재치 있고 · 약삭빠르다 _____

27) 상황, 사건이 마치 연극을 보는 듯한 긴장이나 감동을
불러일으키는 (것) _____

28) 미운 사람이 잘못되는 것을 보고 속이 시원하고 재미있다 _____

29) 살아가는 데 필요한 돈을 벌기 위해 자신의 적성과
능력에 따라 일정한 기간 동안 하는 일 _____

30) 비할 데 없이(비교할 대상이 없을 만큼) 대단하다 또는 심하다 _____

2 밑줄 친 곳에 알맞은 낱말을 써 넣어 문장을 완성해 봅시다.

1) 민요는 예로부터 민중 사이에 저절로 생겨나서 불려 오던 _____ 노래이다.

2) 조사에 따르면 초등학생이 희망하는 _____ 1위는 운동선수이고, 2위는 의사이다.

3) 아이는 늦은 저녁까지 밖에서 놀다 들어와서 엄마한테 _____ 혼이 났다.

4) 나를 약 올리던 친구가 미끄러져 넘어지는 걸 보고 고소하기 _____ .

5) 엄마가 호통을 치며 나무라자 변명을 늘어놓던 아이는 슬그머니 _____ .

6) 한반도는 전 세계에서 _____ 분단국가이다.

7) 내가 벌을 받고 있을 때 얄밉게 웃던 동생이 엄마한테 된통 혼나는 모습을 보니 무척 _____ .

8) 최근 한 매체에서 '연예인'이 초등학생들의 _____ 직업 1위를 차지했다는 결과를 발표했다.

9) 친구가 통장에 1억원이 있다는 어처구니없는 말을 해서 통장을 보여서 _____ 보라고 요구했다.

10) 3·1운동은 1919년에 일제의 식민지 지배에 _____ 일어난 독립운동이다.

11) 우리 팀이 8회까지 지고 있다가 9회 말에 만루 홈런으로 _____ 인 역전승을 거뒀다.

12) 숙제를 안 한 아이는 공책을 잃어버렸다는 _____ 잔꾀로 위기를 모면했다.

13) '문화재를 _____ 한다'는 주장에 대한 근거로 '문화재를 관람하면 조상들이 살았던 때를 생생히 느낄 수 있기 때문'이라고 말했다.

14) 학생들은 동물원에 가서 각가지 동물들을 흥미롭게 _____ .

15) 그의 주장은 일견 _____ 이 있는 듯하지만, 곰곰이 생각해 보면 모순이 많다.

16) 우리 민족은 _____ 의 탄압에 굴복하지 않고 독립운동을 했다.

17) _____ 을 내세울 때 타당성을 얻기 위해서는 적절한 근거가 뒷받침되어야
한다.

18) 고려 시대에는 몽골의 언어, 옷, 풍습이 _____ 처럼 퍼졌다.

19) 회의에서 의견을 낼 때에는 그에 대한 _____ 도 함께 말해야 한다.

20) 난생처음 만난 두 사람은 알맹이가 없는 _____ 대화만 주고받았다.

21) 근거 자료를 _____ 기준에 따라 주장을 뒷받침하는 자료인지 살펴봐야
한다.

22) 아이는 자신의 말실수를 꼬투리 잡아 흉내를 내며 _____ 친구를
선생님에게 일러바쳤다.

23) 그녀는 한 번 만나 보고 그가 좋은 사람이라는 것을 _____ 알 수 있었다.

24) 한국의 사교육 _____ 은 지나칠 정도로 뜨거워서 가히 광풍이라 불릴 만하다.

25) 자신이 얻은 _____ 보다 더 많은 돈을 지출하면 점점 가난해질 수밖에 없다.

26) 한국은 사교육 열풍이 대단해서 일부를 제외한 _____ 학생이 방과 후에
학원에 다닌다.

27) 쓰레기통 주변이 오히려 더 지저분해서 '쓰레기통을 없애자'는 주제로 _____.

28) 학교 앞에 _____ 를 불법으로 하는 차가 너무 많아서 경찰이 단속에 나섰다.

29) 이번 기말시험은 하루에 2과목씩 3일 동안 _____ 치러진다.

30) '왜 이런 일이 생겼을까?', '이것을 바꿀 수는 없을까?'라는 생각을 _____ 고
받아들이면 진정한 토론이 이루어질 수 없다.

6. 타당성을 생각하며 토론해요

유행에 따라 하는 직업을 바로 다면 | 교과서 216~219쪽 |

수단
한자 손 수 手
층계 단 段

•목적을 이루기 위한 / 방법 또는 그 •도구
예 직업은 생활에 필요한 소득을 얻고, 행복과 보람을 느끼게 해 주는 **수단**이다.
•목적(目 눈 목, 的 과녁 적)   (행동을 취해서) 이루려고 하는 것
•도구(道 길 도, 具 갖출 구)   (어떤 목적을 이루기 위한) 수단, 방법

실현하다
한자 열매 실 實
나타날 현 現

꿈, •기대 따위를 / 실제로 이루다
예 직업은 자신의 능력을 •발휘하고 꿈을 **실현할** 수 있는 •기회를 •제공한다.
•기대(期 기약할 기, 待 기다릴 대)   일이 원하는 대로 이루어지기를 바라고 기다림
•발휘하다(發 필 발, 揮 휘두를 휘)   재능, 능력 따위를 떨쳐 드러내다
•기회(機 틀 기, 會 모일 회)   일이나 행동을 하기에 가장 좋은 때
•제공하다(提 이끌 제, 供 이바지할 공) 무엇을 내주거나 대주어 도움이 되게 하다

대세
한자 큰 대 大
기세 세 勢

일이 진행되어 가는 / •결정적인 •형세
예 우리 팀이 전반 20분 만에 다섯 골을 넣으면서 경기의 **대세**가 초반에 기울었다.
•결정적(決 결단할 결, 定 정할 정, 的 과녁 적)   어떤 일이 그렇게 될 것이 거의 확실하여
달라질 가능성이 전혀 없거나 이에 가까운 (것)
•형세(정세)(形 모양 형, 勢 형세 세, 情 뜻 정)   일이 되어 가는 형편(상태 · 경로 · 결과)

털어놓다

마음속에 품고 있는 사실, 비밀, •고민 등을 / 숨김없이 모두 말하다
예 그는 '아무한테도 절대 말하지 말라'는 말과 함께 자신의 비밀을 **털어놓았다.**
•고민(苦 쓸 고, 悶 답답할 민)   마음속으로 괴로워하며 속을 태움
비 고백하다(告 고할 고, 白 흰 백), 실토하다(實 열매 실, 吐 토할 토), 토로하다(露 이슬 로)

적성
한자 맞을 적 適
성품 성 性

어떤 일에 알맞은 / 성질 또는 •소질
예 계산을 잘 못하는 아이는 수학이 자신의 **적성**에 맞지 않는다고 생각했다.
•소질(素 본디 소, 質 바탕 질)   타고난 재주와 능력

특기
한자 특별할 특 特
재주 기 技

남은 가지지 못한, 자신만이 가진 / 특별한 기술 또는 •기능
예 피아노를 6년 동안 배운 아이는 피아노 •연주를 남들 앞에서 뽐낼 만한 자신
의 특기로 꼽았다.
•기능(機 틀 · 기계 기, 能 능할 능)   기술적인 재주와 능력
•연주(演 펼 연, 奏 아뢸말씀드려 알리다 주)   악기를 다루어 곡을 들려주는 일

1 　문장을 읽고, 알맞은 낱말을 써 넣어 봅시다.

1) 목적을 이루기 위한 방법 또는 그 도구 　☐☐

2) 꿈, 기대 따위를 실제로 이루다 　☐☐☐☐

3) 일이 진행되어 가는 결정적인 형세 　☐☐

4) 마음속에 품고 있는 사실, 비밀, 고민 등을 숨김없이
모두 말하다 　☐☐☐☐

5) 어떤 일에 알맞은 성질 또는 소질 　☐☐

6) 남은 가지지 못한, 자신만이 가진 특별한 기술 또는 기능 　☐☐

2 　밑줄 친 곳에 알맞은 낱말을 써 넣어 문장을 완성해 봅시다.

1) 직업은 생활에 필요한 소득을 얻고, 행복과 보람을 느끼게 해 주는 ＿＿＿＿＿＿
이다.

2) 직업은 자신의 능력을 발휘하고 꿈을 ＿＿＿＿＿＿ 수 있는 기회를 제공한다.

3) 우리 팀이 전반 20분 만에 다섯 골을 넣으면서 경기의 ＿＿＿＿＿＿ 가 초반에 기울
었다.

4) 그는 '아무한테도 절대 말하지 말라'는 말과 함께 자신의 비밀을 ＿＿＿＿＿＿.

5) 계산을 잘 못하는 아이는 수학이 자신의 ＿＿＿＿＿＿ 에 맞지 않는다고 생각했다.

6) 피아노를 6년 동안 배운 아이는 피아노 연주를 남들 앞에서 뽐낼 만한 자신의
＿＿＿＿＿＿ 로 꼽았다.

6. 타당성을 생각하며 토론해요

유형에 따라 희망 직업을 바꾼다면 | 교과서 216~219쪽

집중적

한자 모을 집 集
　　가운데 중 中
　　과녁 적 的

한곳을 •중심으로 모으는 (것)

예 소방관들은 불이 난 건물 3층에 **집중적**으로 물을 뿌렸다.

•중심(中 가운데 중, 心 마음 심)　　사물의 한가운데가 되는 곳

휘둘리다

주변 상황, 감정에 / •휩쓸리다

예 •집중력이 좋은 아이는 소란한 분위기에 **휘둘리지** 않고 •묵묵히 책을 읽었다.

•휩쓸리다　무엇에 영향을 받다

•집중력(力 힘 력) 마음이나 주의를 오로지 어느 한 사물에 쏟을 수 있는 힘

•묵묵히(默 잠잠할 묵)　　　아무 말없이 조용히

개발하다

한자 열 개 開
　　필 발 發

기술, •재능 따위를 / 더 나아지도록 하다

예 유행에 휘둘리면 자신의 능력을 집중적으로 **개발하는** 시간을 빼앗기게 된다.

•재능(능)(才 재주, 能 능할 능)　　재주(남달리 솜씨 있게 하는 기술)와 능력

비 계발하다(啓 열 계)

평론가

한자 평할 평 評
　　논할 론 論
　　집 가 家

특정 분야에 대한 / 가치, •특성, 등급 따위를 •비평하여 논하는 / 사람

예 이 소설은 많은 문학 **평론가**에게 큰 •호평을 받았다.

•특성(特 특별할 특, 性 성품 성)　　　특별한(보통과 아주 다른) 성질

•비평하다(批 비평할 비)　　사물의 선악(착함과 악함), 시비(옳고 그름), 미추(아름다움과 추함) 따위를 분석하여 가치를 논하다(자기 의견을 조리 있게 말하다)

•호평(好 좋을 호)　좋게 평함. 또는 그런 평

비 비평가

다양하다

한자 많을 다 多
　　모양 양 樣

모양, 색깔, 종류 따위가 / 여러 가지로 / 많다

예 세상에는 너무 **다양한** 직업이 있어서 장래 희망을 정하는 일이 쉽지 않다.

우려

한자 근심 우 憂
　　생각할 려 慮

•근심과 •걱정

예 직업 평론가인 그는 "자신이 원하는 일이 무엇인지 모르며 사회에 어떤 다양한 직업이 있는지 알아보려고 하지 않는 사실이 문제"라며 **우려**를 나타냈다.

•근심　　　애를 태우거나 불안해하는 마음

•걱정　　　어떤 일이 잘못될까 불안해하며 속을 태움

1 문장을 읽고, 알맞은 낱말을 써 넣어 봅시다.

1) 한곳을 중심으로 모으는 (것)

2) 주변 상황, 감정에 휩쓸리다

3) 기술, 재능 따위를 더 나아지도록 하다

4) 특정 분야에 대한 가치, 특성, 등급 따위를 비평하여 논하는 사람

5) 모양, 색깔, 종류 따위가 여러 가지로 많다

6) 근심과 걱정

11주
2일

2 밑줄 친 곳에 알맞은 낱말을 써 넣어 문장을 완성해 봅시다.

1) 소방관들은 불이 난 건물 3층에 _____ 으로 물을 뿌렸다.

2) 집중력이 좋은 아이는 소란한 분위기에 _____ 않고 묵묵히 책을 읽었다.

3) 유행에 휘둘리면 자신의 능력을 집중적으로 _____ 시간을 빼앗기게 된다.

4) 이 소설은 많은 문학 _____ 에게 큰 호평을 받았다.

5) 세상에는 너무 _____ 직업이 있어서 장래 희망을 정하는 일이 쉽지 않다.

6) 직업 평론가인 그는 "자신이 원하는 일이 무엇인지 모르며 사회에 어떤 다양한 직업이 있는지 알아보려고 하지 않는 사실이 문제"라며 _____ 를 나타냈다.

노력하다

한자 힘쓸 노 努
힘 력 力

일을 이루기 위해 / 있는 힘을 다하여 / •애쓰다

예 자신의 흥미, 적성, 특기를 바탕으로 직업을 고르려고 **노력해야** 한다.

• **애쓰다**　　마음과 힘을 다하여 무엇을 이루려고 힘쓰다(힘들여 일하다)

주요

한자 주인 ·
임금 주 主
•요긴할 요 要

• 주되고 · 중요함

예 수업이 끝날 즈음에 김 교사는 수업의 **주요** 내용을 다시 한 번 •요약해 주었다.

• **요긴하다(緊 긴할**꼭 필요하다 **긴)**　　　　꼭 필요하고 중요하다

• **주되다**　　중심(중요하고 기본이 되는 부분)이 되다

• **요약하다(約 맺을 약)**　　　　중요한 내용만 골라서 짧고 간단하게 뽑아내다

비 중요(重 무거울 중, 要 요긴할 요)

응답하다

한자 응할 응 應
대답 답 答

물음, 부름, 요구 따위에 / •응하여 •답하다

예 아이는 교사의 •추궁에 자신은 그런 일을 한 적이 없다고 **응답했다.**

• **응하다**　　(어떤 물음, 요구, 필요에 맞추어) 대답하거나, 행동하다

• **답하다(대답하다)**　　(묻거나 요구하는 것에 대하여) 답이나 의견을 말하다

• **추궁하다(追 쫓을 추, 窮 다할 궁)**　　　　(잘못한 일에 대해) 캐어묻거나 따져 밝히다

비 응하다, 응대하다(對 대할 대), 응수하다(酬 값을 수), 답하다, 대답하다, 답변하다(辯 말씀 변), 회답하다(回 돌아올 회)

토론

한자 칠 토 討
논할 론 論

서로 의견이 다른 문제를 놓고 / •찬성편과 •반대편으로 나뉘어 / 각자 자기 편의 의견이 옳다고 / 말하는 것

예 '학급 임원은 반드시 필요하다'는 주장에 대하여 찬성편과 반대편으로 나뉘어 **토론**을 벌였다.

• **찬성편(贊 도울 찬, 成 이룰 성, 便 편할 편)**　　　의견 · 제안 따위가 옳다고 판단하여 뜻을 같이하는 무리

• **반대편(反 돌이킬 반, 對 대할 · 마주할 대)**　　　의견 · 제안 따위에 맞서서 겨루는 무리

절차

한자 마디 절 節
버금 차 次

일을 하는 데 거쳐야 하는 / •정해진 차례와 방법

예 토론의 첫 번째 **절차**는 '주장 펼치기'이고 두 번째 **절차**는 '반론하기'이다.

• **정하다(定 정할 정)**　　(규칙 · 법 따위를) 여러 사람 사이에 약속으로 삼다

강조하다

한자 강할 강 強
고를 조 調

무엇을 / 특히 강하게 주장하다

예 김 교사는 학생들에게 "오늘 배운 내용을 반드시 복습하라"고 거듭 **강조했다.**

1 문장을 읽고, 알맞은 낱말을 써 넣어 봅시다.

1) 일을 이루기 위해 있는 힘을 다하여 애쓰다 ☐☐☐☐

2) 주되고·중요함 ☐☐

3) 물음, 부름, 요구 따위에 응하여 답하다 ☐☐☐☐

4) 서로 의견이 다른 문제를 놓고 찬성편과 반대편으로 나뉘어
   각자 자기 편의 의견이 옳다고 말하는 것 ☐☐

5) 일을 하는 데 거쳐야 하는 정해진 차례와 방법 ☐☐

6) 무엇을 특히 강하게 주장하다 ☐☐☐

11주 3일

2 밑줄 친 곳에 알맞은 낱말을 써 넣어 문장을 완성해 봅시다.

1) 자신의 흥미, 적성, 특기를 바탕으로 직업을 고르려고 _____ 한다.

2) 수업이 끝날 즈음에 김 교사는 수업의 _____ 내용을 다시 한 번 요약해 주었다.

3) 아이는 교사의 추궁에 자신은 그런 일을 한 적이 없다고 _____ .

4) '학급 임원은 반드시 필요하다'는 주장에 대하여 찬성편과 반대편으로 나뉘어
   _____ 을 벌였다.

5) 토론의 첫 번째 _____ 는 '주장 펼치기'이고 두 번째 _____ 는
   '반론하기'이다.

6) 김 교사는 학생들에게 "오늘 배운 내용을 반드시 복습하라"고 거듭 _____ .

토론 절차에 맞게 평가하며 읽기 | 교과서 220~225쪽 |

지적하다

한자 가리킬 · 손가락 지 指
딸 적 摘

잘못 따위를 •드러내어 / 꼭 집어 말하다

예 김 교사는 •복습의 •부재가 성적이 잘 나오지 않는 결정적 원인이라고 **지적했다**.

• 드러내다 (숨겨지거나 알려져 있지 않던 것을) 나타내어 알게 하다

• 복습(復 회복할원래의 상태로 돌아가다 복, 習 익힐 습) 배운 것을 다시 익혀 공부함

• 부재(不 아닐 부, 在 있을 재) 그곳에 있지 않음

반론

한자 돌이킬 · 되돌릴 반 反
논의할 · 말할 론 論

남의 의견에 대하여 / 반대 의견을 폄 또는 그 반대 의견

예 토론의 절차 중에서 '주장 다지기' 단계에서는 자기편의 주장과 근거를 강조하고 상대편에서 제기한 **반론**이 •타당하지 않음을 지적한다.

• 타당하다(온당할 타 妥, 마땅 당 當) (일의 이치로 보아) 옳다

임원

한자 맡길 임 任
인원 원 員

어떤 단체에 속하여 / 그 단체의 중요한 일을 •맡아서 하는 / 사람

예 오늘 우리 학급의 **임원**인 반장과 부반장을 •선출하기 위한 선거를 실시했다.

• 맡다 어떤 일을 넘겨받아 자신이 책임지고 하다

• 선출하다(選 가릴 선, 出 날 출) 투표 등의 방법으로 여럿 가운데서 뽑거나 고르다

필요하다

한자 반드시 필 必
•요긴할 요 要

반드시 쓸 곳이 있다 또는 반드시 갖춰야 한다

예 그림을 그리기 위해 **필요한** 물감과 팔레트를 집에 놓고 와서 친구한테 빌렸다.

• 요긴하다(긴요하다) 꼭 필요하고 중요하다

비 긴요하다(緊 긴할 긴), 긴하다, 절실하다

제기하다

한자 이끌 제 提
일어날 기 起

어떤 문제에 대하여 / 각자의 의견을 •내세우는 과정에서 / 의견, 문제 따위를 / 내어놓다

예 '학급 임원은 반드시 필요하다'는 주장에 대하여 '학급 임원이 반드시 필요하지는 않다'는 반론을 **제기했다**.

• 내세우다 주장, 의견 따위를 내놓고 주장하다

효율적

한자 본받을 효 效
율 율 率
과녁 적 的

들인 노력에 •비해 / 얻은 결과가 큰 (것)

예 학교 수업을 잘 듣고 철저히 복습하는 것이 가장 **효율적**인 공부법이다.

• 비하다(比 견줄 비) 둘 이상의 것을 견주어 비슷한 점, 다른 점, 나음과 못함 따위를 살피다

1 문장을 읽고, 알맞은 낱말을 써 넣어 봅시다.

1) 잘못 따위를 드러내어 꼭 집어 말하다 ☐☐☐☐

2) 남의 의견에 대하여 반대 의견을 폄 또는 그 반대 의견 ☐☐

3) 어떤 단체에 속하여 그 단체의 중요한 일을 맡아서 하는 사람 ☐☐

4) 반드시 쓸 곳이 있다 또는 반드시 갖춰야 한다 ☐☐☐☐

5) 어떤 문제에 대하여 각자의 의견을 내세우는 과정에서 의견, 문제 따위를 내어놓다 ☐☐☐

6) 들인 노력에 비해 얻은 결과가 큰 (것) ☐☐☐

2 밑줄 친 곳에 알맞은 낱말을 써 넣어 문장을 완성해 봅시다.

1) 김 교사는 복습의 부재가 성적이 잘 나오지 않는 결정적 원인이라고 _____ .

2) 토론의 절차 중에서 '주장 다지기' 단계에서는 자기편의 주장과 근거를 강조하고 상대편에서 제기한 _____ 이 타당하지 않음을 지적한다.

3) 오늘 우리 학급의 _____ 인 반장과 부반장을 선출하기 위한 선거를 실시했다.

4) 그림을 그리기 위해 _____ 물감과 팔레트를 집에 놓고 와서 친구한테 빌렸다.

5) '학급 임원은 반드시 필요하다'는 주장에 대하여 '학급 임원이 반드시 필요하지는 않다'는 반론을 _____ .

6) 학교 수업을 잘 듣고 철저히 복습하는 것이 가장 _____ 인 공부법이다.

토론 절차와 방법 | 교과서 220~225쪽

부정적
한자 아닐 부 否
정할 정 定
과녁 적 的

바람직하지 못한 (것)
예 휴대폰은 집중력에 **부정적**인 영향을 주므로 공부할 때는 꺼두는 것이 좋다.

동등하다
한자 한가지 동 同
무리 등 等

둘 이상의 사람, 사물이 / •등급, 정도 따위가 / 같다
예 '학급 임원이 반드시 필요하지는 않다'는 주장에 대한 근거로 '학생들 간 **동등한** 관계에 부정적인 영향을 •끼친다'를 제시했다.
• 등급(등, 등위)(等 무리 등, 級 등급 급, 位 자리 위)   (높고 낮음, 좋고 나쁨 따위의 정도에 따라) 여러 층으로 나눈 구별
• 끼치다(미치다)   (무엇이 대상에게 영향을) 주거나 당하게 하다

제시하다
한자 끌 제 提
보일 시 示

말, 글로 / 생각을 나타내어 보이다
예 그는 상대의 주장이 터무니없는 거짓이라고 •반박하며, 거짓말이 진실이라면 그 사실을 •입증할 구체적인 증거를 **제시하라**고 요구했다.
• 반박하다(反 돌이킬 반, 駁 논박할 박) 남의 의견에 대하여 반대하여 말하다
• 입증하다(立 설 입, 證 증거 증)   무엇이 진실인지 아닌지 증거를 들어서 밝히다

구체적
한자 갖출 구 具
몸 체 體
과녁 적 的

•현실적이고 · 자세한 부분까지 / 담고 있는 (것)
예 〈주장 펼치기〉 단계에서는 주장에 대한 근거와 관련해 **구체적**인 •자료를 제시한다.
• 현실적(現 나타날 현, 實 열매 실)   현재 실제로 있는 (것)
• 자료(資 재물 자, 料 헤아릴 료)   (어떤 일의) 바탕이 되는 재료

동시
한자 한가지 동 同
때 시 時

같은 때
예 '수업 듣기'와 '노트 •필기'는 **동시**에 하기 어려우므로, •우선은 더 중요한 요소인 '수업 듣기'에 집중하는 것이 바람직하다.
• 필기(筆 붓 필, 記 기록할 기)   글씨를 씀
• 우선(于 어조사 우, 先 먼저 선)   어떤 일에 앞서서 먼저

모범
한자 본뜰 모 模
법 범 範

•본받을 만한 / 대상
예 공부를 잘하고 싶었던 아이는 우등생 친구를 **모범**으로 삼고 그가 공부를 어떻게 하지는 •유심히 살펴보았다.
• 본받다(本 근본 본)   (무엇을 본보기로 하여) 그대로 따라 하다
• 유심히(有 있을 유, 心 마음 심)   (어떤 것을 살피는 데) 주의깊게
비 귀감(龜 거북 귀, 鑑 거울 감), 본보기

1 문장을 읽고, 알맞은 낱말을 써 넣어 봅시다.

1) 바람직하지 못한 (것)

2) 둘 이상의 사람, 사물이 등급, 정도 따위가 같다

3) 말, 글로 생각을 나타내어 보이다

4) 현실적이고 · 자세한 부분까지 담고 있는 (것)

5) 같은 때

6) 본받을 만한 대상

11주
5일

2 밑줄 친 곳에 알맞은 낱말을 써 넣어 문장을 완성해 봅시다.

1) 휴대폰은 집중력에 _____ 인 영향을 주므로 공부할 때는 꺼두는 것이 좋다.

2) '학급 임원이 반드시 필요하지는 않다'는 주장에 대한 근거로 '학생들 간 _____ 관계에 부정적인 영향을 끼친다'를 제시했다.

3) 그는 상대의 주장이 터무니없는 거짓이라고 반박하며, 거짓말이 진실이라면 그 사실을 입증할 구체적인 증거를 _____ 고 요구했다.

4) 〈주장 펼치기〉 단계에서는 주장에 대한 근거와 관련해 _____ 인 자료를 제시한다.

5) '수업 듣기'와 '노트 필기'는 _____ 에 하기 어려우므로, 우선은 더 중요한 요소인 '수업 듣기'에 집중하는 것이 바람직하다.

6) 공부를 잘하고 싶었던 아이는 우등생 친구를 _____ 으로 삼고 그가 공부를 어떻게 하는지 유심히 살펴보았다.

1 문장을 읽고, 알맞은 낱말을 써 넣어 봅시다.

1) 주변 상황, 감정에 휩쓸리다 _____

2) 둘 이상의 사람, 사물이 등급, 정도 따위가 같다 _____

3) 근심과 걱정 _____

4) 물음, 부름, 요구 따위에 응하여 답하다 _____

5) 남의 의견에 대하여 반대 의견을 폄 또는 그 반대 의견 _____

6) 반드시 쓸 곳이 있다 또는 반드시 갖춰야 한다 _____

7) 말, 글로 생각을 나타내어 보이다 _____

8) 무엇을 특히 강하게 주장하다 _____

9) 목적을 이루기 위한 방법 또는 그 도구 _____

10) 모양, 색깔, 종류 따위가 여러 가지로 많다 _____

11) 꿈, 기대 따위를 실제로 이루다 _____

12) 어떤 문제에 대하여 각자의 의견을 내세우는
과정에서 의견, 문제 따위를 내어놓다 _____

13) 일이 진행되어 가는 결정적인 형세 _____

14) 마음속에 품고 있는 사실, 비밀, 고민 등을 숨김없이
모두 말하다 _____

15) 한곳을 중심으로 모으는 (것) _____

16) 일을 이루기 위해 있는 힘을 다하여 애쓰다 _____

17) 같은 때 _____

18) 어떤 일에 알맞은 성질 또는 소질 _____

19) 서로 의견이 다른 문제를 놓고 찬성편과 반대편으로 나뉘어
각자 자기 편의 의견이 옳다고 말하는 것 _____

20) 현실적이고ㆍ자세한 부분까지 담고 있는 (것) _____

21) 주되고ㆍ중요함 _____

22) 본받을 만한 대상 _____

23) 일을 하는 데 거쳐야 하는 정해진 차례와 방법 _____

24) 기술, 재능 따위를 더 나아지도록 하다 _____

25) 잘못 따위를 드러내어 꼭 집어 말하다 _____

26) 어떤 단체에 속하여 그 단체의 중요한 일을 맡아서 하는 사람 _____

27) 들인 노력에 비해 얻은 결과가 큰 (것) _____

28) 특정 분야에 대한 가치, 특성, 등급 따위를 비평하여
논하는 사람 _____

29) 남은 가지지 못한, 자신만이 가진 특별한 기술 또는 기능 _____

30) 바람직하지 못한 (것) _____

2 밑줄 친 곳에 알맞은 낱말을 써 넣어 문장을 완성해 봅시다.

1) 토론의 첫 번째 _____ 는 '주장 펼치기'이고 두 번째 _____ 는 '반론하기'이다.

2) '수업 듣기'와 '노트 필기'는 _____ 에 하기 어려우므로, 우선은 더 중요한 요소인 '수업 듣기'에 집중하는 것이 바람직하다.

3) 이 소설은 많은 문학 _____ 에게 큰 호평을 받았다.

4) 소방관들은 불이 난 건물 3층에 _____ 으로 물을 뿌렸다.

5) 토론의 절차 중에서 '주장 다지기' 단계에서는 자기편의 주장과 근거를 강조하고 상대편에서 제기한 _____ 이 타당하지 않음을 지적한다.

6) 직업은 생활에 필요한 소득을 얻고, 행복과 보람을 느끼게 해 주는 _____ 이다.

7) 우리 팀이 전반 20분 만에 다섯 골을 넣으면서 경기의 _____ 가 초반에 기울었다.

8) 직업 평론가인 그는 "자신이 원하는 일이 무엇인지 모르며 사회에 어떤 다양한 직업이 있는지 알아보려고 하지 않는 사실이 문제"라며 _____ 를 나타냈다.

9) 직업은 자신의 능력을 발휘하고 꿈을 _____ 수 있는 기회를 제공한다.

10) 휴대폰은 집중력에 _____ 인 영향을 주므로 공부할 때는 꺼두는 것이 좋다.

11) '학급 임원은 반드시 필요하다'는 주장에 대하여 '학급 임원이 반드시 필요하지는 않다'는 반론을 _____ .

12) 〈주장 펼치기〉 단계에서는 주장에 대한 근거와 관련해 _____ 인 자료를 제시한다.

13) 김 교사는 학생들에게 "오늘 배운 내용을 반드시 복습하라"고 거듭 _____ .

14) '학급 임원이 반드시 필요하지는 않다'는 주장에 대한 근거로 '학생들 간 _____ 관계에 부정적인 영향을 끼친다'를 제시했다.

15) 공부를 잘하고 싶었던 아이는 우등생 친구를 _____ 으로 삼고 그가 공부를 어떻게 하는지 유심히 살펴보았다.

16) 집중력이 좋은 아이는 소란한 분위기에 _____ 않고 묵묵히 책을 읽었다.

17) '학급 임원은 반드시 필요하다'는 주장에 대하여 찬성편과 반대편으로 나뉘어 _____ 을 벌였다.

18) 학교 수업을 잘 듣고 철저히 복습하는 것이 가장 _____ 인 공부법이다.

19) 유행에 휘둘리면 자신의 능력을 집중적으로 _____ 시간을 빼앗기게 된다.

20) 자신의 흥미, 적성, 특기를 바탕으로 직업을 고르려고 _____ 한다.

21) 그는 상대의 주장이 터무니없는 거짓이라고 반박하며, 거짓말이 진실이라면 그 사실을 입증할 구체적인 증거를 _____ 고 요구했다.

22) 수업이 끝날 즈음에 김 교사는 수업의 _____ 내용을 다시 한 번 요약해 주었다.

23) 그는 '아무한테도 절대 말하지 말라'는 말과 함께 자신의 비밀을 _____.

24) 김 교사는 복습의 부재가 성적이 잘 나오지 않는 결정적 원인이라고 _____.

25) 오늘 우리 학급의 _____ 인 반장과 부반장을 선출하기 위한 선거를 실시했다.

26) 그림을 그리기 위해 _____ 물감과 팔레트를 집에 놓고 와서 친구한테 빌렸다.

27) 아이는 교사의 추궁에 자신은 그런 일을 한 적이 없다고 _____.

28) 피아노를 6년 동안 배운 아이는 피아노 연주를 남들 앞에서 뽐낼 만한 자신의 _____ 로 꼽았다.

29) 세상에는 너무 _____ 직업이 있어서 장래 희망을 정하는 일이 쉽지 않다.

30) 계산을 잘 못하는 아이는 수학이 자신의 _____ 에 맞지 않는다고 생각했다.

글을 읽고 독서 토론을 해요 | 교과서 229~231쪽 |

비판적

한자 비평할 비 批
판단할 판 判
과녁 적 的

잘못된 점을 지적하여 / 부정적으로 말하는 (것)

예 자신과 의견이 다르다고 해서 무조건 **비판적**으로 생각하는 것은 좋지 않다.

대비하다

한자 할 대 對
견줄 비 比

성질이 서로 다른 두 대상을 / 나란히 견주어 / 그 •차이를 두드러지게 드러내다

예 이 그림은 높게 솟은 산과 넓게 펼쳐진 들판을 한 •화폭에 그려 넣음으로써
•수직과 •수평의 느낌을 극적으로 **대비했다**.

• **차이**(差 다를 차, 異 다를 이)　　(둘 이상이) 서로 다름. 또는 그런 정도나 상태

• **화폭**(畫 그림 화, 幅 폭 폭)　(그림을 그려 놓은) 천·종이 따위의 조각

• **수직**(垂 드리울 수, 直 곧을 직)　　똑바로 드리움. 수평에 대해 직각을 이룬 상태

• **수평**(水 물 수, 平 평평할 평)　　(기울지 않고) 평평한 상태

내 꿈은 건강한가요 | 교과서 232~237쪽 |

요약하다

한자 요길할 요 要
맺을 약 約

말, 글에서 / 가장 중요한 내용만 골라서 / 짧고 간단하게 •뽑아내다

예 글을 **요약할** 때에는 글의 내용을 그대로 옮기지 않고, 중요한 내용만 간추린다.

• **뽑아내다**　(여럿 가운데서 어떤 것을) 가려서 뽑다

비 간추리다

눈 밖에 나다

믿음을 잃고 / 미움을 받게 되다

예 그는 오래 •꽁하는 사람이라 한번 **눈 밖에 난** 사람은 •대놓고 싫어한다.

• **꽁하다(꿍하다)**　마음을 겉으로 드러내지 않고 속으로만 못마땅하게 여기다

• **대놓다**　(사람이 무엇을) 정면에서 마주하여 대하다

우쭐하다

• **의기양양하여 / 기를 펴고 · 잘난 체하다**

예 반장은 선생님의 칭찬을 듣고 **우쭐한** 표정을 지었다.

• **의기양양**(意 뜻 의, 氣 기운 기, 揚 날릴 양)

뜻한 바를 이루어 만족한 마음이 얼굴에 나타난 모양

오죽하다

정도가 매우 / 심하다 또는 대단하다

예 •천사처럼 착한 그 아이가 **오죽하면** 화를 냈을까?

• **천사**(天 하늘 천, 使 하여금 사)　　마음씨 곱고 선한 사람을 비유적으로 이르는 말

1 문장을 읽고, 알맞은 낱말을 써 넣어 봅시다.

1) 잘못된 점을 지적하여 부정적으로 말하는 (것)

2) 성질이 서로 다른 두 대상을 나란히 견주어 그 차이를 두드러지게 드러내다

3) 말, 글에서 가장 중요한 내용만 골라서 짧고 간단하게 뽑아내다

4) 믿음을 잃고 미움을 받게 되다

5) 의기양양하여 기를 펴고 · 잘난 체하다

6) 정도가 매우 심하다 또는 대단하다

2 밑줄 친 곳에 알맞은 낱말을 써 넣어 문장을 완성해 봅시다.

1) 자신과 의견이 다르다고 해서 무조건 _____ 으로 생각하는 것은 좋지 않다.

2) 이 그림은 높게 솟은 산과 넓게 펼쳐진 들판을 한 화폭에 그려 넣음으로써 수직과 수평의 느낌을 극적으로 _____ .

3) 글을 _____ 때에는 글의 내용을 그대로 옮기지 않고, 중요한 내용만 간추린다.

4) 그는 오래 꽁하는 사람이라 한번 _____ 사람은 대놓고 싫어한다.

5) 반장은 선생님의 칭찬을 듣고 _____ 표정을 지었다.

6) 천사처럼 착한 그 아이가 _____ 화를 냈을까?

2일

내 귀는 건강한가요 | 교과서 232~237쪽 |

귀(가) 어둡다

남의 말을 / 잘 못 알아듣다

예 아이는 질문을 받을 때면 매번 •딴소리를 늘어놓을 정도로 **귀가 어두웠다.**

•딴소리(딴말)　　주어진 상황과 아무런 관련이 없는 말

뜬금없다

•갑작스럽고도 · 엉뚱하다

예 집에서 쉬고 있는데, 친구가 **뜬금없이** 전화를 해서 잠깐 만나자고 요구했다.

•갑작스럽다　　생각할 겨를이 없이 급하게 일어난 데가 있다

최소

한자 가장 최 最
적을 소 少

수, 정도 따위가 / 가장 작음

예 •공배수 중에서 가장 작은 수를 **최소** 공배수라고 한다.

•공배수(公 공평할 공, 倍 곱 배, 數 셈 수)　　둘 이상의 수에 공통으로 들어 있는 배수

난청

한자 어려울 난 難
들을 청 聽

•청력이 / 약해진 또는 들을 수 없는 / 상태

예 이어폰의 •과도한 사용은 **난청**의 원인이 되며 귀 건강을 •위협한다.

•청력(聽 들을 청, 力 힘 력)　　귀로 소리를 듣는 힘

•과도하다(過 지날 과, 度 법도 도)　　정도에 지나치다

•위협하다(威 위엄 위, 脅 위협할 협)　　두려움이나 위험을 느끼게 하다

선명하다

한자 고울 선 鮮
밝을 명 明

모양, 빛깔, 소리 따위가 / •뚜렷하고 •밝다

예 소방차의 •사이렌 소리가 가까이에서 **선명하게** 들리다가, 멀어져 갈수록 점점 희미하게 들린다.

•뚜렷하다(또렷하다)　　(흐리지 않고) 똑똑하고 분명하다

•밝다　　(어떤 물체나 그 빛이) 뚜렷하게 잘 보일 정도로 환하다

•사이렌(siren)　　시간이나 경고를 알리기 위한 음향 장치

먹먹하다

귀가 막힌 듯이 / 소리가 잘 들리지 않다

예 •고지에 올라가면 공기의 양이 적어지면서 •압력 차이로 인해 고막이 바깥쪽으로 밀려 있는 모양을 하게 되고, 그 때문에 귀가 **먹먹한** 느낌이 든다.

•고지(高 높을 고, 地 땅 지)　　평지보다 아주 높은 땅

•압력(壓 누를 압, 力 힘 력)　　물체가 다른 물체를 누르는 힘

1 문장을 읽고, 알맞은 낱말을 써 넣어 봅시다.

1) 남의 말을 잘 못 알아듣다

2) 갑작스럽고도 · 엉뚱하다

3) 수, 정도 따위가 가장 작음

4) 청력이 약해진 또는 들을 수 없는 상태

5) 모양, 빛깔, 소리 따위가 뚜렷하고 밝다

6) 귀가 막힌 듯이 소리가 잘 들리지 않다

12주
2일

2 밑줄 친 곳에 알맞은 낱말을 써 넣어 문장을 완성해 봅시다.

1) 아이는 질문을 받을 때면 매번 딴소리를 늘어놓을 정도로 _____.

2) 집에서 쉬고 있는데, 친구가 _____ 전화를 해서 잠깐 만나자고 요구했다.

3) 공배수 중에서 가장 작은 수를 _____ 공배수라고 한다.

4) 이어폰의 과도한 사용은 _____ 의 원인이 되며 귀 건강을 위협한다.

5) 소방차의 사이렌 소리가 가까이에서 _____ 들리다가, 멀어져 갈수록 점점 희미하게 들린다.

6) 고지에 올라가면 공기의 양이 적어지면서 압력 차이로 인해 고막이 바깥쪽으로 밀려 있는 모양을 하게 되고, 그 때문에 귀가 _____ 느낌이 든다.

내 키는 건강민가요 | 교과서 232~237쪽 |

증상
한자 증세 증 症
형상 상 狀

병을 앓을 때 / 몸에 나타나는 / 여러 가지 •상태
예 계속 기침을 하고 콧물이 나는 **증상**이 있는 걸 보니 감기에 걸린 것 같다.

•상태(狀 형상 상, 態 모습 태) 일정한 때에 처해 있는 형편이나 모양

비 증, 증세(勢 형세 세), 증후(候 기후 후)

호전
한자 좋을 호 好
구를 ·
회전할 전 轉

병의 증세가 / •나아짐
예 몸 상태가 **호전**이 되어서 기침과 콧물이 나는 증상이 사라졌다.

•나아지다 어떤 일이나 상태가 좋아지다

염증
한자 불꽃 염 炎
증세 증 症

•세균 •감염 따위로 / 몸의 어느 부분이 / 붉게 붓거나 · 아프거나 · 열이 나는 / 증상
예 '알레르기성 •비염'이란 알레르기 때문에 코에 **염증**이 생기는 것을 말한다.

•세균(박테리아)(細 가늘 세, 菌 버섯 균) 스스로 양분을 만들 수 없고, 한 개의 세포로 되어 있는 눈에 보이지 않을 정도로 크기가 작은 미생물의 하나

•감염(感 느낄 감, 染 물들 염) 병균이 몸 안에 침입하여 수가 늘어나는 일

•비염(鼻 코 비, 炎 불꽃 염) 콧속의 점막(안쪽을 덮고 있는 끈끈하고 부드러운 막)에 생기는 염증

걸림돌

'길을 걸을 때 걸려 방해가 되는 돌'의 뜻으로 / 어떤 일을 해 나가는 데 / •장애가 되는 요소를 비유하는 말
예 스마트폰은 공부에 방해가 되는 **걸림돌**로 •작용하는 경우가 많다.

•장애(障 막을 장, 礙 거리낄 애) 어떤 일을 하는 데 방해하거나 충분히 기능하지 못하게 함. 또는 그런 일이나 물건

•작용하다(作 지을 작, 用 쓸 용) 어떤 현상을 일으키다, 어떤 영향을 미치다

부위
한자 •떼 부 部
자리 위 位

•전체에 대하여 / 어떤 •특정한 부분이 차지하는 / 자리
예 아이는 치킨을 먹을 때면 가장 좋아하는 **부위**인 닭다리를 제일 먼저 먹는다.

•떼 여럿이 함께 모여 있는 무리

•전체(전부)(全 온전할 전, 體 몸 체, 部 떼 부) 어떤 대상의 모든 부분

•특정하다(特 특별할 특, 定 정할 정) 특별히 정해져 있다

담당하다
한자 멜 담 擔
마땅 ·
당할 당 當

어떤 일을 / •맡다
예 학생들은 점심 시간에 각자 자신이 **담당한** 구역을 •청소했다.

•맡다 어떤 일을 넘겨받아 책임지고 하다

•청소하다(淸 맑을 청 , 掃 쓸 소) 쓸고 닦아서 깨끗이 하다

1 문장을 읽고, 알맞은 낱말을 써 넣어 봅시다.

1) 병을 앓을 때 몸에 나타나는 여러 가지 상태

2) 병의 증세가 나아짐

3) 세균 감염 따위로 몸의 어느 부분이 붉게 붓거나 · 아프거나 · 열이 나는 증상

4) '길을 걸을 때 걸려 방해가 되는 돌'의 뜻으로 어떤 일을 해 나가는 데 장애가 되는 요소를 비유하는 말

5) 전체에 대하여 어떤 특정한 부분이 차지하는 자리

6) 어떤 일을 맡다

12주 3일

2 밑줄 친 곳에 알맞은 낱말을 써 넣어 문장을 완성해 봅시다.

1) 계속 기침을 하고 콧물이 나는 _____ 이 있는 걸 보니 감기에 걸린 것 같다.

2) 몸 상태가 _____ 이 되어서 기침과 콧물이 나는 증상이 사라졌다.

3) '알레르기성 비염'이란 알레르기 때문에 코에 _____ 이 생기는 것을 말한다.

4) 스마트폰은 공부에 방해가 되는 _____ 로 작용하는 경우가 많다.

5) 아이는 치킨을 먹을 때면 가장 좋아하는 _____ 인 닭다리를 제일 먼저 먹는다.

6) 학생들은 점심 시간에 각자 자신이 _____ 구역을 청소했다.

7. 중요한 내용을 요약해요

내 귀는 건강한가요 | 교과서 232~237쪽 |

자극
한자 찌를 자 刺
창 극 戟

외부에서 감각 기관에 작용하여 / •반응이 일어나게 함
예 개들은 대문밖에서 들리는 발소리에 **자극**을 받아 마구 짖어댔다.
• **반응**(反 돌이킬 반, 應 응할 응)　　자극에 대응하여 어떤 현상이 일어남

언어 중추
한자 말씀 언 言
말씀 어 語
가운데 중 中
근원 추 樞

언어를 / 이해하고 · 처리하고 · 말하게 하는 / 기능을 하는 / 뇌 •영역
예 음악을 들으면서 책을 읽으면 말과 글을 이해하고 처리하는 **언어 중추**가 음악 소리에 자극을 받기 때문에 내용이 기억에 잘 남지 않는다.
• **영역**　　(활동 · 기능 · 효과 · 관심 · 영향 · 세력 따위가) 미치는 일정한 범위

청각
한자 들을 청 聽
깨달을 각 覺

소리를 느끼는 / 감각
예 그는 앞을 보지 못하지만, **청각**이 매우 발달되어 아주 작은 소리도 잘 듣는다.

측두엽
한자 곁 측 側
머리 두 頭
나뭇잎 엽 葉

양쪽 귀 바로 위쪽 부위에 위치하며 / 기억 저장, 정서, 청각, 언어를 담당하는 / •대뇌의 한 영역
예 양쪽 귀 바로 위쪽 부위에 있는 뇌의 **측두엽**은 말을 하고 단어의 뜻을 기억하는 활동을 담당한다.
• **대뇌**(大 큰 대, 腦 골 뇌)　　척추동물의 뇌의 대부분을 차지하는 좌우 한 쌍의 반구 모양의 덩어리. 뇌의 90퍼센트를 차지하며 표면에 많은 주름이 있다

존재하다
한자 있을 존 存
있을 재 在

무엇이 어떤 곳에 / •실제로 있다
예 양쪽 귀 바로 위쪽 부위에는 언어 중추가 있는 뇌 측두엽이 **존재한다.**
• **실제로**(實 열매 실, 際 즈음 제)　　(거짓이나 상상이 아닌) 정말로 있는 그대로

처리하다
한자 곳 처 處
다스릴 리 理

• 절차에 따라 / •정리하다 또는 **끝맺다**
예 노래를 들으며 책을 읽으면 뇌는 두 가지 일을 한꺼번에 **처리해야** 하기 때문에 어려움을 겪는다.
• **절차**(節 마디 절, 次 버금 차)　　일을 하는 데 거쳐야 하는 정해진 차례와 방법
• **정리하다**(整 가지런할 정, 理 다스릴 리)　　(흐트러지거나 뒤죽박죽인 상태에 있는 것을 한데 모으거나 치워서) 질서 있는 상태가 되게 하다

1 **문장을 읽고, 알맞은 낱말을 써 넣어 봅시다.**

1) 외부에서 감각 기관에 작용하여 반응이 일어나게 함

2) 언어를 이해하고 · 처리하고 · 말하게 하는
   기능을 하는 뇌 영역

3) 소리를 느끼는 감각

4) 양쪽 귀 바로 위쪽 부위에 위치하며 기억 저장, 정서,
   청각, 언어를 담당하는 대뇌의 한 영역

5) 무엇이 어떤 곳에 실제로 있다

6) 절차에 따라 정리하다 또는 끝맺다

12주
4일

2 **밑줄 친 곳에 알맞은 낱말을 써 넣어 문장을 완성해 봅시다.**

1) 개들은 대문밖에서 들리는 발소리에 _____ 을 받아 마구 짖어댔다.

2) 음악을 들으면서 책을 읽으면 말과 글을 이해하고 처리하는 _____ 가
   음악 소리에 자극을 받기 때문에 내용이 기억에 잘 남지 않는다.

3) 그는 앞을 보지 못하지만, _____ 이 매우 발달되어 아주 작은 소리도 잘
   듣는다.

4) 양쪽 귀 바로 위쪽 부위에 있는 뇌의 _____ 은 말을 하고 단어의 뜻을 기억
   하는 활동을 담당한다.

5) 양쪽 귀 바로 위쪽 부위에는 언어 중추가 있는 뇌 측두엽이 _____ .

6) 노래를 들으며 책을 읽으면 뇌는 두 가지 일을 한꺼번에 _____ 하기 때문에
   어려움을 겪는다.

7. 중요한 내용을 요약해요

내 귀는 건강한가요 | 교과서 232~237쪽 |

고난도

한자 높을 고 高
어려울 난 難
법도 도 度

매우 어려움 또는 그런 것

예 시험의 점수와 •석차는 모두가 어려워하는 **고난도** 문제에서 정해지기 마련이다.

• 석차(席 자리 석, 次 버금으뜸의 바로 아래 차)　　성적의 차례

업무

한자 업 업 業
힘쓸 무 務

직장 같은 곳에서 / 맡아서 하는 일

예 우정국은 조선 후기에 •우편 **업무**를 맡아보던 관청이다.

• 우편(郵 우편 우, 便 편할 편)　　　편지 · 물품 따위를 국내 · 국외로 보내는 일

비 임무(任 맡길 임), 책무(責 꾸짖을 책)

음향

한자 소리 음 音
울릴 향 響

물체에서 나는 / 소리와 · 그 울림

예 건물 벽에 걸린 대형 •현수막이 바람에 휘날릴 때마다 기괴한 **음향**을 •발산했다.

• 현수막(懸 매달 현, 垂 드리울 수, 幕 장막 막)　선전문 등을 적어 드리운 막

• 발산하다(發 필 발, 散 흩을 산)　(열 · 빛 · 소리 · 냄새 따위가) 사방으로 퍼져서 흩어지다

건조하다

한자 마를 건 乾
마를 조 燥

말라서 / •습기가 없다

예 겨울에 •가습기를 틀지 않으면 집안의 공기가 무척 **건조해진다.**

• 습기(濕 젖을 습, 氣 기운 기)　　　축축한 기운

• 가습기(加 더할 가, 濕 젖을 습, 器 그릇 기)　실내의 습도를 조절하는 전기 기구

얼굴

어떤 사물을 / •대표하는 부분

예 고려청자는 대한민국의 **얼굴**이라고 할 만한 대표 문화재이다.

• 대표하다(代 대신할 대, 表 겉 표)　　(전체의 상태 · 성질을) 어느 하나로 잘 나타내다

얼굴

어떤 분야에서 / •활약하는 사람

예 우리나라 •체조계를 이끌어 갈 새 **얼굴**의 등장에 사람들은 흥분을 감추지 못했다.

• 활약하다(活 살 활, 躍 뛸 약)　　　어떤 일에서 눈길을 끌 만큼 뛰어나게 활동하다

• 체조계(體 몸 체, 操 잡을 조, 界 지경땅의 가장자리 계)　　체조 경기와 관련된 활동 영역

1 문장을 읽고, 알맞은 낱말을 써 넣어 봅시다.

1)　매우 어려움 또는 그런 것

2)　직장 같은 곳에서 맡아서 하는 일

3)　물체에서 나는 소리와 · 그 울림

4)　말라서 습기가 없다

5)　어떤 사물을 대표하는 부분

6)　어떤 분야에서 활약하는 사람

12주
5일

2 밑줄 친 곳에 알맞은 낱말을 써 넣어 문장을 완성해 봅시다.

1)　시험의 점수와 석차는 모두가 어려워하는 ＿＿＿＿＿ 문제에서 정해지기
　　마련이다.

2)　우정국은 조선 후기에 우편 ＿＿＿＿＿ 를 맡아보던 관청이다.

3)　건물 벽에 걸린 대형 현수막이 바람에 휘날릴 때마다 기괴한 ＿＿＿＿＿ 을
　　발산했다.

4)　겨울에 가습기를 틀지 않으면 집안의 공기가 무척 ＿＿＿＿＿ .

5)　고려청자는 대한민국의 ＿＿＿＿＿ 이라고 할 만한 대표 문화재이다.

6)　우리나라 체조계를 이끌어 갈 새 ＿＿＿＿＿ 의 등장에 사람들은 흥분을 감추지
　　못했다.

1 문장을 읽고, 알맞은 낱말을 써 넣어 봅시다.

1) 말라서 습기가 없다 _____

2) 어떤 일을 맡다 _____

3) 의기양양하여 기를 펴고 · 잘난 체하다 _____

4) 무엇이 어떤 곳에 실제로 있다 _____

5) 청력이 약해진 또는 들을 수 없는 상태 _____

6) 잘못된 점을 지적하여 부정적으로 말하는 (것) _____

7) 귀가 막힌 듯이 소리가 잘 들리지 않다 _____

8) 성질이 서로 다른 두 대상을 나란히 견주어
   그 차이를 두드러지게 드러내다 _____

9) 어떤 사물을 대표하는 부분 _____

10) 말, 글에서 가장 중요한 내용만 골라서 짧고 간단하게
    뽑아내다 _____

11) 정도가 매우 심하다 또는 대단하다 _____

12) 믿음을 잃고 미움을 받게 되다 _____

13) 남의 말을 잘 못 알아듣다 _____

14) 직장 같은 곳에서 맡아서 하는 일 _____

15) 갑작스럽고도 · 엉뚱하다 _____

16) 병을 앓을 때 몸에 나타나는 여러 가지 상태 _____

17) 매우 어려움 또는 그런 것 　　＿＿＿＿＿＿＿

18) 병의 증세가 나아짐 　　＿＿＿＿＿＿＿

19) 외부에서 감각 기관에 작용하여 반응이 일어나게 함 　　＿＿＿＿＿＿＿

20) 물체에서 나는 소리와 · 그 울림 　　＿＿＿＿＿＿＿

21) 언어를 이해하고 · 처리하고 · 말하게 하는
　　　기능을 하는 뇌 영역 　　＿＿＿＿＿＿＿

22) 어떤 분야에서 활약하는 사람 　　＿＿＿＿＿＿＿

23) 소리를 느끼는 감각 　　＿＿＿＿＿＿＿

24) 절차에 따라 정리하다 또는 끝맺다 　　＿＿＿＿＿＿＿

25) 세균 감염 따위로 몸의 어느 부분이 붉게 붓거나 ·
　　　아프거나 · 열이 나는 증상 　　＿＿＿＿＿＿＿

26) 모양, 빛깔, 소리 따위가 뚜렷하고 밝다 　　＿＿＿＿＿＿＿

27) '길을 걸을 때 걸려 방해가 되는 돌'의 뜻으로
　　　어떤 일을 해 나가는 데 장애가 되는 요소를 비유하는 말 　　＿＿＿＿＿＿＿

28) 전체에 대하여 어떤 특정한 부분이 차지하는 자리 　　＿＿＿＿＿＿＿

29) 양쪽 귀 바로 위쪽 부위에 위치하며 기억 저장, 정서,
　　　청각, 언어를 담당하는 대뇌의 한 영역 　　＿＿＿＿＿＿＿

30) 수, 정도 따위가 가장 작음 　　＿＿＿＿＿＿＿

2 **밑줄 친 곳에 알맞은 낱말을 써 넣어 문장을 완성해 봅시다.**

1) 건물 벽에 걸린 대형 현수막이 바람에 휘날릴 때마다 기괴한 _____ 을 발산했다.

2) 그는 앞을 보지 못하지만, _____ 이 매우 발달되어 아주 작은 소리도 잘 듣는다.

3) 천사처럼 착한 그 아이가 _____ 화를 냈을까?

4) 스마트폰은 공부에 방해가 되는 _____ 로 작용하는 경우가 많다.

5) 시험의 점수와 석차는 모두가 어려워하는 _____ 문제에서 정해지기 마련이다.

6) 반장은 선생님의 칭찬을 듣고 _____ 표정을 지었다.

7) 소방차의 사이렌 소리가 가까이에서 _____ 들리다가, 멀어져 갈수록 점점 희미하게 들린다.

8) 양쪽 귀 바로 위쪽 부위에는 언어 중추가 있는 뇌 측두엽이 _____ .

9) 자신과 의견이 다르다고 해서 무조건 _____ 으로 생각하는 것은 좋지 않다.

10) 아이는 질문을 받을 때면 매번 딴소리를 늘어놓을 정도로 _____ .

11) 겨울에 가습기를 틀지 않으면 집안의 공기가 무척 _____ .

12) 집에서 쉬고 있는데, 친구가 _____ 전화를 해서 잠깐 만나자고 요구했다.

13) 계속 기침을 하고 콧물이 나는 _____ 이 있는 걸 보니 감기에 걸린 것 같다.

14) 학생들은 점심 시간에 각자 자신이 _____ 구역을 청소했다.

15) 몸 상태가 _____ 이 되어서 기침과 콧물이 나는 증상이 사라졌다.

16) 이어폰의 과도한 사용은 _____ 의 원인이 되며 귀 건강을 위협한다.

17) '알레르기성 비염'이란 알레르기 때문에 코에 _____ 이 생기는 것을 말한다.

18) 고려청자는 대한민국의 _____ 이라고 할 만한 대표 문화재이다.

19) 그는 오래 꽁하는 사람이라 한번 _____ 사람은 대놓고 싫어한다.

20) 개들은 대문밖에서 들리는 발소리에 _____ 을 받아 마구 짖어댔다.

21) 음악을 들으면서 책을 읽으면 말과 글을 이해하고 처리하는 _____ 가 음악 소리에 자극을 받기 때문에 내용이 기억에 잘 남지 않는다.

22) 양쪽 귀 바로 위쪽 부위에 있는 뇌의 _____ 은 말을 하고 단어의 뜻을 기억하는 활동을 담당한다.

23) 우리나라 체조계를 이끌어 갈 새 _____ 의 등장에 사람들은 흥분을 감추지 못했다.

24) 고지에 올라가면 공기의 양이 적어지면서 압력 차이로 인해 고막이 바깥쪽으로 밀려 있는 모양을 하게 되고, 그 때문에 귀가 _____ 느낌이 든다.

25) 노래를 들으며 책을 읽으면 뇌는 두 가지 일을 한꺼번에 _____ 하기 때문에 어려움을 겪는다.

26) 아이는 치킨을 먹을 때면 가장 좋아하는 _____ 인 닭다리를 제일 먼저 먹는다.

27) 글을 _____ 때에는 글의 내용을 그대로 옮기지 않고, 중요한 내용만 간추린다.

28) 이 그림은 높게 솟은 산과 넓게 펼쳐진 들판을 한 화폭에 그려 넣음으로써 수직과 수평의 느낌을 극적으로 _____ .

29) 공배수 중에서 가장 작은 수를 _____ 공배수라고 한다.

30) 우정국은 조선 후기에 우편 _____ 를 맡아보던 관청이다.

1 문장을 읽고, 알맞은 낱말을 써 넣어 봅시다.

1) 주변 상황, 감정에 휩쓸리다 ( )

2) 숨소리가 들리지 않을 정도로 조용히 하다 ( )

3) 꿈, 기대 따위를 실제로 이루다 ( )

4) 둘 이상의 사람, 사물이 등급, 정도 따위가 같다 ( )

5) 말, 글에서 가장 중요한 내용만 골라서 짧고 간단하게 뽑아내다 ( )

6) 아무 말 없이 가만히 ( )

7) 생각, 말, 행동 따위가 바르지 못하고 조금 비뚤어져 있다 ( )

8) 사람을 바보로 여겨 비웃고 놀리다 ( )

9) 어떤 분야에서 활약하는 사람 ( )

10) 공간, 장소 따위를 열어 자유롭게 드나들게 하다 또는
   이용하게 하다 ( )

11) 남의 의견에 대하여 반대 의견을 폄 또는 그 반대 의견 ( )

12) 사건, 행동이 끊어지지 않고 계속 뒤를 이어 달다 ( )

13) 계속 이어지다 ( )

14) 현실적이고 · 자세한 부분까지 담고 있는 (것) ( )

15) 미운 사람이 잘못되는 것을 보고 속이 시원하고 재미있다 ( )

16) 양쪽 귀 바로 위쪽 부위에 위치하며 기억 저장, 정서, 청각,
언어를 담당하는 대뇌의 한 영역   (   )

17) 상대방이 잘못한 점, 부족한 점 따위를 찾아내어 나쁘게 말하다 (   )

18) 무엇이 어떤 곳에 실제로 있다   (   )

19) 전과 다름없이   (   )

20) 한곳을 중심으로 모으는 (것)   (   )

21) 이치에 맞는 옳은 성질   (   )

22) 바람직하지 못한 (것)   (   )

23) 무엇의 가치, 수준에 대하여 좋고 나쁨, 옳고 그름, 잘하고
못함, 높고 낮음 따위를 판가름하다   (   )

24) 한 사람의 개인적인 일 또는 상황   (   )

25) 청력이 약해진 또는 들을 수 없는 상태   (   )

26) 노동을 하고 대가로 얻는 돈   (   )

27) 절차에 따라 정리하다 또는 끝맺다   (   )

28) 매우 놀라거나·두려워서 눈이 크고 둥그렇게 되다   (   )

29) 갑작스럽고도·엉뚱하다   (   )

30) 귀가 막힌 듯이 소리가 잘 들리지 않다   (   )

2 밑줄 친 곳에 알맞은 낱말을 써 넣어 문장을 완성해 봅시다.

1) 회의에서 의견을 낼 때에는 그에 대한 _____ 도 함께 말해야 한다.

2) 최근 한 매체에서 '연예인'이 초등학생들의 _____ 직업 1위를 차지했다는 결과를 발표했다.

3) 숙제를 하기에 교과서만으로 부족해서 도서관에서 관련 도서를 빌려서 _____ .

4) 아이는 질문을 받을 때면 매번 딴소리를 늘어놓을 정도로 _____ .

5) 학교 수업을 잘 듣고 철저히 복습하는 것이 가장 _____ 인 공부법이다.

6) 그는 오래 꽁하는 사람이라 한번 _____ 사람은 대놓고 싫어한다.

7) 학생들은 학교 주변과 운동장에 떨어져 있는 쓰레기를 줍는 _____ 활동을 했다.

8) 아이는 교사의 추궁에 자신은 그런 일을 한 적이 없다고 _____ .

9) 토론의 첫 번째 _____ 는 '주장 펼치기'이고 두 번째 _____ 는 '반론하기'이다.

10) 아이는 자신을 험담하는 친구의 말이 거짓임을 밝히기 위해 조목조목 _____ .

11) 시험의 점수와 석차는 모두가 어려워하는 _____ 문제에서 정해지기 마련이다.

12) 겨울에 가습기를 틀지 않으면 집안의 공기가 무척 _____ .

13) 한국은 사교육 열풍이 대단해서 일부를 제외한 _____ 학생이 방과 후에 학원에 다닌다.

14) 스마트폰은 공부에 방해가 되는 _____ 로 작용하는 경우가 많다.

15) 피구 경기를 시작하기 위해서는 먼저 가위바위보로 _____ 팀을 정해야 한다.

16) 난생처음 만난 두 사람은 알맹이가 없는 _____ 대화만 주고받았다.

17) 학생들은 점심 시간에 각자 자신이 _____ 구역을 청소했다.

18) 공부를 잘하고 싶었던 아이는 우등생 친구를 _____ 으로 삼고 그가 공부를 어떻게 하지는 유심히 살펴보았다.

19) 엄마는 아이에게 이번 시험에서 무조건 백 점을 맞으라고 _____ 으로 요구했다.

20) 이 그림은 높게 솟은 산과 넓게 펼쳐진 들판을 한 화폭에 그려 넣음으로써 수직과 수평의 느낌을 극적으로 _____ .

21) 3·1운동은 1919년에 일제의 식민지 지배에 _____ 일어난 독립운동이다.

22) 극장에서 영화를 보는데, 뒷자리에서 자꾸 _____ 소리가 들려서 짜증 났다.

23) 이 소설은 많은 문학 _____ 에게 큰 호평을 받았다.

24) 민요는 예로부터 민중 사이에 저절로 생겨나서 불려 오던 _____ 노래이다.

25) '학급 임원은 반드시 필요하다'는 주장에 대하여 '학급 임원이 반드시 필요하지는 않다' 는 반론을 _____ .

26) 눈앞에서 교통사고를 목격한 아이는 너무 놀라서 눈이 _____ .

27) 우정국은 조선 후기에 우편 _____ 를 맡아보던 관청이다.

28) 한국의 사교육 _____ 은 지나칠 정도로 뜨거워서 가히 광풍이라 불릴 만하다.

29) '문화재를 _____ 한다'는 주장에 대한 근거로 '문화재를 관람하면 조상들이 살았던 때를 생생히 느낄 수 있기 때문'이라고 말했다.

30) 동생이 본인에게 언니라고 부르라며 _____ 말을 해서 어이가 없었다.

13~
16주

7. **중요한 내용을 요약해요** 학교 진도 시기 11월 4주, 12월 1, 2주

칭찬 사과 스티커

하루 공부를 잘 마쳤다면 나에게 칭찬 사과를 선물하세요.
사과 나무에 사과가 주렁주렁 열릴 때까지 열심히 공부합시다!

■ 스티커는 별책 바른답 및 색인 마지막 페이지에 있습니다.

칭찬 사과를
붙여보세요!!

13주 1일
13주 2일
13주 3일
13주 4일
13주 5일
14주 1일
14주 2일
15주 2일
15주 4일
14주 3일
15주 1일
15주 3일
14주 4일
14주 5일
16주 3일
16주 5일
16주 2일
15주 5일
16주 1일
16주 4일

내 꿈은 건강한가요 | 교과서 232~237쪽 |

먹다

어떤 마음, 감정을 / *품다

예 지금부터 두 시간 동안 수학 공부를 하겠다고 마음을 **먹고** 수학책을 펼쳤다.

*품다   원한 · 슬픔 · 기쁨 · 생각 등을 마음속에 가지다

먹다

경기에서 점수를 잃다

예 축구팀은 전반전에서 세 골을 **먹고**, 후반전에서 두 골을 **먹어서** 5:0으로 졌다.

손에 넣다

무엇을 / 자기 *소유로 만들다

예 아이는 간절히 갖고 싶었던 장난감을 자기 **손에 넣고** 대단히 기뻐했다.

*소유(所 바일의 방법 소, 有 있을 유)   가지고 있음. 또는 그 물건

비 손에 쥐다, 손안에 넣다, 손아귀에 넣다

손

돌봐 주는 일

예 아이는 도시에서 일하는 부모와 떨어져 시골에 있는 할머니의 **손**에서 자랐다.

존경합니다, 선생님 | 교과서 238~258쪽 |

존경하다

한자 높을 존 尊
공경 경 敬

어떤 사람이 / 다른 사람의 인격, 사상, 행위 따위를 / *우러러 보며 *받들다

예 세종대왕과 이순신 장군은 우리나라 사람이라면 누구나 **존경할** 만한 *인물이다.

*우러르다   마음속으로 공경하여 떠받들다

*받들다(모시다)   가르침 · 뜻 등을 소중히 여기고 마음속으로 따르다

*인물(人 사람 인, 物 물건 물)   남보다 훨씬 뛰어나서 내세울 만한 사람

기척 (인기척)

사람이 있는 것을 / 남이 알 수 있도록 내는 / 소리, *기색

예 지각을 한 아이는 **기척**을 안 내려고 조용히 문을 열고 살금살금 들어왔다.

*기색(氣 기운 기, 色 빛 색)   앞으로 일어날 현상이나 행동 따위를 미리 알 수 있게 해 주는 눈치나 낌새

1 문장을 읽고, 알맞은 낱말을 써 넣어 봅시다.

1) 어떤 마음, 감정을 품다

2) 경기에서 점수를 잃다

3) 무엇을 자기 소유로 만들다

4) 돌봐 주는 일

5) 어떤 사람이 다른 사람의 인격, 사상, 행위 따위를 우러러 보며 받들다

6) 사람이 있는 것을 남이 알 수 있도록 내는 소리, 기색

2 밑줄 친 곳에 알맞은 낱말을 써 넣어 문장을 완성해 봅시다.

1) 지금부터 두 시간 동안 수학 공부를 하겠다고 마음을 _____ 수학책을 펼쳤다.

2) 축구팀은 전반전에서 세 골을 _____, 후반전에서 두 골을 _____ 5:0으로 졌다.

3) 아이는 간절히 갖고 싶었던 장난감을 자기 _____ 대단히 기뻐했다.

4) 아이는 도시에서 일하는 부모와 떨어져 시골에 있는 할머니의 _____ 에서 자랐다.

5) 세종대왕과 이순신 장군은 우리나라 사람이라면 누구나 _____ 만한 인물이다.

6) 지각을 한 아이는 _____ 을 안 내려고 조용히 문을 열고 살금살금 들어왔다.

7. 중요한 내용을 요약해요

엄포(를) 놓다

•실속 없는 큰소리 또는 무서운 말이나 행동으로 / 상대방을 •겁주며 •협박하다

예 엄마는 아이에게 이번 시험을 못 보면 혼날 줄 알라고 **엄포를 놓았다.**

•**실속**(實 열매 실)   실제의 알맹이가 되는 내용

•**겁주다**   상대방에게 겁(무서워하거나 두려워하는 마음)을 먹도록 하다

•**협박하다**(脅 위협할 협, 迫 핍박할 박) 겁을 주며 압력을 가하여 남에게 억지로 어떤 일을 하도록 하다

훈련

한자 가르칠 훈 訓
불릴 련 鍊

재주, 기예 따위를 / 되풀이하여 •익힘

예 오늘 학교에서 지진이 일어나는 상황을 대비하여 •모의 **훈련**을 •실시했다.

•**익힘**   어떤 일을 익숙하게(여러 번 하여 잘하게) 함

•**모의**(摸 본뜰 모, 비교할·흉내낼 의) 실제의 것을 흉내내어 그것과 비슷하게 시험적으로 해 봄

•**실시하다**(實 열매 실, 施 베풀일을 차리어 벌이다 시)   실제로 행하다

비 연습(練 익힐 연, 習 익힐 습), 수련(修 닦을 수, 鍊 단련할 련)

완전히

한자 완전할 완 完
온전할 전 全

필요한 것이 모두 갖추어져 / 부족함 없이 또는 •흠 없이

예 교과서를 열 번 읽으며 **완전히** 이해한 후에 시험을 봤더니 백 점을 맞았다.

•**흠**   모자라거나(부족하거나) 잘못된 부분

특유

한자 특별할 특 特
있을 유 有

어떤 사물만 / •특별히 / 가지고 있음

예 기름은 물과 섞이지 않는 **특유**의 성질을 갖고 있다.

•**특별히**(別 나눌 별)   일반적인 것(보통)과 아주 다르게

억양

한자 누를 억 抑
날릴·
오를 양 揚

말을 할 때 목소리의 높낮이에 / 변화를 주는 일 또는 그런 변화

예 •각지에서 생활한 그는 여러 지역의 사투리가 섞인 특유한 **억양**을 갖고 있다.

•**각지**(各 각각 각, 地 땅 지)   각 지방. 여러 곳. 여러 장소. 각 처

비 어조(語 말씀 어, 調 고를 조), 톤(tone)

인생 (인생살이)

한자 사람 인 人
날 생 生

사람이 / 세상을 살아가는 일

예 '**인생**은 짧고 •예술은 길다'는 말은 **인생**은 백 년을 넘기기 어려우나 한번 남긴 예술은 영원히 그 가치를 빛낸다는 뜻이다.

•**예술**(藝 재주 예, 術 재주 술)   아름다움을 표현하려는 인간 활동과 그 작품

1 문장을 읽고, 알맞은 낱말을 써 넣어 봅시다.

1) 실속 없는 큰소리 또는 무서운 말이나 행동으로
   상대방을 겁주며 협박하다
 ☐ ☐ ☐ ☐

2) 재주, 기예 따위를 되풀이하여 익힘
 ☐ ☐

3) 필요한 것이 모두 갖추어져 부족함 없이 또는 흠 없이
 ☐ ☐ ☐

4) 어떤 사물만 특별히 가지고 있음
 ☐ ☐

5) 말을 할 때 목소리의 높낮이에 변화를 주는 일 또는 그런 변화
 ☐ ☐

6) 사람이 세상을 살아가는 일
 ☐ ☐

2 밑줄 친 곳에 알맞은 낱말을 써 넣어 문장을 완성해 봅시다.

1) 엄마는 아이에게 이번 시험을 못 보면 혼날 줄 알라고 _____ .

2) 오늘 학교에서 지진이 일어나는 상황을 대비하여 모의 _____ 을 실시했다.

3) 교과서를 열 번 읽으며 _____ 이해한 후에 시험을 봤더니 백 점을 맞았다.

4) 기름은 물과 섞이지 않는 _____ 의 성질을 갖고 있다.

5) 각지에서 생활한 그는 여러 지역의 사투리가 섞인 특유한 _____ 을 갖고
   있다.

6) ' _____ 은 짧고 예술은 길다'는 말은 _____ 은 백 년을 넘기기
   어려우나 한번 남긴 예술은 영원히 그 가치를 빛낸다는 뜻이다.

존경합니다, 선생님 | 교과서 238~258쪽 |

보잘것없다

가치 없고 · •하찮다

예 아무리 작고 **보잘것없는** •미물일지라도 생명을 함부로 해쳐서는 안 된다.

• 하찮다   대수롭지(중요하지) 않다

• 미물(微 작을 미, 物 물건 물)   인간에 비하여 보잘것없는 것이라는 뜻으로, 벌레 따위의 하찮은 동물을 이르는 말

유독

한자 오직 유 唯
홀로 독 獨

여럿 가운데 / •오직 홀로

예 김 교사는 체육을 하기 싫다는 아이에게 "모두 체육을 좋아하는데, 왜 **유독** 너는 싫다고 하니?"라고 물었다.

• 오직   (여러 가지 가운데서 다른 것은 있을 수 없고) 다만, 오로지

노려보다

미운 감정으로 / 어떠한 대상을 / •매섭게 계속 바라보다

예 심하게 다툰 두 아이는 눈이 마주칠 때마다 서로를
•가자미눈으로 **노려보았다.**

• 매섭다   남이 겁을 낼 만큼 성질이나 기세 따위가 아주 쌀쌀맞고(정다운 맛이 없고 차갑다) 날카롭다

• 가자미눈   화가 나서 옆으로 흘겨보는 눈을 가자미의 눈에 비유하여 이르는 말

낚아채다

무엇을 갑자기 / 힘껏 쥐고 · 세게 잡아당기다

예 공중을 맴돌던 매가 지상으로 빠르게 •낙하하여 •사냥감을 날쌔게 **낚아챘다.**

• 낙하하다(落 떨어질 낙, 下 아래 하)   높은 데서 낮은 데로 떨어짐

• 사냥감   사냥하여 잡으려고 하는 짐승

매섭다

성질, •기세 따위가 / 남이 겁을 낼 만큼 / 아주 •쌀쌀맞고 · •독하다

예 먹잇감을 •노려보는 호랑이의 눈초리가 아주 **매섭다.**

• 기세(氣 기운 기, 勢 형세 세)   남에게 영향을 끼칠 기운이나 태도

• 쌀쌀맞다   성질 · 태도가 (정다운 맛이 없고) 차갑다

• 독하다(毒 독 독)   (마음 · 성격 따위가) 모질고 잔인하다

• 노려보다   매섭게 쏘아보다, 무엇을 잡을 목적으로 눈독을 들여 살피다

수필

한자 따를 수 隨
붓 필 筆

일상생활에서의 / 체험과 그에 대한 생각과 느낌을 / 생각나는 대로 자유롭게 쓴 / 글

예 **수필**은 자신의 생각이나 생활 속에서 보고 느낀 것을 자유롭게 쓴 글을
말한다.

1 문장을 읽고, 알맞은 낱말을 써 넣어 봅시다.

1) 가치 없고 · 하찮다

2) 여럿 가운데 오직 홀로

3) 미운 감정으로 어떠한 대상을 매섭게 계속 바라보다

4) 무엇을 갑자기 힘껏 쥐고 · 세게 잡아당기다

5) 성질, 기세 따위가 남이 겁을 낼 만큼 아주 쌀쌀맞고 · 독하다

6) 일상생활에서의 체험과 그에 대한 생각과 느낌을
생각나는 대로 자유롭게 쓴 글

2 밑줄 친 곳에 알맞은 낱말을 써 넣어 문장을 완성해 봅시다.

1) 아무리 작고 _____ 미물일지라도 생명을 함부로 해쳐서는 안 된다.

2) 김 교사는 체육을 하기 싫다는 아이에게 "모두 체육을 좋아하는데, 왜 _____
너는 싫다고 하니?"라고 물었다.

3) 심하게 다툰 두 아이는 눈이 마주칠 때마다 서로를 가자미눈으로 _____ .

4) 공중을 맴돌던 매가 지상으로 빠르게 낙하하여 사냥감을 날쌔게 _____ .

5) 먹잇감을 노려보는 호랑이의 눈초리가 아주 _____ .

6) _____ 은 자신의 생각이나 생활 속에서 보고 느낀 것을 자유롭게 쓴 글을
말한다.

까무러치다
(까물치다)

순간적으로 / 정신을 잃고 · 쓰러지다

예 그가 좋아한다고 °고백했을 때 그녀는 **까무러칠** 정도로 깜짝 놀랐다.

°고백하다(告 고할 고, 白 흰 백) (마음속에 생각하고 있는 것을) 사실대로 숨김없이 말하다

비 기절하다(氣 기운 기, 絕 끊을 절)

홀딱

몹시 반하거나 · °여지없이 속는 / 모양

예 게임에 **홀딱** 빠진 아이는 공부한다고 엄마를 **홀딱** 속이고 방에서 몰래 게임을 했다.

°여지없이(餘 남을 여, 地 땅 지)   달리 더 말할 필요가 없이

허둥지둥

다급하여 정신을 못 차리고 / 몹시 °갈팡질팡하는 모양

예 게임 하던 아이는 엄마의 목소리에 까무러칠 듯 놀라서 **허둥지둥** 컴퓨터를 껐다.

°갈팡질팡하다   방향을 정하지 못하고 이리저리 헤매다(돌아다니다)

끼적이다

글씨, 그림 따위를 / 아무렇게나 / 쓰거나 · 그리다

예 몰래 게임하던 아이는 허둥지둥 책을 펼쳐서 연필을 **끼적이며** 공부하는 척했다.

기한

한자 기약할 기 期
한할 ·
한계 한 限

°기약하여 미리 °한정한 / 시기

예 방과후수업의 신청 °마감 **기한**이 내일까지라서 오늘 급히 신청서를 냈다.

°기약하다(約 맺을 약)   때를 정하여 약속하다

°한정하다(限 한할 한, 定 정할 정)   (수량 · 범위 따위를) 제한하여 정하다

°마감   정해진 기한의 끝

마른침을 삼키다

몹시 °긴장하다 또는 몹시 °초조해하다

예 시험지를 받아든 아이는 너무 긴장되고 떨려서 °**마른침을** °꼴깍 **삼켰다.**

°긴장하다(緊 긴할꼭 필요하다 긴, 張 베풀일을 차리어 벌이다 장)   정신을 바짝 차리다

°초조하다(焦 탈 초, 燥 마를 조)   (마음속이 타는 듯) 몹시 불안하고 걱정되다

°마른침   몹시 긴장했을 때에 무의식중에 힘들여 삼키는 아주 적은 양의 침

°꼴깍(꿀꺽) 적은 액체 따위가 목구멍이나 좁은 구멍으로 한꺼번에 넘어가는 소리. 또는 그 모양

존경합니다, 선생님 | 교과서 238~258쪽 |

1 문장을 읽고, 알맞은 낱말을 써 넣어 봅시다.

1) 순간적으로 정신을 잃고 · 쓰러지다 　□□□□□

2) 몹시 반하거나 · 여지없이 속는 모양 　□□

3) 다급하여 정신을 못 차리고 몹시 갈팡질팡하는 모양 　□□□□

4) 글씨, 그림 따위를 아무렇게나 쓰거나 · 그리다 　□□□

5) 기약하여 미리 한정한 시기 　□□

6) 몹시 긴장하다 또는
몹시 초조해하다 　□□□□□□□

2 밑줄 친 곳에 알맞은 낱말을 써 넣어 문장을 완성해 봅시다.

1) 그가 좋아한다고 고백했을 때 그녀는 ＿＿＿＿＿ 정도로 깜짝 놀랐다.

2) 게임에 ＿＿＿＿＿ 빠진 아이는 공부한다고 엄마를 ＿＿＿＿＿ 속이고
방에서 몰래 게임을 했다.

3) 게임 하던 아이는 엄마의 목소리에 까무러칠 듯 놀라서 ＿＿＿＿＿ 컴퓨터를
껐다.

4) 몰래 게임하던 아이는 허둥지둥 책을 펼쳐서 연필을 ＿＿＿＿＿ 공부하는
척했다.

5) 방과후수업의 신청 마감 ＿＿＿＿＿ 이 내일까지라서 오늘 급히 신청서를 냈다.

6) 시험지를 받아든 아이는 너무 긴장되고 떨려서 ＿＿＿＿＿ 꼴깍
＿＿＿＿＿ .

존경합니다, 선생님 | 교과서 238~258쪽 |

접어들다	일정한 지점, 길로 / *들어서게 되다

(예) *모퉁이를 돌아서 골목길에 **접어들자** 개 한 마리가 길 한복판에 엎드려
있었다.

* 들어서다   어떤 쪽을 향해 옮겨 서거나 가다

* 모퉁이   구부러지거나 꺾어져 돌아간 자리

짐짓

속마음은 그렇지 않으나 / 일부러 그렇게

(예) 언니는 동생이 하는 이야기를 이미 다 알고 있었지만 처음 듣는다는 듯 **짐짓**
놀라는 표정을 지었다.

[비] 고의로(故 옛 고, 意 뜻 의), 일부러

깐깐하다

행동, 성격 따위가 / *까다로울 정도로 빈틈이 없다

(예) 김 교사는 워낙 **깐깐해서** 틀린 문제를 완벽히 풀 수 있을 때까지 다시 풀게
한다.

* 까다롭다   (요모조모 따지는 것이 많거나, 별스러워서) 맞추기 어렵다

우두커니

넋이 나간 듯이 가만히 한자리에 / 서 있거나 · 앉아 있는 / 모양

(예) 성적표를 받은 아이는 심한 *충격을 받아 **우두커니** 서서 창밖을 내다보았다.

* 충격(衝 찌를 충, 擊 칠 격)   (뜻밖의 사건 따위로) 마음에 받은 심한 자극

전선
[한자] 번개 전 電
줄 선 線

*전류가 / 흐르는 선

(예) 장식장 뒤쪽에 가전제품을 연결하는 온갖 **전선** 가닥이 복잡하게 얽혀 있다.

* 전류(電 번개 전, 流 흐를 류)   눈에 보이지 않는 전기를 띤 입자가 전선을 따라 이
동하는 현상

[비] 전신선(信 믿을 신), 전신줄, 전깃줄(氣 기운 기), 전기선

세세히
[한자] 가늘 세 細

아주 *자세히

(예) 일기장에 친구와 주고받은 말, 서로의 표정과 말투까지
세세히 기록했다.

* 자세히(仔 자세할 자)   사소하고 하찮은 부분까지 아주 구체적이고 분명히

[비] 자세히, 상세히(詳 자세할 상), 세밀히(密 빽빽할 밀), 세심히(心 마음 심), 면밀히(綿 솜
면), 고주알미주알(미주알고주알)

1 문장을 읽고, 알맞은 낱말을 써 넣어 봅시다.

1) 일정한 지점, 길로 들어서게 되다 ☐☐☐☐

2) 속마음은 그렇지 않으나 일부러 그렇게 ☐☐

3) 행동, 성격 따위가 까다로울 정도로 빈틈이 없다 ☐☐☐

4) 넋이 나간 듯이 가만히 한자리에 서 있거나·앉아 있는 모양 ☐☐☐

5) 전류가 흐르는 선 ☐☐

6) 아주 자세히 ☐☐☐

2 밑줄 친 곳에 알맞은 낱말을 써 넣어 문장을 완성해 봅시다.

1) 모퉁이를 돌아서 골목길에 _____ 개 한 마리가 길 한복판에 엎드려 있었다.

2) 언니는 동생이 하는 이야기를 이미 다 알고 있었지만 처음 듣는다는 듯 _____ 놀라는 표정을 지었다.

3) 김 교사는 워낙 _____ 틀린 문제를 완벽히 풀 수 있을 때까지 다시 풀게 한다.

4) 성적표를 받은 아이는 심한 충격을 받아 _____ 서서 창밖을 내다보았다.

5) 장식장 뒤쪽에 가전제품을 연결하는 온갖 _____ 가닥이 복잡하게 얽혀 있다.

6) 일기장에 친구와 주고받은 말, 서로의 표정과 말투까지 _____ 기록했다.

1 문장을 읽고, 알맞은 낱말을 써 넣어 봅시다.

1) 재주, 기예 따위를 되풀이하여 익힘 _____

2) 아주 자세히 _____

3) 기약하여 미리 한정한 시기 _____

4) 몹시 반하거나 · 여지없이 속는 모양 _____

5) 몹시 긴장하다 또는 몹시 초조해하다 _____

6) 어떤 마음, 감정을 품다 _____

7) 사람이 있는 것을 남이 알 수 있도록 내는 소리, 기색 _____

8) 경기에서 점수를 잃다 _____

9) 가치 없고 · 하찮다 _____

10) 전류가 흐르는 선 _____

11) 여럿 가운데 오직 홀로 _____

12) 어떤 사람이 다른 사람의 인격, 사상, 행위 따위를
    우러러 보며 받들다 _____

13) 미운 감정으로 어떠한 대상을 매섭게 계속 바라보다 _____

14) 사람이 세상을 살아가는 일 _____

15) 속마음은 그렇지 않으나 일부러 그렇게 _____

16) 말을 할 때 목소리의 높낮이에 변화를 주는 일 또는 그런 변화 _____

17) 성질, 기세 따위가 남이 겁을 낼 만큼 아주 쌀쌀맞고 · 독하다 _____

18) 무엇을 자기 소유로 만들다 _____

19) 글씨, 그림 따위를 아무렇게나 쓰거나 · 그리다 _____

20) 돌봐 주는 일 _____

21) 실속 없는 큰소리 또는 무서운 말이나 행동으로
상대방을 겁주며 협박하다 _____

22) 순간적으로 정신을 잃고 · 쓰러지다 _____

23) 어떤 사물만 특별히 가지고 있음 _____

24) 일상생활에서의 체험과 그에 대한 생각과 느낌을
생각나는 대로 자유롭게 쓴 글 _____

25) 필요한 것이 모두 갖추어져 부족함 없이 또는 흠 없이 _____

26) 행동, 성격 따위가 까다로울 정도로 빈틈이 없다 _____

27) 넋이 나간 듯이 가만히 한자리에 서 있거나 ·
앉아 있는 모양 _____

28) 무엇을 갑자기 힘껏 쥐고 · 세게 잡아당기다 _____

29) 다급하여 정신을 못 차리고 몹시 갈팡질팡하는 모양 _____

30) 일정한 지점, 길로 들어서게 되다 _____

2 밑줄 친 곳에 알맞은 낱말을 써 넣어 문장을 완성해 봅시다.

1) 게임 하던 아이는 엄마의 목소리에 까무러칠 듯 놀라서 _____ 컴퓨터를 껐다.

2) 방과후수업의 신청 마감 _____ 이 내일까지라서 오늘 급히 신청서를 냈다.

3) 먹잇감을 노려보는 호랑이의 눈초리가 아주 _____ .

4) 축구팀은 전반전에서 세 골을 _____ , 후반전에서 두 골을 _____ 5:0으로 졌다.

5) 시험지를 받아든 아이는 너무 긴장되고 떨려서 _____ 꼴깍 _____ .

6) 아이는 간절히 갖고 싶었던 장난감을 자기 _____ 대단히 기뻐했다.

7) 엄마는 아이에게 이번 시험을 못 보면 혼날 줄 알라고 _____ .

8) 기름은 물과 섞이지 않는 _____ 의 성질을 갖고 있다.

9) 오늘 학교에서 지진이 일어나는 상황을 대비하여 모의 _____ 을 실시했다.

10) 언니는 동생이 하는 이야기를 이미 다 알고 있었지만 처음 듣는다는 듯 _____ 놀라는 표정을 지었다.

11) 교과서를 열 번 읽으며 _____ 이해한 후에 시험을 봤더니 백 점을 맞았다.

12) 아무리 작고 _____ 미물일지라도 생명을 함부로 해쳐서는 안 된다.

13) 각지에서 생활한 그는 여러 지역의 사투리가 섞인 특유한 _____ 을 갖고 있다.

14) 공중을 맴돌던 매가 지상으로 빠르게 낙하하여 사냥감을 날쌔게 _____ .

15) 그가 좋아한다고 고백했을 때 그녀는 _____ 정도로 깜짝 놀랐다.

16) 심하게 다툰 두 아이는 눈이 마주칠 때마다 서로를 가자미눈으로 _____ .

17) 모퉁이를 돌아서 골목길에 _____ 개 한 마리가 길 한복판에 엎드려 있었다.

18) 김 교사는 워낙 _____ 틀린 문제를 완벽히 풀 수 있을 때까지 다시 풀게 한다.

19) 김 교사는 체육을 하기 싫다는 아이에게 "모두 체육을 좋아하는데, 왜 _____ 너는 싫다고 하니?"라고 물었다.

20) 장식장 뒤쪽에 가전제품을 연결하는 온갖 _____ 가닥이 복잡하게 얽혀 있다.

21) 일기장에 친구와 주고받은 말, 서로의 표정과 말투까지 _____ 기록했다.

22) 세종대왕과 이순신 장군은 우리나라 사람이라면 누구나 _____ 만한 인물이다.

23) 성적표를 받은 아이는 심한 충격을 받아 _____ 서서 창밖을 내다보았다.

24) 몰래 게임하던 아이는 허둥지둥 책을 펼쳐서 연필을 _____ 공부하는 척했다.

25) _____ 은 자신의 생각이나 생활 속에서 보고 느낀 것을 자유롭게 쓴 글을 말한다.

26) 게임에 _____ 빠진 아이는 공부한다고 엄마를 _____ 속이고 방에서 몰래 게임을 했다.

27) 지금부터 두 시간 동안 수학 공부를 하겠다고 마음을 _____ 수학책을 펼쳤다.

28) 지각을 한 아이는 _____ 을 안 내려고 조용히 문을 열고 살금살금 들어왔다.

29) '_____ 은 짧고 예술은 길다'는 말은 _____ 은 백 년을 넘기기 어려우나 한번 남긴 예술은 영원히 그 가치를 빛낸다는 뜻이다.

30) 아이는 도시에서 일하는 부모와 떨어져 시골에 있는 할머니의 _____ 에서 자랐다.

존경합니다, 선생님 | 교과서 238~258쪽 |

묘사하다
한자 그릴 묘 描
베낄 사 寫

사물의 모양, 상태 따위를 / 말, 글, 그림 따위로 / 그림을 그리듯이 생생하게 /
•**나타내다**
예 《부산진순절도》는 임진왜란 때인 선조 25년(1592) 4월 13일과 14일 이틀 동
안 부산진에서 벌어진 왜군과의 전투 장면을 자세하게 **묘사한** •기록화이다.
•**나타내다** 생각이나 느낌 따위를 (글, 그림, 음악, 몸짓 따위로) 드러내다
•**기록화(記 기록할 기, 錄 기록할 록, 畫 그림 화)** 실제로 있었던 특별한 사건이나 사실을
오래도록 남기기 위하여 그린 그림

보태다

모자라는 것에 / 무엇을 더하여 / 채우다
예 언니 돈 이천 원에 내 돈 천 원을 **보태서** 함께 떡볶이를 사 먹었다.
비 보충하다(補 기울떨어지거나 해어진 곳을 꿰매다 보, 充 채울 충)

**몸이
근질근질하다**

몹시 하고 싶은 일을 / 억지로 참느라고 / 힘이 들다
예 아이는 책상에 앉기만 하면 •딴짓이 하고 싶어서 **몸이 근질근질했다.**
•**딴짓** 어떤 일을 하고 있을 때에 그 일과는 전혀 관계없는 행동을 함. 또는 그런 행동

걸작
한자 뛰어날 걸 傑
지을 작 作

매우 •뛰어난 •작품
예 《아비뇽의 처녀들》, 《게르니카》 등의 **걸작**을 남긴 피카소는 20세기 최고의
•화가로 평가 받는다.
•**뛰어나다** (다른 비교 대상보다) 두드러지게 훌륭하거나 앞서 있다
•**작품(品 물건 품)** 그림, 조각, 시, 노래, 소설 따위의 창작 활동으로 만들어 낸 물건 또는
예술품(예술적 가치가 있는 작품)
•**화가(畫 그림 화, 家 집 가)** 그림 그리기를 직업으로 하는 사람
비 걸작품, 대작(大 큰 대), 명작(名 이름 명)

머리를 쥐어짜다

몹시 애를 써서 / 이리저리 따져 깊이 생각하다
예 수학 문제가 너무 어려워서 아무리 **머리를 쥐어짜도** 풀 수가 없었다.

감동하다
한자 느낄 감 感
움직일 동 動

무엇을 / 깊이 느껴 / 마음이 움직이다
예 깜짝 선물과 편지를 받은 아이는 무척 **감동하여**
눈물을 글썽였다.
비 감격하다(激 격할 격)

1 문장을 읽고, 알맞은 낱말을 써 넣어 봅시다.

1) 사물의 모양, 상태 따위를 말, 글, 그림 따위로
   그림을 그리듯이 생생하게 나타내다

2) 모자라는 것에 무엇을 더하여 채우다

3) 몹시 하고 싶은 일을
   억지로 참느라고 힘이 들다

4) 매우 뛰어난 작품

5) 몹시 애를 써서 이리저리 따져
   깊이 생각하다

6) 무엇을 깊이 느껴 마음이 움직이다

2 밑줄 친 곳에 알맞은 낱말을 써 넣어 문장을 완성해 봅시다.

1) 《부산진순절도》는 임진왜란 때인 선조 25년(1592) 4월 13일과 14일 이틀 동안 부산진
   에서 벌어진 왜군과의 전투 장면을 자세하게 _____ 기록화이다.

2) 언니 돈 이천 원에 내 돈 천 원을 _____ 함께 떡볶이를 사 먹었다.

3) 아이는 책상에 앉기만 하면 딴짓이 하고 싶어서 _____ .

4) 《아비뇽의 처녀들》, 《게르니카》 등의 _____ 을 남긴 피카소는 20세기
   최고의 화가로 평가 받는다.

5) 수학 문제가 너무 어려워서 아무리 _____ 풀 수가 없었다.

6) 깜짝 선물과 편지를 받은 아이는 무척 _____ 눈물을 글썽였다.

존경합니다, 선생님 | 교과서 238~258쪽 |

유의어

한자 무리 유 類
옳을 의 義
말씀 어 語

뜻이 / 서로 비슷한 말

예 걸작의 **유의어**에는 걸작품, 대작, 명작이 있다.

비 동의어(同 한가지 동), 비슷한말

고대

한자 옛 고 古
대신할 대 代

먼 옛날 또는 •옛 시대

예 소크라테스는 예수, 공자, 석가와 함께 세계 4대 •성인의 한 사람으로 **고대** 그리스 아테네에서 활동한 철학자이다.

•옛 　　　지나간 때의. 예전의

•성인(성자)(聖 성인 성, 人 사람 인) 　　지혜와 덕이 뛰어나 길이길이 우러러 받들어 본받을 만한 사람

웅얼거리다
(옹알거리다)

낮은 소리로 / 똑똑지 않게 •입속말을 / 자꾸 •중얼거리다

예 옆에 앉은 짝꿍이 수업 시간에 알아들을 수 없는 말을 자꾸 **웅얼거렸다**.

•입속말 　　입속으로 중얼거리는 말

•중얼거리다(중얼대다) 　　남이 알아듣지 못할 정도의 작은 목소리로 자꾸 혼잣말을 하다

비 웅얼대다, 웅얼웅얼하다

더미

많은 물건이 / •한데 모여 쌓인 / 큰 덩어리

예 굶주린 길고양이가 음식물 쓰레기 **더미**를 뒤지며 먹이를 찾는다.

•한데 　　한곳. 한군데

끄집어내다

속에 있는 사물을 / •당겨서 밖으로 끌어내다

예 책이 수북이 쌓인 더미에서 조그마한 종이책 한 권을 **끄집어냈다**.

•당기다 　　(물건 따위를 힘을 주어) 자기 쪽이나 일정한 방향으로 가까이 오게 하다

수록

한자 거둘 수 收
기록할 록 錄

모아서 기록함 또는 그렇게 한 기록

예 사전의 겉표지에는 '15만 개 •이상의 단어 **수록**'이라고 적혀 있었다.

•이상(以 써 이, 上 윗 상) 　　(수량·정도 등이 일정한 기준보다) 더 많거나, 낫거나, 앞섬

1 문장을 읽고, 알맞은 낱말을 써 넣어 봅시다.

1) 뜻이 서로 비슷한 말 ☐☐☐

2) 먼 옛날 또는 옛 시대 ☐☐

3) 낮은 소리로 똑똑지 않게 입속말을 자꾸 중얼거리다 ☐☐☐☐

4) 많은 물건이 한데 모여 쌓인 큰 덩어리 ☐☐

5) 속에 있는 사물을 당겨서 밖으로 끌어내다 ☐☐☐

6) 모아서 기록함 또는 그렇게 한 기록 ☐☐

2 밑줄 친 곳에 알맞은 낱말을 써 넣어 문장을 완성해 봅시다.

1) 걸작의 _____ 에는 걸작품, 대작, 명작이 있다.

2) 소크라테스는 예수, 공자, 석가와 함께 세계 4대 성인의 한 사람으로 _____ 그리스 아테네에서 활동한 철학자이다.

3) 옆에 앉은 짝꿍이 수업 시간에 알아들을 수 없는 말을 자꾸 _____.

4) 굶주린 길고양이가 음식물 쓰레기 _____ 를 뒤지며 먹이를 찾는다.

5) 책이 수북이 쌓인 더미에서 조그마한 종이책 한 권을 _____.

6) 사전의 겉표지에는 '15만 개 이상의 단어 _____'이라고 적혀 있었다.

존경합니다, 선생님 | 교과서 238~258쪽 |

성경
[한자] 성인 성 聖
글 경 經

종교적으로 •신앙의 / 최고 •법전이 되는 / 책

예 '남에게 •대접 받고 싶은 대로 그들을 대접하라'는 말은 **성경**에서 예수가 한 말로 유명한 구절이다.

•신앙(信 믿을 신, 仰 우러를 앙)　신과 같은 성스러운 존재를 믿고 받드는 일. 또는 그러한 종교

•법전(法 법 법, 典 법 전)　일정한 체계에 따라 정한 법규(마땅히 따르고 지켜야 할 법과 규칙)를 글로 적어서 모아 놓은 책

•대접(待 기다릴 대, 接 이을 접)　마땅한 예로써 대함

비 성전(聖 성인 성, 典 법 전)

면제
[한자] 면할 면 免
덜 제 除

책임, •의무를 / •면하여 줌

예 흉년이 들자 나라에서는 백성들에게 나라에 낼 세금을 **면제**해 주었다.

•의무(책무)(義 옳을 의, 務 힘쓸 무, 責 꾸짖을 책)　사람으로서 당연히 해야 할 일, 법으로 억지로 시키는 일

•면하다　(책임, 의무 따위를) 지지 않게 되다, 맡지 않게 되다, 벗어나다

심술궂다
[한자] 마음 심 心
꾀 술 術

짓궂게 남을 괴롭히다 또는 남이 잘못되는 것을 좋아하는 마음이 매우 많다

예 아이는 •시기하는 말투와 몸짓을 하며 **심술궂게** 약 올렸다.

•시기하다(猜 시기할 시, 忌 꺼릴 기)　(어떤 사람이 다른 사람을, 또는 그의 잘된 일이나 좋은 점을) 샘을 내고 미워하다

빈정대다
(빈정거리다)

은근히 비웃는 태도로 / 남을 자꾸 놀리다

예 시험을 망친 친구에게 "와, 어떻게 하면 그런 점수를 맞을 수 있냐?"며 **빈정댔다.**

감각
[한자] 느낄 감 感
깨달을 각 覺

무엇에 대하여 •민감하게 / 느끼거나 · 알고 / •반응하는 능력

예 할머니는 날이 갈수록 **감각**이 둔해져서 눈과 귀가 •어두워졌다.

•민감하다(敏 민첩할 민, 感 느낄 감)　(느낌 · 반응이) 날카롭고 빠르다

•반응하다(反 돌이킬 반, 應 응할 응)　(사람이 자극이 되는 요소 · 현상에) 대하여 어떤 변화나 움직임이 일어나다

•어두워지다　(시력 · 청력이) 약한 상태로 되다

예민하다
[한자] 날카로울 예 銳
민첩할 민 敏

자극에 대한 / 반응, 감각이 / 날카롭고 빠르다

예 시험공부 기간이 되면 너무 **예민해져서** 작은 소리에도 무척 민감하다.

비 민감하다

1 문장을 읽고, 알맞은 낱말을 써 넣어 봅시다.

1) 종교적으로 신앙의 최고 법전이 되는 책

2) 책임, 의무를 면하여 줌

3) 짓궂게 남을 괴롭히다 또는 남이 잘못되는 것을
   좋아하는 마음이 매우 많다

4) 은근히 비웃는 태도로 남을 자꾸 놀리다

5) 무엇에 대하여 민감하게 느끼거나·알고 반응하는 능력

6) 자극에 대한 반응, 감각이 날카롭고 빠르다

2 밑줄 친 곳에 알맞은 낱말을 써 넣어 문장을 완성해 봅시다.

1) '남에게 대접 받고 싶은 대로 그들을 대접하라'는 말은 _____ 에서 예수가
   한 말로 유명한 구절이다.

2) 흉년이 들자 나라에서는 백성들에게 나라에 낼 세금을 _____ 주었다.

3) 아이는 시기하는 몸짓과 말투를 하며 _____ 약 올렸다.

4) 시험을 망친 친구에게 "와, 어떻게 하면 그런 점수를 맞을 수 있냐?"며 _____.

5) 할머니는 날이 갈수록 _____ 이 둔해져서 눈과 귀가 어두워졌다.

6) 시험공부 기간이 되면 너무 _____ 작은 소리에도 무척 민감하다.

4일

존경합니다, 선생님 | 교과서 238~258쪽 |

귀를 세우다	무엇을 듣기 위해 / 신경을 •곤두세우다

예 김 교사가 성적표를 나눠주며 이름을 부르기 시작하자, 학생들은 자신의 이름이 불리는지 **귀를** •**쫑긋 세웠다.**

• **곤두세우다** (사람이 감각 기관을) 날카롭게 긴장시키다

• **쫑긋** 입술이나 귀 따위를 꼿꼿이 세우거나 뾰족이 내미는 모양

무더기

많은 물건을 / 한데 모아 · 수북이 쌓은 / 더미

예 동생이 레고 조각을 한 **무더기** 잔뜩 들고 와서 자동차를 만들어 달라고 졸랐다.

잔뜩

대단히 많이

예 커다란 동굴 안에 하얀 항아리들이 **잔뜩** 놓여 있었다.

쓰임새

물건 따위가 / 쓰이는 곳 또는 쓰이는 방식

예 종이를 자르는 칼과 붙이는 풀은 그 **쓰임새**가 •정반대이다.

• **정반대(正 바를 정, 反 돌이킬 반, 對 대할 대)** 완전히 반대되는 것

비 용도(用 쓸 용, 途 길 도), 쓸모

인터뷰하다

영어 interview

필요한 정보를 얻기 위해 / 만나서 이야기를 나누다

예 대통령을 만난 •기자들은 궁금한 점을 질문하며 한 시간 동안 **인터뷰했다.**

• **기자(記 기록할 기, 者 사람 자)** 신문 · 잡지 · 방송 등의 기사를 쓰거나 편집하는 사람

일명

한자 한 일 一
이름 명 名

•원래 이름이 아닌 / 따로 부르는 이름

예 임진왜란은 **일명** '도자기 전쟁'으로 불리는데, 전쟁 당시에 조선의 •도공들이 일본으로 많이 잡혀갔기 때문이다.

• **원래(본디)(元 으뜸 원, 來 올 래, 本 근본 본)** 사물이 전하여 내려온 그 처음

• **도공(陶 질그릇 도, 工 장인 공)** 옹기 그릇을 만드는 일을 직업으로 하는 사람

1 문장을 읽고, 알맞은 낱말을 써 넣어 봅시다.

1) 무엇을 듣기 위해 신경을 곤두세우다

2) 많은 물건을 한데 모아 · 수북이 쌓은 더미

3) 대단히 많이

4) 물건 따위가 쓰이는 곳 또는 쓰이는 방식

5) 필요한 정보를 얻기 위해 만나서 이야기를 나누다

6) 원래 이름이 아닌 따로 부르는 이름

2 밑줄 친 곳에 알맞은 낱말을 써 넣어 문장을 완성해 봅시다.

1) 김 교사가 성적표를 나눠주며 이름을 부르기 시작하자, 학생들은 자신의 이름이 불리는지 _____ 쫑긋 _____ .

2) 동생이 레고 조각을 한 _____ 잔뜩 들고 와서 자동차를 만들어 달라고 졸랐다.

3) 커다란 동굴 안에 하얀 항아리들이 _____ 놓여 있었다.

4) 종이를 자르는 칼과 붙이는 풀은 그 _____ 가 정반대이다.

5) 대통령을 만난 기자들은 궁금한 점을 질문하며 한 시간 동안 _____ .

6) 임진왜란은 _____ '도자기 전쟁'으로 불리는데, 전쟁 당시에 조선의 도공들이 일본으로 많이 잡혀갔기 때문이다.

액자
한자 이마 액 額
아들 자 子

그림, 사진, 글씨 따위를 끼워 두는 •틀

예 그는 •명화가 그려진 **액자**를 거실 벽에 걸어 놓고 때때로 감상했다.

• 틀 　　　　 물건의 테두리나 얼개(전체의 뼈대)가 되는 물건

• 명화(名 이름 명, 畫 그림 화) 　　　 아주 잘 그려서 이름이 난 그림

나직이

소리가 **조금** 작고 낮게 또는 높이가 **조금** 낮게

예 시험장 여기저기서 학생들의 •희미한 한숨 소리가 **나직이** 들려왔다.

• 희미하다(稀 드물 희, 微 작을 미) 　　 분명하지 못하고 어렴풋하다(잘 들리지 않다)

어른거리다
(아른거리다)

무엇이 / 보였다 · 보이지 않았다 하다

예 등대에서 새어 나오는 불빛이 •명멸하는 동안 •부두에 •정박한 배들이 **어른**
거렸다.

• 명멸하다(明 밝을 명, 滅 꺼질 멸) 　　 불이 켜졌다 꺼졌다 하다

• 부두(埠 부두 부, 頭 머리 두) 　　　　 항구에서, 배를 대어 사람이 타고 내리거나 짐을 싣
　　　　　　　　　　　　　　　　　　 고 부리는 곳

• 정박하다(碇 닻 정, 泊 머무를 박) 　　 (부두나 다른 장소에) 배가 닻을 내리고 머무르다

비 어른대다, 어른어른하다

독창적
한자 홀로 독 獨
비롯할 창 創
과녁 적 的

세상에 없던 것을 / 처음으로 만들어 내는

예 그는 세상 사람들이 한 번도 본 적 없는 매우 **독창적**인 그림을 그렸다.

쏜살같이

쏜 화살과 같이 / 매우 빠르게

예 거북이가 느릿느릿 •기어가는 동안 토끼는 **쏜살같이** 달려서 순식간에 사라
　 졌다.

• 기어가다 　 자동차 따위가 매우 천천히 가다

기말
한자 기약할 기 期
끝 말 末

어느 기간, •학기 따위의 / 끝

예 학생들은 한 학기의 •진도가 다 끝나는 **기말** 즈음에 시험을 치른다.

• 학기(學 배울 학, 期 기약할 기) 　　　 한 학년 동안을 학업상의 필요에 의하여 구분한 수
　　　　　　　　　　　　　　　　　　 업 기간

• 진도(進 나아갈 진, 度 법도 도) 　　　 교과목(학교에서 가르치는 과목)의 진행 정도

1 **문장을 읽고, 알맞은 낱말을 써 넣어 봅시다.**

14주
5일

1) 그림, 사진, 글씨 따위를 끼워 두는 틀

2) 소리가 조금 작고 낮게 또는 높이가 조금 낮게

3) 무엇이 보였다·보이지 않았다 하다

4) 세상에 없던 것을 처음으로 만들어 내는

5) 쏜 화살과 같이 매우 빠르게

6) 어느 기간, 학기 따위의 끝

2 **밑줄 친 곳에 알맞은 낱말을 써 넣어 문장을 완성해 봅시다.**

1) 그는 명화가 그려진 _____ 를 거실 벽에 걸어 놓고 때때로 감상했다.

2) 시험장 여기저기서 학생들의 희미한 한숨 소리가 _____ 들려왔다.

3) 등대에서 새어 나오는 불빛이 명멸하는 동안 부두에 정박한 배들이 _____.

4) 그는 세상 사람들이 한 번도 본 적 없는 매우 _____ 그림을 그렸다.

5) 거북이가 느릿느릿 기어가는 동안 토끼는 _____ 달려서 순식간에 사라졌다.

6) 학생들은 한 학기의 진도가 다 끝나는 _____ 즈음에 시험을 치른다.

1 문장을 읽고, 알맞은 낱말을 써 넣어 봅시다.

1) 모아서 기록함 또는 그렇게 한 기록 _____

2) 사물의 모양, 상태 따위를 말, 글, 그림 따위로 그림을
그리듯이 생생하게 나타내다 _____

3) 무엇을 깊이 느껴 마음이 움직이다 _____

4) 모자라는 것에 무엇을 더하여 채우다 _____

5) 몹시 하고 싶은 일을 억지로 참느라고 힘이 들다 _____

6) 뜻이 서로 비슷한 말 _____

7) 몹시 애를 써서 이리저리 따져 깊이 생각하다 _____

8) 많은 물건을 한데 모아·수북이 쌓은 더미 _____

9) 어느 기간, 학기 따위의 끝 _____

10) 무엇에 대하여 민감하게 느끼거나·알고 반응하는 능력 _____

11) 자극에 대한 반응, 감각이 날카롭고 빠르다 _____

12) 물건 따위가 쓰이는 곳 또는 쓰이는 방식 _____

13) 무엇이 보였다·보이지 않았다 하다 _____

14) 필요한 정보를 얻기 위해 만나서 이야기를 나누다 _____

15) 세상에 없던 것을 처음으로 만들어 내는 _____

16) 먼 옛날 또는 옛 시대 _____

17) 많은 물건이 한데 모여 쌓인 큰 덩어리 _____

18) 매우 뛰어난 작품 _____

19) 그림, 사진, 글씨 따위를 끼워 두는 틀 _____

20) 속에 있는 사물을 당겨서 밖으로 끌어내다 _____

21) 짓궂게 남을 괴롭히다 또는 남이 잘못되는 것을
    좋아하는 마음이 매우 많다 _____

22) 낮은 소리로 똑똑지 않게 입속말을 자꾸 중얼거리다 _____

23) 대단히 많이 _____

24) 소리가 조금 작고 낮게 또는 높이가 조금 낮게 _____

25) 원래 이름이 아닌 따로 부르는 이름 _____

26) 쏜 화살과 같이 매우 빠르게 _____

27) 책임, 의무를 면하여 줌 _____

28) 은근히 비웃는 태도로 남을 자꾸 놀리다 _____

29) 무엇을 듣기 위해 신경을 곤두세우다 _____

30) 종교적으로 신앙의 최고 법전이 되는 책 _____

2 **밑줄 친 곳에 알맞은 낱말을 써 넣어 문장을 완성해 봅시다.**

1) 책이 수북이 쌓인 더미에서 조그마한 종이책 한 권을 _____ .

2) 시험장 여기저기서 학생들의 희미한 한숨 소리가 _____ 들려왔다.

3) 아이는 시기하는 몸짓과 말투를 하며 _____ 약 올렸다.

4) 임진왜란은 _____ '도자기 전쟁'으로 불리는데, 전쟁 당시에 조선의 도공들이 일본으로 많이 잡혀갔기 때문이다.

5) 대통령을 만난 기자들은 궁금한 점을 질문하며 한 시간 동안 _____ .

6) 할머니는 날이 갈수록 _____ 이 둔해져서 눈과 귀가 어두워졌다.

7) 김 교사가 성적표를 나눠주며 이름을 부르기 시작하자, 학생들은 자신의 이름이 불리는지 _____ 쫑긋 _____ .

8) 그는 세상 사람들이 한 번도 본 적 없는 매우 _____ 그림을 그렸다.

9) 옆에 앉은 짝꿍이 수업 시간에 알아들을 수 없는 말을 자꾸 _____ .

10) 거북이가 느릿느릿 기어가는 동안 토끼는 _____ 달려서 순식간에 사라졌다.

11) 종이를 자르는 칼과 붙이는 풀은 그 _____ 가 정반대이다.

12) 학생들은 한 학기의 진도가 다 끝나는 _____ 즈음에 시험을 치른다.

13) 《부산진순절도》는 임진왜란 때인 선조 25년(1592) 4월 13일과 14일 이틀 동안 부산진에서 벌어진 왜군과의 전투 장면을 자세하게 _____ 기록화이다.

14) 시험공부 기간이 되면 너무 _____ 작은 소리에도 무척 민감하다.

15) 깜짝 선물과 편지를 받은 아이는 무척 _____ 눈물을 글썽였다.

16) 걸작의 _____ 에는 걸작품, 대작, 명작이 있다.

17) 사전의 겉표지에는 '15만 개 이상의 단어 _____ '이라고 적혀 있었다.

18) 소크라테스는 예수, 공자, 석가와 함께 세계 4대 성인의 한 사람으로 _____ 그리스 아테네에서 활동한 철학자이다.

19) 수학 문제가 너무 어려워서 아무리 _____ 풀 수가 없었다.

20) '남에게 대접 받고 싶은 대로 그들을 대접하라'는 말은 _____ 에서 예수가 한 말로 유명한 구절이다.

21) 커다란 동굴 안에 하얀 항아리들이 _____ 놓여 있었다.

22) 언니 돈 이천 원에 내 돈 천 원을 _____ 함께 떡볶이를 사 먹었다.

23) 굶주린 길고양이가 음식물 쓰레기 _____ 를 뒤지며 먹이를 찾는다.

24) 아이는 책상에 앉기만 하면 딴짓이 하고 싶어서 _____ .

25) 《아비뇽의 처녀들》,《게르니카》 등의 _____ 을 남긴 피카소는 20세기 최고의 화가로 평가 받는다.

26) 등대에서 새어 나오는 불빛이 명멸하는 동안 부두에 정박한 배들이 _____ .

27) 동생이 레고 조각을 한 _____ 잔뜩 들고 와서 자동차를 만들어 달라고 졸랐다.

28) 시험을 망친 친구에게 "와, 어떻게 하면 그런 점수를 맞을 수 있냐?"며 _____ .

29) 흉년이 들자 나라에서는 백성들에게 나라에 낼 세금을 _____ 주었다.

30) 그는 명화가 그려진 _____ 를 거실 벽에 걸어 놓고 때때로 감상했다.

1일

7. 중요한 내용을 요약해요

존경합니다, 선생님 | 교과서 238~258쪽 |

무시무시하다

자꾸 몹시 무서운 느낌이 있다

(예) 영화를 보다가 갑자기 •등골이 오싹할 정도로

　　무시무시한 장면이 나와서 온몸에 •소름이 돋았다.

•**등골이 오싹하다** (등골에 소름이 끼칠 정도로) 매우 놀라거나 두렵다

•**소름**　　　살갗이 오그라들며 겉에 좁쌀 같은 것이 도톨도톨하게 돋는 것

진땀

한자 흘러나올 진 津

몹시 애쓰거나 · 힘들 때 흐르는 / 끈끈한 땀

(예) •한여름에 운동장을 세 바퀴 뛰었더니 온몸이 **진땀**으로 범벅이 되고 숨이

　　턱에 닿았다.

•**한여름**　　여름 중에 한창 더운 시기

엎친 데 덮친다

어렵거나 · 불행한 / 일이 겹쳐 일어나다

(예) •화재로 집을 잃은 그는 **엎친 데 덮친** 격으로 사기까지 당하였다..

•**화재**(火 불 화, 災 재앙 재)　불이 나는 재앙(불행한 사고). 또는 불로 인한 재난(불행한 일)

**머리를 쥐어짜다
(쥐어뜯다)**

마음속으로 이리저리 따져 / •골똘히 생각하다

(예) 아이는 어려운 수학 문제를 풀 때면 **머리를 쥐어짜며** 풀이 방법을 고민했다.

•**골똘히**　　(딴생각이 없이) 한 가지 일에 온 정신을 쏟아

제출하다

한자 끌 제 提
　　날 출 出

•과제, 의견 따위를 / 내어놓다

(예) 두 문제를 풀지 못했는데, 종이 울려서 어쩔 수 없이 시험지를 **제출했다.**

•**과제**(課 공부할 과, 題 제목 제)　　처리하거나 해결해야 할 문제. 학생들의 학습 능력

　　　　　　　　　　　　　　　　　을 높이기 위해 교사나 교수가 학생들에게 내어 주

　　　　　　　　　　　　　　　　　는 연구 문제

성금

한자 정성 성 誠
　　쇠 금 金

정성으로 내어 / 모은 돈

(예) 학생들은 •불우이웃 돕기를 위한 **성금**을 •모금하려고 •바자회를 열었다.

•**불우**(不 아닐 불, 遇 만날 우)　　　살림 · 처지가 딱하고 어려움

•**모금**(募 모을 모, 金 쇠 금)　기부금 · 성금 등을 모음

•**바자회**(bazaar 모일 회 會)　자금(어떤 일에 쓰이는 돈)을 모으기 위하여 벌이는 시장

---

1 문장을 읽고, 알맞은 낱말을 써 넣어 봅시다.

15주
1일

1) 자꾸 몹시 무서운 느낌이 있다

2) 몹시 애쓰거나·힘들 때 흐르는 끈끈한 땀

3) 어렵거나·불행한 일이 겹쳐 일어나다

4) 마음속으로 이리저리 따져 골똘히 생각하다

5) 과제, 의견 따위를 내어놓다

6) 정성으로 내어 모은 돈

2 밑줄 친 곳에 알맞은 낱말을 써 넣어 문장을 완성해 봅시다.

1) 영화를 보다가 갑자기 등골이 오싹할 정도로 _____ 장면이 나와서 온몸에 소름이 돋았다.

2) 한여름에 운동장을 세 바퀴 뛰었더니 온몸이 _____ 으로 범벅이 되고 숨이 턱에 닿았다.

3) 화재로 집을 잃은 그는 _____ 격으로 사기까지 당하였다.

4) 아이는 어려운 수학 문제를 풀 때면 _____ 풀이 방법을 고민했다.

5) 두 문제를 풀지 못했는데, 종이 울려서 어쩔 수 없이 시험지를 _____ .

6) 학생들은 불우이웃 돕기를 위한 _____ 을 모금하려고 바자회를 열었다.

존경합니다, 선생님 | 교과서 238~258쪽 |

모조리	하나도 빼지 않고 / 모두

예 아이는 시험 문제 25개를 **모조리** 틀려서 빵점을 맞았다.

단연코 (단연)

한자 끊을 단 斷
그럴 연 然

두말할 것도 없이 / 틀림없이 그렇게

예 그는 "**단연코** 이토록 맛있는 치킨을 지금껏 먹어본 적 없다"며 감탄을 ●연발했다.

●연발하다(連 잇닿을 연, 發 필 발)   연이어(끊이지 않고 계속되다) 일어나다

엄하다

한자 엄할 엄 嚴

일, 행동이 / 잘못되지 않도록 / ●잡도리가 심하다

예 김 교사는 다툼을 벌인 두 아이에게 다시는 싸우지 말라고 **엄한** 표정을 지으며 잡도리했다.

●잡도리   잘못되지 않도록 단단히 주의하여 다룸

두루두루 (두루)

여기저기 빠짐없이 골고루

예 김정호는 ●전국 ●방방곡곡을 **두루두루** 돌아다니며 ●수집한 자료를 바탕으로 《대동여지도》를 만들었다.

●전국(全 온전할 전, 國 나라 국)   온 나라 전체

●방방곡곡(坊 동네 방, 曲 굽을 곡)   한 군데도 빠짐이 없는 모든 곳

●수집하다(蒐 모을 수, 集 모을 집)   (여러 가지 물건이나 재료를) 찾아 모으다

보도

한자 알릴 보 報
길 도 道

신문, 방송으로 나라 안팎의 / 새로운 소식을 / 사람들에게 널리 알림 또는 그 소식

예 사건의 ●진상이 신문과 방송의 **보도**를 통하여 사람들에게 널리 알려졌다.

●진상(眞 참 진, 相 서로 상)   (사물 · 현상의) 참된 모습 · 내용

퓰리처상

한자 Pulitzer
상줄 상 賞

매년 미국에서 ●언론, 문학, 드라마, 음악에서 / 뛰어난 대중적 공로와 ●업적을 지닌 사람을 선정하여 / ●수여하는 상

예 **퓰리처상**은 매년 언론, 문학, 드라마, 음악 분야에서 수상자를 선정한다.

●언론(言 말씀 언, 論 논할 론)   신문이나 텔레비전, 인터넷 등을 통하여 어떤 사실을 밝혀 알리거나 어떤 문제에 대하여 여론을 만들어 나가는 활동

●업적(業 업 업, 績 실 낳을 적)   노력 · 수고를 들여 이루어 낸 결과(성과)

●수여하다(授 줄 수, 與 더불 · 줄 여)   (상장 · 훈장 따위를) 주다

1 문장을 읽고, 알맞은 낱말을 써 넣어 봅시다.

1) 하나도 빼지 않고 모두

2) 두말할 것도 없이 틀림없이 그렇게

3) 일, 행동이 잘못되지 않도록 잡도리가 심하다

4) 여기저기 빠짐없이 골고루

5) 신문, 방송으로 나라 안팎의 새로운 소식을 사람들에게 널리 알림 또는 그 소식

6) 매년 미국에서 언론, 문학, 드라마, 음악에서 뛰어난 대중적 공로와 업적을 지닌 사람을 선정하여 수여하는 상

2 밑줄 친 곳에 알맞은 낱말을 써 넣어 문장을 완성해 봅시다.

1) 아이는 시험 문제 25개를 _____ 틀려서 빵점을 맞았다.

2) 그는 " _____ 이토록 맛있는 치킨을 지금껏 먹어본 적 없다"며 감탄을 연발했다.

3) 김 교사는 다툼을 벌인 두 아이에게 다시는 싸우지 말라고 _____ 표정을 지으며 잡도리했다.

4) 김정호는 전국 방방곡곡을 _____ 돌아다니며 수집한 자료를 바탕으로 《대동여지도》를 만들었다.

5) 사건의 진상이 신문과 방송의 _____ 를 통하여 사람들에게 널리 알려졌다.

6) _____ 은 매년 언론, 문학, 드라마, 음악 분야에서 수상자를 선정한다.

7. 중요한 내용을 요약해요

존경합니다, 선생님 | 교과서 238~258쪽 |

권위
한자 권세 권 權
위엄 위 威

일정한 분야에서 사회적으로 / 인정받고 · •영향력을 끼칠 수 있는 / •위엄과 •신망

예 1917년에 만들어진 퓰리처상은 미국에서 가장 **권위** 있는 보도, 문학, 음악상 이다.

•영향력(影 그림자 영, 響 울릴 향, 力 힘 력)   영향을 미치는 힘. 또는 그 크기나 정도

•위엄(威 위엄 위, 嚴 엄할 엄) 존경할 만한 위세가 있어 점잖고 엄숙함. 또는 그런 태도나 기세

•신망(信 믿을 신, 望 바랄 망) 믿고 기대함. 또는 그런 믿음과 명성(세상에 널리 떨친 이름)

여유
한자 남을 여 餘,
넉넉할 유 裕

경제적, 시간적으로 / 넉넉하여 남음이 있음

예 아이는 학교가 끝나면 곧바로 학원에 가는 까닭에 친구들과 놀 **여유**가 없었다.

손수

남의 힘을 빌리지 않고 / 직접 자기 손으로

예 그는 혼자 •자취를 하면서 **손수** 반찬을 만들고 빨래도 했다.

•자취(自 스스로 자, 炊 불 땔 · 밥 지을 취)   밥을 직접 지어 먹으면서 생활함

주선하다
한자 두루 주 周
돌 선 旋

일이 잘되도록 / 중간에서 여러 가지 방법으로 / •두루 힘쓰다

예 그가 만남을 **주선해** 준 덕분에 남녀는 •연애를 시작했고 결혼까지 하게 되었다.

•두루   빠짐없이 골고루

•연애(戀 그리워할 연, 愛 사랑 애)   남녀가 서로 애틋하게 그리워하며 사랑함

역력하다
한자 지날 역 歷
지날 력 歷

자취, 낌새, 기억 따위가 / 환히 알 수 있게 또렷하다

예 친구의 얼굴에 실망하는 기색이 **역력한** 것으로 봐서 시험을 망친 것이 틀림 없다.

기색
한자 기운 기 氣
빛 색 色

감정의 작용으로 / 얼굴에 나타나는 / 기분과 •얼굴색

예 아이는 두려운 **기색**이 없이 선생님의 말에 •또박또박 •말대답을 했다.

•얼굴색(얼굴빛)(色 빛 색)   감정이나 느낌 따위가 내비치는 얼굴 표정

•또박또박   말 · 글씨가 똑똑하고 분명한 모양을 나타내는 말

•말대답(對 대할 대, 畓 대답 답)   손윗사람의 말에 이유를 붙여 반대하는 뜻으로 말함. 또는 그런 대답

비 낯빛, 얼굴빛, 얼굴색, 면색(面 낯 · 얼굴 면), 안색(顔 낯 · 얼굴 안)

1 문장을 읽고, 알맞은 낱말을 써 넣어 봅시다.

1) 일정한 분야에서 사회적으로 인정받고·영향력을 끼칠 수 있는 위엄과 신망

2) 경제적, 시간적으로 넉넉하여 남음이 있음

3) 남의 힘을 빌리지 않고 직접 자기 손으로

4) 일이 잘되도록 중간에서 여러 가지 방법으로 두루 힘쓰다

5) 자취, 낌새, 기억 따위가 환히 알 수 있게 또렷하다

6) 감정의 작용으로 얼굴에 나타나는 기분과 얼굴색

2 밑줄 친 곳에 알맞은 낱말을 써 넣어 문장을 완성해 봅시다.

1) 1917년에 만들어진 퓰리처상은 미국에서 가장 _____ 있는 보도, 문학, 음악상이다.

2) 아이는 학교가 끝나면 곧바로 학원에 가는 까닭에 친구들과 놀 _____ 가 없었다.

3) 그는 혼자 자취를 하면서 _____ 반찬을 만들고 빨래도 했다.

4) 그가 만남을 _____ 준 덕분에 남녀는 연애를 시작했고 결혼까지 하게 되었다.

5) 친구의 얼굴에 실망하는 기색이 _____ 것으로 봐서 시험을 망친 것이 틀림없다.

6) 아이는 두려운 _____ 이 없이 선생님의 말에 또박또박 말대답을 했다.

존경하다, 셋째날 | 교과서 238~258쪽 |

상심하다
한자 잃을 ·
　죽을 상 喪
　마음 심 心

걱정으로 / 마음이 •어수선하고 · •맥빠지다
예 시험을 망친 아이는 •어깨가 처진 채 **상심한** 표정으로 현관에 들어섰다.
• 어수선하다　　　(마음, 분위기가) 불안하고 뒤숭숭하다
• 맥빠지다(脈 줄기 맥)　　　기운이 없어지다
• 어깨가 처지다　　힘이 빠져 어깨가 늘어지다. 낙심하여 풀이 죽고 기가 꺾이다

덥석
왈칵 달려들어 갑자기 무엇을 / •냉큼 •움켜잡는 / 모양
예 삼십 년 만에 만난 두 사람은 서로의 손을 **덥석** 잡고 감정이 북받치어 눈물을 쏟았다.
• 냉큼(닝큼) 머뭇거리지 않고 단번에 빨리
• 움켜잡다　손가락을 오므리어 힘 있게 꽉 잡다

북받치다
어떤 감정, 기운이 / 속으로부터 •치밀어 •오르다
예 아이는 동생의 잘못 때문에 자신까지 혼나자 •울분이 **북받쳐** 올랐다.
• 치밀다　　(욕심 · 분노 · 슬픔 따위가) 세차게 복받쳐 오르다
• 오르다　　어떤 감정이나 기운이 퍼지다
• 울분(鬱 답답할 울, 憤 분할 분)　　　답답하고 분함. 또는 그런 마음

꼴
사람의 모습, 행동, 태도 따위를 / •낮잡아 이르는 말
예 자꾸 •깐족거리는 동생의 꼴이 보기 싫어서 방문을 걸어 잠그고 나오지 않았다.
• 낮잡다　　실제로 지닌 가치보다 낮추어 보다
• 깐족거리다(깐죽거리다)　　쓸데없는 말을 밉살스럽고 짓궂게 계속 지껄이다
비 몰골, 꼬락서니

장례식
한자 장사지낼 장 葬
　예도 례 禮
　법 식 式

죽은 사람을 / 땅에 묻거나 •화장하는 / •의식
예 그는 갑자기 세상을 떠난 친구의 **장례식**을 지켜보면서 인생의 •허무를 느껴졌다.
• 화장하다(火 불 화, 葬 장사지낼 장)　시체를 불사르고, 남은 뼈를 모아 땅에 묻다
• 의식(儀 거동 의, 式 법 식)　정해진 방법 · 형식에 따라 치르는 행사
• 허무(虛 빌 허, 無 없을 무)　무가치하고 무의미하게 느껴져 매우 허전하고 쓸쓸함. 덧없음

새삼
이미 알고 있는 느낌, 감정 따위가 / 다시금 새롭게
예 영어를 공부하면서 오히려 국어의 중요성을 **새삼** 느끼게 되었다.

1 문장을 읽고, 알맞은 낱말을 써 넣어 봅시다.

1) 걱정으로 마음이 어수선하고 · 맥빠지다

2) 왈칵 달려들어 갑자기 무엇을 냉큼 움켜잡는 모양

3) 어떤 감정, 기운이 속으로부터 치밀어 오르다

4) 사람의 모습, 행동, 태도 따위를 낮잡아 이르는 말

5) 죽은 사람을 땅에 묻거나 화장하는 의식

6) 이미 알고 있는 느낌, 감정 따위가 다시금 새롭게

15주
4일

2 밑줄 친 곳에 알맞은 낱말을 써 넣어 문장을 완성해 봅시다.

1) 시험을 망친 아이는 어깨가 처진 채 _____ 표정으로 현관에 들어섰다.

2) 삼십 년 만에 만난 두 사람은 서로의 손을 _____ 잡고 감정이 북받치어 눈물을 쏟았다.

3) 아이는 동생의 잘못 때문에 자신까지 혼나자 울분이 _____ 올랐다.

4) 자꾸 깐족거리는 동생의 _____ 이 보기 싫어서 방문을 걸어 잠그고 나오지 않았다.

5) 그는 갑자기 세상을 떠난 친구의 _____ 을 지켜보면서 인생의 허무를 느껴졌다.

6) 영어를 공부하면서 오히려 국어의 중요성을 _____ 느끼게 되었다.

묻어나다

말, 글 따위에서 / 어떤 분위기, 감정 따위가 / 드러나다

예 장례식에 참석한 °조문객들의 얼굴에는 슬픔이 **묻어났다.**

°**조문객**(弔 조문할 조, 問 물을 · 방문할 문, 客 손님 객) 남의 죽음에 대하여 슬퍼하는 뜻
을 드러내어 위문하러 온 사람

상관없다

한자 서로 상 相
관계할 관 關

어떤 일이 / 염려할 것도 없고 · 문제될 것도 없다

예 우산을 미리 준비했기 때문에 갑자기 비가 오더라도 **상관없다.**

비 관계없다(係 맬 계), 무방하다(無 없을 무, 妨 방해할 방)

철렁하다

어떤 일에 깜짝 놀라서 / 가슴이 자꾸 뛰다 또는 기운이 없어지다

예 아이는 단짝 친구가 다른 지역으로 전학 간다는 말을 듣고 가슴이 **철렁했다.**

고이다 (괴다)

물, 눈물 따위의 액체가 / 낮은 곳이나 · 우묵한 곳에 / 모이다

예 텐트에 비가 새서 바닥에 빗물이 °흥건히 **고였다.**

°**흥건히** 어떤 장소에 액체가 고일 정도로 많이

삼다

어떤 대상(A)을 다른 대상(B)이라고 / °인정하다 또는 생각하다

예 나만 생각하는 이기심을 넘어서 남을 돌볼 줄 아는 마음(A)을 동물과 인간을
가르는 기준(B)으로 **삼기도** 한다.

°**인정하다**(認 알 인, 定 정할 정) 확실히 그렇다고 마음속으로 여기다

들뜨다

마음, 분위기가 / 조금 °흥분되다 또는 °어수선하게 °들썽거리다

예 여행을 떠나기 전날 밤에 마음이 **들떠** 쉽게 잠들지 못했다.

°**흥분되다**(興 일 흥, 奮 떨칠 분) (어떤 자극을 받아) 감정이
북받쳐 일어나게 되다

°**어수선하다** (마음 · 분위기가) 불안하고 뒤숭숭하다

°**들썽거리다(들썽대다)** (사람이나, 그 마음이) 자꾸
어수선하게 들떠 움직이다

존경합니다, 선생님 | 교과서 238~258쪽 |

1 문장을 읽고, 알맞은 낱말을 써 넣어 봅시다.

1) 말, 글 따위에서 어떤 분위기, 감정 따위가 드러나다

2) 어떤 일이 염려할 것도 없고 · 문제될 것도 없다

3) 어떤 일에 깜짝 놀라서 가슴이 자꾸 뛰다 또는
   기운이 없어지다

15주 5일

4) 물, 눈물 따위의 액체가 낮은 곳이나 · 우묵한 곳에 모이다

5) 어떤 대상(A)을 다른 대상(B)이라고 인정하다 또는 생각하다

6) 마음, 분위기가 조금 흥분되다 또는 어수선하게 들썽거리다

2 밑줄 친 곳에 알맞은 낱말을 써 넣어 문장을 완성해 봅시다.

1) 장례식에 참석한 조문객들의 얼굴에는 슬픔이 _____.

2) 우산을 미리 준비했기 때문에 갑자기 비가 오더라도 _____.

3) 아이는 단짝 친구가 다른 지역으로 전학 간다는 말을 듣고 가슴이 _____.

4) 텐트에 비가 새서 바닥에 빗물이 흥건히 _____.

5) 나만 생각하는 이기심을 넘어서 남을 돌볼 줄 아는 마음(A)을 동물과 인간을 가르는 기준(B)으로 _____ 한다.

6) 여행을 떠나기 전날 밤에 마음이 _____ 쉽게 잠들지 못했다.

1 **문장을 읽고, 알맞은 낱말을 써 넣어 봅시다.**

1) 정성으로 내어 모은 돈 _____

2) 남의 힘을 빌리지 않고 직접 자기 손으로 _____

3) 어렵거나 · 불행한 일이 겹쳐 일어나다 _____

4) 걱정으로 마음이 어수선하고 · 맥빠지다 _____

5) 몹시 애쓰거나 · 힘들 때 흐르는 끈끈한 땀 _____

6) 자꾸 몹시 무서운 느낌이 있다 _____

7) 하나도 빼지 않고 모두 _____

8) 마음속으로 이리저리 따져 골똘히 생각하다 _____

9) 어떤 일에 깜짝 놀라서 가슴이 자꾸 뛰다 또는
기운이 없어지다 _____

10) 죽은 사람을 땅에 묻거나 화장하는 의식 _____

11) 일, 행동이 잘못되지 않도록 잡도리가 심하다 _____

12) 어떤 일이 염려할 것도 없고 · 문제될 것도 없다 _____

13) 여기저기 빠짐없이 골고루 _____

14) 일정한 분야에서 사회적으로 인정받고 · 영향력을
끼칠 수 있는 위엄과 신망 _____

15) 과제, 의견 따위를 내어놓다 _____

16) 경제적, 시간적으로 넉넉하여 남음이 있음 　　　　　　

17) 어떤 대상(A)을 다른 대상(B)이라고 인정하다 또는 생각하다 　　　　　　

18) 사람의 모습, 행동, 태도 따위를 낮잡아 이르는 말 　　　　　　

19) 물, 눈물 따위의 액체가 낮은 곳이나 · 우묵한 곳에 모이다 　　　　　　

20) 일이 잘되도록 중간에서 여러 가지 방법으로 두루 힘쓰다 　　　　　　

21) 마음, 분위기가 조금 흥분되다 또는 어수선하게 들썽거리다 　　　　　　

22) 자취, 낌새, 기억 따위가 환히 알 수 있게 또렷하다 　　　　　　

23) 두말할 것도 없이 틀림없이 그렇게 　　　　　　

24) 감정의 작용으로 얼굴에 나타나는 기분과 얼굴색 　　　　　　

25) 신문, 방송으로 나라 안팎의 새로운 소식을 사람들에게
널리 알림 또는 그 소식 　　　　　　

26) 왈칵 달려들어 갑자기 무엇을 냉큼 움켜잡는 모양 　　　　　　

27) 이미 알고 있는 느낌, 감정 따위가 다시금 새롭게 　　　　　　

28) 매년 미국에서 언론, 문학, 드라마, 음악에서 뛰어난
대중적 공로와 업적을 지닌 사람을 선정하여 수여하는 상 　　　　　　

29) 어떤 감정, 기운이 속으로부터 치밀어 오르다 　　　　　　

30) 말, 글 따위에서 어떤 분위기, 감정 따위가 드러나다

2 밑줄 친 곳에 알맞은 낱말을 써 넣어 문장을 완성해 봅시다.

1) 두 문제를 풀지 못했는데, 종이 울려서 어쩔 수 없이 시험지를 _____ .

2) 아이는 학교가 끝나면 곧바로 학원에 가는 까닭에 친구들과 놀 _____ 가 없었다.

3) 친구의 얼굴에 실망하는 기색이 _____ 것으로 봐서 시험을 망친 것이 틀림없다.

4) 한여름에 운동장을 세 바퀴 뛰었더니 온몸이 _____ 으로 범벅이 되고 숨이 턱에 닿았다.

5) 자꾸 깐족거리는 동생의 _____ 이 보기 싫어서 방문을 걸어 잠그고 나오지 않았다.

6) 화재로 집을 잃은 그는 _____ 격으로 사기까지 당하였다.

7) 아이는 시험 문제 25개를 _____ 틀려서 빵점을 맞았다.

8) 아이는 동생의 잘못 때문에 자신까지 혼나자 울분이 _____ 올랐다.

9) 그는 " _____ 이토록 맛있는 치킨을 지금껏 먹어본 적 없다"며 감탄을 연발했다.

10) 아이는 어려운 수학 문제를 풀 때면 _____ 풀이 방법을 고민했다.

11) 학생들은 불우이웃 돕기를 위한 _____ 을 모금하려고 바자회를 열었다.

12) 그는 갑자기 세상을 떠난 친구의 _____ 을 지켜보면서 인생의 허무를 느껴졌다.

13) 김정호는 전국 방방곡곡을 _____ 돌아다니며 수집한 자료를 바탕으로 《대동여지도》를 만들었다.

14) 1917년에 만들어진 퓰리처상은 미국에서 가장 _____ 있는 보도, 문학, 음악상이다.

15) 장례식에 참석한 조문객들의 얼굴에는 슬픔이 _____ .

116) 아이는 두려운 _____ 이 없이 선생님의 말에 또박또박 말대답을 했다.

17) _____ 은 매년 언론, 문학, 드라마, 음악 분야에서 수상자를 선정한다.

18) 텐트에 비가 새서 바닥에 빗물이 흥건히 _____ .

19) 삼십 년 만에 만난 두 사람은 서로의 손을 _____ 잡고 감정이 북받치어 눈물을 쏟았다.

20) 나만 생각하는 이기심을 넘어서 남을 돌볼 줄 아는 마음(A)을 동물과 인간을 가르는 기준(B)으로 _____ 한다.

21) 여행을 떠나기 전날 밤에 마음이 _____ 쉽게 잠들지 못했다.

22) 우산을 미리 준비했기 때문에 갑자기 비가 오더라도 _____ .

23) 그는 혼자 자취를 하면서 _____ 반찬을 만들고 빨래도 했다.

24) 시험을 망친 아이는 어깨가 처진 채 _____ 표정으로 현관에 들어섰다.

25) 아이는 단짝 친구가 다른 지역으로 전학 간다는 말을 듣고 가슴이 _____ .

26) 사건의 진상이 신문과 방송의 _____ 를 통하여 사람들에게 널리 알려졌다.

27) 영화를 보다가 갑자기 등골이 오싹할 정도로 _____ 장면이 나와서 온몸에 소름이 돋았다.

28) 영어를 공부하면서 오히려 국어의 중요성을 _____ 느끼게 되었다.

29) 그가 만남을 _____ 준 덕분에 남녀는 연애를 시작했고 결혼까지 하게 되었다.

30) 김 교사는 다툼을 벌인 두 아이에게 다시는 싸우지 말라고 _____ 표정을 지으며 잡도리했다.

존경합니다, 선생님 | 교과서 238~258쪽 |

부풀다

희망, 기대 따위로 / 마음이 벅차지다

㉤ 다음 달로 •예정된 여행을 생각할 때마다 기대에 들떠 가슴이 **부풀어** 올랐다.

• 예정되다(豫 미리 예, 定 정할 정) (앞으로 일어날 일이나, 해야 할 일이) 미리 정해지다

속삭이다

남이 알아듣지 못하도록 / 작은 목소리로 이야기하다

㉤ 앞자리에 앉은 두 아이가 수업 시간에 계속 귓속말을 **속삭였다.**

손보다

기존의 •결점을 고쳐서 / 이전보다 더 낫게 만들다

㉤ 엄마는 아이의 일기장을 읽으면서 맞춤법에 어긋난 낱말들을 **손보아** 주었다.

• 결점(缺 이지러질 결, 點 점 점) 잘못된 점, 부족한 점

비 고치다, 손질하다, 수정하다(修 닦을 수, 正 바를 정)

채점

한자 캘 채 採
점 점 點

시험 답안의 맞고 틀림을 살피어 / 점수를 •매김

㉤ 문제집을 풀었으면 곧바로 **채점**을 해서 틀린 문제를 •즉시 다시 풀어봐야 한다.

• 매기다 일정한 기준에 따라 차례 · 값 · 등수 따위를 정하다

• 즉시(卽 곧 즉, 時 때 시) 일이 일어나는 그 순간 바로

최초

한자 가장 최 最
처음 초 初

맨 처음

㉤ 우리 팀이 **최초**로 득점을 해서 1:0으로 이기고 있었는데, •우위를 지키지 못하고 •최종 2:1로 패했다.

• 우위(優 넉넉할 우, 位 자리 위) 남보다 유리한(나은) 위치나 입장

• 최종(最 가장 최, 終 마칠 종) 맨 나중

아릿하다
(어릿하다)

마음이 / 찌르는 것처럼 / 쓰리고 아픈 느낌이 있다

㉤ 그는 갑자기 세상을 떠난 친구를 떠올릴 때면 가슴이 **아릿하게** 저렸다.

1 문장을 읽고, 알맞은 낱말을 써 넣어 봅시다.

1)   희망, 기대 따위로 마음이 벅차지다

2)   남이 알아듣지 못하도록 작은 목소리로 이야기하다

3)   기존의 결점을 고쳐서 이전보다 더 낫게 만들다

4)   시험 답안의 맞고 틀림을 살피어 점수를 매김

5)   맨 처음

6)   마음이 찌르는 것처럼 쓰리고 아픈 느낌이 있다

16주
1일

2 밑줄 친 곳에 알맞은 낱말을 써 넣어 문장을 완성해 봅시다.

1)   다음 달로 예정된 여행을 생각할 때마다 기대에 들떠 가슴이 _____ 올랐다.

2)   앞자리에 앉은 두 아이가 수업 시간에 계속 귓속말을 _____ .

3)   엄마는 아이의 일기장을 읽으면서 맞춤법에 어긋난 낱말들을 _____ 주었다.

4)   문제집을 풀었으면 곧바로 _____ 을 해서 틀린 문제를 즉시 다시 풀어봐야
     한다.

5)   우리 팀이 _____ 로 득점을 해서 1:0으로 이기고 있었는데, 우위를 지키지
     못하고 최종 2:1로 패했다.

6)   그는 갑자기 세상을 떠난 친구를 떠올릴 때면 가슴이 _____ 저렸다.

7. 중요한 내용을 요약해요

존경합니다, 선생님 | 교과서 238~258쪽 |

저리다

가슴 따위가 / 강한 감동, 심한 슬픔 따위로 인해서 / 못 견딜 정도로 쓰리고 아프다
(예) 고생만 하시다가 돌아가신 어머니를 떠올릴 때마다 가슴이 아릿하게 **저린다.**

굉장히

한자 클 굉 宏
씩씩할 장 壯

•보통 이상으로 대단하게
(예) 아이는 수학 실력이 **굉장히** 뛰어나서 10분 만에 25문제를 모두 풀었다.
•보통(普 넓을 보, 通 통할 통)   (특별하지 않고) 흔히 있음, 흔히 볼 수 있음

가장자리

사물의 바깥쪽 / 둘레나 끝에 / 가까운 부분
(예) 책상의 **가장자리**에 놓여 있던 물통을 떨어뜨리는
바람에 교실 바닥이 물바다가 되었다.

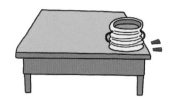

여전히

한자 같을 여 如
앞 전 前

전과 다름없이
(예) •간밤에 비가 내리는 걸 보고 잠이 들었는데, 아침에 일어나 보니 **여전히**
비가 내리고 있었다.
• 간밤   지난밤

빚어내다

무엇이 / 어떤 결과, 현상을 / 만들어 내다
(예) '엄마'라는 단어가 **빚어내는** 감정은 •형용할 수 없을 만큼 •뭉클하다.
•형용하다(形 모양 형, 容 얼굴 용)   사물의 어떠함을 말, 글, 몸짓 따위로 나타내다
•뭉클하다   큰 감동, 슬픔, 노여움 따위가 갑자기 가슴에 꽉 차는 느낌이 있다

벅차다

감격, 기쁨, 희망, 생각, 느낌 따위가 / 넘칠 듯이 가득하다
(예) 삼수 끝에 •합격 통지서를 받은 그는 가슴이 **벅찬** •감격을 느꼈다.
•합격(合 합할 합, 格 격식 격)   시험, 검사 등에 붙음
•감격(感 느낄 감, 激 격할 격)   마음속 깊이 느껴 뭉클한 감정이 일어남

1 문장을 읽고, 알맞은 낱말을 써 넣어 봅시다.

1) 가슴 따위가 강한 감동, 심한 슬픔 따위로 인해서
   못 견딜 정도로 쓰리고 아프다

2) 보통 이상으로 대단하게

3) 사물의 바깥쪽 둘레나 끝에 가까운 부분

4) 전과 다름없이

5) 무엇이 어떤 결과, 현상을 만들어 내다

6) 감격, 기쁨, 희망, 생각, 느낌 따위가 넘칠 듯이 가득하다

16주
2일

2 밑줄 친 곳에 알맞은 낱말을 써 넣어 문장을 완성해 봅시다.

1) 고생만 하시다가 돌아가신 어머니를 떠올릴 때마다 가슴이 아릿하게 _____.

2) 아이는 수학 실력이 _____ 뛰어나서 10분 만에 25문제를 모두 풀었다.

3) 책상의 _____ 에 놓여 있던 물통을 떨어뜨리는 바람에 교실 바닥이
   물바다가 되었다.

4) 간밤에 비가 내리는 걸 보고 잠이 들었는데, 아침에 일어나 보니 _____
   비가 내리고 있었다.

5) '엄마'라는 단어가 _____ 감정은 형용할 수 없을 만큼 뭉클하다.

6) 삼수 끝에 합격 통지서를 받은 그는 가슴이 _____ 감격을 느꼈다.

마지않다
(마지아니하다)

앞말이 뜻하는 행동을 / 진심으로 함을 / 강조할 때 쓰는 말

예 그는 평생 •헌신적인 사랑을 베풀어준 부모님을 존경해 **마지않았다.**

•**헌신적(獻** 드릴 헌, **身** 몸 신)   (자신에게 이익이 될지 손해가 될지 따지지 않고)
몸과 마음을 바쳐 있는 힘을 다하는 (것)

진솔하다

한자 참 진 眞
거느릴 솔 率

말, 행동, 태도 따위가 / •진실하고 솔직하다

예 두 사람은 처음 만났지만 •스스럼없이 **진솔한** 대화를 나누었다.

•**진실하다(眞** 참 진, **實** 열매 실)   (마음에 거짓이 없이) 순수하고 바르다

•**스스럼없다**   (사람이나, 그의 말·행동이) 조심스럽거나 부끄러운 마음이 없다

잎차례

한자 버금 차 次
법식 례 例

줄기에 / 잎을 차례대로 붙여 나가는 / 모양

예 **잎차례**는 잎이 줄기에 배열되어 붙어 있는 모양을 뜻하는 말로, 어긋나기, 마
주나기, 돌려나기, 뭉쳐나기 등이 있다.

건축

한자 세울 건 建
쌓을 축 築

여러 가지 재료를 써서 / 건물, 집, 다리 따위의 구조물을 / 사용 목적에 따라 설계하
여 / 세우거나 쌓아 만드는 일

예 《화성성역의궤》은 화성 •성곽의 **건축** 과정을 자세히 기록한 책이다.

•**성곽(성)(재** 성 城, 둘레 곽 郭)   예전에, 적의 공격을 막기 위해 흙이나 돌로 높이
쌓아 만든 큰 담

비 건설(設 베풀·세울 설)

설계도

한자 베풀 설 設
꾀할 계 計
그림 도 圖

건축물, 구조물, 기계 따위를 만들기 위해 / 계획을 세워 / 공간의 구조와 그 안의 있
는 물체 등을 나타낸 / 그림

예 •건축가들은 건물을 지을 때 **설계도**를 그린 뒤 그것을 바탕으로 집을 짓는다.

•**건축가(家** 집 가) 건축에 대한 전문적인 지식과 기술이 있는 사람

어긋나다

식물의 잎들이 / 마디마디 방향을 달리하여 / 하나씩 어긋나며 붙다

예 식물 중에서 국수나무와 해바라기는 줄기 마디마다 잎을 한 장씩 피우되 햇빛
을 잘 받도록 서로 **어긋나게** 잎을 피운다.

존경합니다, 선생님 | 교과서 238~258쪽 |

글을 요약해요 읽기 | 교과서 259~263쪽 |

1 **문장을 읽고, 알맞은 낱말을 써 넣어 봅시다.**

1) 앞말이 뜻하는 행동을 진심으로 함을 강조할 때 쓰는 말

2) 말, 행동, 태도 따위가 진실하고 솔직하다

3) 줄기에 잎을 차례대로 붙여 나가는 모양

4) 여러 가지 재료를 써서 건물, 집, 다리 따위의 구조물을
    사용 목적에 따라 설계하여 세우거나 쌓아 만드는 일

5) 건축물, 구조물, 기계 따위를 만들기 위해 계획을 세워
    공간의 구조와 그 안의 있는 물체 등을 나타낸 그림

6) 식물의 잎들이 마디마디 방향을 달리하여
    하나씩 어긋나며 붙다

16주
3일

2 **밑줄 친 곳에 알맞은 낱말을 써 넣어 문장을 완성해 봅시다.**

1) 그는 평생 헌신적인 사랑을 베풀어준 부모님을 존경해 _____ .

2) 두 사람은 처음 만났지만 스스럼없이 _____ 대화를 나누었다.

3) _____ 는 잎이 줄기에 배열되어 붙어 있는 모양을 뜻하는 말로, 어긋나기,
    마주나기, 돌려나기, 뭉쳐나기 등이 있다.

4) 《화성성역의궤》은 화성 성곽의 _____ 과정을 자세히 기록한 책이다.

5) 건축가들은 건물을 지을 때 _____ 를 그린 뒤 그것을 바탕으로 집을 짓는다.

6) 식물 중에서 국수나무와 해바라기는 줄기 마디마다 잎을 한 장씩 피우되 햇빛을
    잘 받도록 서로 _____ 잎을 피운다.

7. 중요한 내용을 요약해요

평행하다

한자 평평할 평 平
다닐·
갈 행 行

서로 만나지 않고 / •나란히 뻗어 가다

예 서로 **평행한** 두 •직선은 절대 만날 수 없다.

• **나란히**　　여러 사물이 일정한 거리를 두고 가지런하게 늘어서 있는 상태로

• **직선**(直 곧을 직, 線 줄 선)　　선분(두 점을 곧게 이은 선)을 양쪽으로 끝없이 늘인 선

**소용돌이
(용돌이)**

한 점을 중심으로 / 하나의 선이 / 둘레를 돌면서 뻗어 나가는 모양

예 •욕조의 마개를 빼자 물이 **소용돌이**를 치며 구멍 속으로 빨려 들어갔다.

• **욕조**(浴 목욕할 욕, 槽 구유가축에게 먹이를 주는 그릇 조)　　목욕물을 담는 용기(통)

마디

풀, 나무 따위의 •줄기에서 / •가지 또는 잎이 자라나는 / 부분

예 묘목에 새 **마디**가 생겨나더니 어느새 가지와 잎이 돋고 있다.

• **줄기**　　뿌리와 잎을 이어 주며 양분을 전달하는 식물의 한 부분

• **가지**　　나무나 풀의 원줄기에서 갈라져 벋은 줄기

사소하다

한자 적을 사 些
적을 소 少

무엇이 / 작거나 적어서 / 볼 만한 가치가 없을 정도로 •하찮다

예 김 교사는 다툼을 벌인 두 학생이 서로 주고받은 **사소한** 말과 행동 하나하나
　　까지 •모조리 기록을 했다.

• **하찮다**　　대수롭지(중요하지) 않다

• **모조리**　　하나도 빠짐없이 모두

비 미미하다(微 작을 미), 하찮다, 자질구레하다, 보잘것없다

차곡차곡

물건을 •가지런히 / 쌓거나 포개는 모양

예 학생들은 각자 다 푼 시험지를 교사의 책상 위에 **차곡차곡** 쌓았다.

• **가지런히**　　(여럿이 층이 나지 않고) 나란하거나 고르게

한지

한자 한국 한 韓
종이 지 紙

•닥나무 껍질로 만든 / 한국 고유의 종이

예 닥나무의 껍질을 삶아서 만드는 **한지**는 질겨서 잘 찢어지지 않고 •천년이 지
　　나도 •변색되지 않는다.

• **닥나무**　　뽕나뭇과의 낙엽 활엽 관목. 높이는 3미터 정도이며, 어린잎은 먹을 것으로 쓰
　　　　　　고, 껍질은 한지를 만드는 데 씀

• **천년**(千 일천 천, 年 해 년)　　오랜 세월

• **변색**(變 변할 변, 色 빛 색)　　색깔이 변하여 달라짐. 또는 빛깔을 바꿈

1 문장을 읽고, 알맞은 낱말을 써 넣어 봅시다.

1)　서로 만나지 않고 나란히 뻗어 가다

2)　한 점을 중심으로 하나의 선이 둘레를 돌면서
　　뻗어 나가는 모양

3)　풀, 나무 따위의 줄기에서 가지 또는 잎이 자라나는 부분

4)　무엇이 작거나 적어서 볼 만한 가치가 없을 정도로 하찮다

5)　물건을 가지런히 쌓거나 포개는 모양

6)　닥나무 껍질로 만든 한국 고유의 종이

2 밑줄 친 곳에 알맞은 낱말을 써 넣어 문장을 완성해 봅시다.

1)　서로 _____ 두 직선은 절대 만날 수 없다.

2)　욕조의 마개를 빼자 물이 _____ 를 치며 구멍 속으로 빨려 들어갔다.

3)　묘목에 새 _____ 가 생겨나더니 어느새 가지와 잎이 돋고 있다.

4)　김 교사는 다툼을 벌인 두 학생이 서로 주고받은 _____ 말과 행동
　　하나하나까지 모조리 기록을 했다.

5)　학생들은 각자 다 푼 시험지를 교사의 책상 위에 _____ 쌓았다.

6)　닥나무의 껍질을 삶아서 만드는 _____ 는 질겨서 잘 찢어지지 않고
　　천년이 지나도 변색되지 않는다.

5일

일쑤

*흔히 그러함 또는 *곧잘

(예) 아이는 학교든 집이든 공부를 전혀 안 해서 시험을 보면 빵점을 맞기 **일쑤**였다.

*흔히 (보통보다 더 자주 있거나 일어나서) 일상적으로 쉽게 접할 수 있게

*곧잘 가끔가다 잘

점토판

한자 붙을 점 粘
흙 토 土
널빤지 판 板

*점토를 이겨서 / 그 위에 갈대의 줄기 따위로 / 글씨를 써서 햇볕에 말린 / 판

(예) 옛날 사람들은 진흙으로 만든 **점토판**에 나뭇가지로 땅의 모습을 그린 후 햇볕에 말려 단단하게 굳혀서 *지도로 사용했다.

*점토(粘 붙을 점, 土 흙 토) 아주 작은 알갱이로 이루어진 부드럽고 차진 흙

*지도(地 땅 지, 圖 그림 도) 실제 땅의 모습을 일정하게 줄여서 나타낸 그림

엮다

노끈, 실 따위의 여러 가닥을 / 이리저리 어긋나게 *묶어서 / 어떤 물건을 만들다

(예) 여러 가지 색깔 실을 **엮어** 만든 *팔찌를 실 팔찌라고 한다.

*묶다 흩어져 있는 여럿을 한군데로 모으다(합치다)

*팔찌(팔가락지) (금·은 따위로 만든) 팔목에 끼는 고리 모양의 장식품

발명하다

한자 필 발 發
밝을 명 明

전에 없던 것을 / 처음으로 만들어 내다

(예) 정약용이 **발명한** 거중기는 도르래의 *원리를 이용해 작은 힘으로도 무거운 물건을 들 수 있도록 만든 기계이다.

*원리(原 언덕·근원 원, 理 다스릴 리) 사물·현상의 근본이 되는 이치·방법·순서

비 개발하다(開 열 개)

간직하다

물건 따위를 / 잘 *가지고 있다

(예) 그는 그녀가 준 편지를 아직도 소중하게 **간직하고** 있다.

*가지다(갖다) 자기 것이 되게 하다

빚다

흙 따위의 재료를 *이겨서 / 어떤 *형태를 만들다

(예) 아이는 진흙을 *잘박잘박 이겨서 흙 인형을 **빚었다**.

*이기다 흙·가루 따위에 물을 부어 반죽하다

*형태(形 모양 형, 態 모습 태) (겉으로 나타나는) 사물의 생긴 모양

*잘박잘박(잘바닥잘바닥) 진흙·반죽 따위가 물기가 많아 매우 보드랍게 진 느낌

인지능력 | 교과서 264~268쪽 |

1 문장을 읽고, 알맞은 낱말을 써 넣어 봅시다.

1) 흔히 그러함 또는 곧잘

2) 점토를 이겨서 그 위에 갈대의 줄기 따위로
   글씨를 써서 햇볕에 말린 판

3) 노끈, 실 따위의 여러 가닥을 이리저리 어긋나게
   묶어서 어떤 물건을 만들다

4) 전에 없던 것을 처음으로 만들어 내다

5) 물건 따위를 잘 가지고 있다

6) 흙 따위의 재료를 이겨서 어떤 형태를 만들다

16주
5일

2 밑줄 친 곳에 알맞은 낱말을 써 넣어 문장을 완성해 봅시다.

1) 아이는 학교든 집이든 공부를 전혀 안 해서 시험을 보면 빵점을 맞기 _____
   였다.

2) 옛날 사람들은 진흙으로 만든 _____ 에 나뭇가지로 땅의 모습을 그린 후
   햇볕에 말려 단단하게 굳혀서 지도로 사용했다.

3) 여러 가지 색깔 실을 _____ 만든 팔찌를 실 팔찌라고 한다.

4) 정약용이 _____ 거중기는 도르래의 원리를 이용해 작은 힘으로도 무거운
   물건을 들 수 있도록 만든 기계이다.

5) 그는 그녀가 준 편지를 아직도 소중하게 _____ 있다.

6) 아이는 진흙을 잘박잘박 이겨서 흙 인형을 _____.

1 **문장을 읽고, 알맞은 낱말을 써 넣어 봅시다.**

1) 무엇이 어떤 결과, 현상을 만들어 내다 _____

2) 사물의 바깥쪽 둘레나 끝에 가까운 부분 _____

3) 닥나무 껍질로 만든 한국 고유의 종이 _____

4) 건축물, 구조물, 기계 따위를 만들기 위해 계획을 세워
    공간의 구조와 그 안의 있는 물체 등을 나타낸 그림 _____

5) 물건을 가지런히 쌓거나 포개는 모양 _____

6) 식물의 잎들이 마디마디 방향을 달리하여
    하나씩 어긋나며 붙다 _____

7) 물건 따위를 잘 가지고 있다 _____

8) 흔히 그러함 또는 곧잘 _____

9) 희망, 기대 따위로 마음이 벅차지다 _____

10) 풀, 나무 따위의 줄기에서 가지 또는 잎이 자라나는 부분 _____

11) 남이 알아듣지 못하도록 작은 목소리로 이야기하다 _____

12) 기존의 결점을 고쳐서 이전보다 더 낫게 만들다 _____

13) 점토를 이겨서 그 위에 갈대의 줄기 따위로
     글씨를 써서 햇볕에 말린 판 _____

14) 무엇이 작거나 적어서 볼 만한 가치가 없을 정도로 하찮다 _____

15) 시험 답안의 맞고 틀림을 살피어 점수를 매김 _____

16) 가슴 따위가 강한 감동, 심한 슬픔 따위로 인해서
    못 견딜 정도로 쓰리고 아프다　＿＿＿＿＿＿

17) 노끈, 실 따위의 여러 가닥을 이리저리 어긋나게
    묶어서 어떤 물건을 만들다　＿＿＿＿＿＿

18) 보통 이상으로 대단하게　＿＿＿＿＿＿

19) 앞말이 뜻하는 행동을 진심으로 함을 강조할 때 쓰는 말　＿＿＿＿＿＿

20) 서로 만나지 않고 나란히 뻗어 가다　＿＿＿＿＿＿

21) 줄기에 잎을 차례대로 붙여 나가는 모양　＿＿＿＿＿＿

22) 한 점을 중심으로 하나의 선이 둘레를 돌면서
    뻗어 나가는 모양　＿＿＿＿＿＿

23) 마음이 찌르는 것처럼 쓰리고 아픈 느낌이 있다　＿＿＿＿＿＿

24) 맨 처음　＿＿＿＿＿＿

25) 여러 가지 재료를 써서 건물, 집, 다리 따위의 구조물을
    사용 목적에 따라 설계하여 세우거나 쌓아 만드는 일　＿＿＿＿＿＿

26) 감격, 기쁨, 희망, 생각, 느낌 따위가 넘칠 듯이 가득하다　＿＿＿＿＿＿

27) 말, 행동, 태도 따위가 진실하고 솔직하다　＿＿＿＿＿＿

28) 전에 없던 것을 처음으로 만들어 내다　＿＿＿＿＿＿

29) 흙 따위의 재료를 이겨서 어떤 형태를 만들다　＿＿＿＿＿＿

30) 전과 다름없이　＿＿＿＿＿＿

16주
평가

2 밑줄 친 곳에 알맞은 낱말을 써 넣어 문장을 완성해 봅시다.

1) 학생들은 각자 다 푼 시험지를 교사의 책상 위에 _____ 쌓았다.

2) 책상의 _____ 에 놓여 있던 물통을 떨어뜨리는 바람에 교실 바닥이
   물바다가 되었다.

3) 아이는 수학 실력이 _____ 뛰어나서 10분 만에 25문제를 모두 풀었다.

4) 아이는 진흙을 잘박잘박 이겨서 흙 인형을 _____ .

5) 다음 달로 예정된 여행을 생각할 때마다 기대에 들떠 가슴이 _____
   올랐다.

6) 아이는 학교든 집이든 공부를 전혀 안 해서 시험을 보면 빵점을 맞기
   _____ 였다.

7) '엄마'라는 단어가 _____ 감정은 형용할 수 없을 만큼 뭉클하다.

8) 옛날 사람들은 진흙으로 만든 _____ 에 나뭇가지로 땅의 모습을 그린 후
   햇볕에 말려 단단하게 굳혀서 지도로 사용했다.

9) 앞자리에 앉은 두 아이가 수업 시간에 계속 귓속말을 _____ .

10) 여러 가지 색깔 실을 _____ 만든 팔찌를 실 팔찌라고 한다.

11) 닥나무의 껍질을 삶아서 만드는 _____ 는 질겨서 잘 찢어지지 않고
    천년이 지나도 변색되지 않는다.

12) 정약용이 _____ 거중기는 도르래의 원리를 이용해 작은 힘으로도 무거운
    물건을 들 수 있도록 만든 기계이다.

13) 김 교사는 다툼을 벌인 두 학생이 서로 주고받은 _____ 말과 행동
    하나하나까지 모조리 기록을 했다.

14) 그는 그녀가 준 편지를 아직도 소중하게 _____ 있다.

15) 《화성성역의궤》은 화성 성곽의 _____ 과정을 자세히 기록한 책이다.

16) 그는 갑자기 세상을 떠난 친구를 떠올릴 때면 가슴이 _____ 저렸다.

17) 묘목에 새 _____ 가 생겨나더니 어느새 가지와 잎이 돋고 있다.

18) 엄마는 아이의 일기장을 읽으면서 맞춤법에 어긋난 낱말들을 _____ 주었다.

19) 고생만 하시다가 돌아가신 어머니를 떠올릴 때마다 가슴이 아릿하게 _____.

20) _____ 는 잎이 줄기에 배열되어 붙어 있는 모양을 뜻하는 말로, 어긋나기, 마주나기, 돌려나기, 뭉쳐나기 등이 있다.

21) 두 사람은 처음 만났지만 스스럼없이 _____ 대화를 나누었다.

22) 욕조의 마개를 빼자 물이 _____ 를 치며 구멍 속으로 빨려 들어갔다.

23) 간밤에 비가 내리는 걸 보고 잠이 들었는데, 아침에 일어나 보니 _____ 비가 내리고 있었다.

24) 그는 평생 헌신적인 사랑을 베풀어준 부모님을 존경해 _____.

25) 식물 중에서 국수나무와 해바라기는 줄기 마디마다 잎을 한 장씩 피우되 햇빛을 잘 받도록 서로 _____ 잎을 피운다.

26) 삼수 끝에 합격 통지서를 받은 그는 가슴이 _____ 감격을 느꼈다.

27) 서로 _____ 두 직선은 절대 만날 수 없다.

28) 우리 팀이 _____ 로 득점을 해서 1:0으로 이기고 있었는데, 우위를 지키지 못하고 최종 2:1로 패했다.

29) 건축가들은 건물을 지을 때 _____ 를 그린 뒤 그것을 바탕으로 집을 짓는다.

30) 문제집을 풀었으면 곧바로 _____ 을 해서 틀린 문제를 즉시 다시 풀어봐야 한다.

1 문장을 읽고, 알맞은 낱말을 써 넣어 봅시다.

1) 일정한 분야에서 사회적으로 인정받고 · 영향력을 끼칠 수 있는 위엄과 신망 ( )

2) 사물의 모양, 상태 따위를 말, 글, 그림 따위로 그림을 그리듯이 생생하게 나타내다 ( )

3) 여럿 가운데 오직 홀로 ( )

4) 말, 행동, 태도 따위가 진실하고 솔직하다 ( )

5) 가치 없고 · 하찮다 ( )

6) 어렵거나 · 불행한 일이 겹쳐 일어나다 ( )

7) 남이 알아듣지 못하도록 작은 목소리로 이야기하다 ( )

8) 낮은 소리로 똑똑지 않게 입속말을 자꾸 중얼거리다 ( )

9) 줄기에 잎을 차례대로 붙여 나가는 모양 ( )

10) 무엇을 듣기 위해 신경을 곤두세우다 ( )

11) 흔히 그러함 또는 곧잘 ( )

12) 몹시 긴장하다 또는 몹시 초조해하다 ( )

13) 매년 미국에서 언론, 문학, 드라마, 음악에서 뛰어난 대중적 공로와 업적을 지닌 사람을 선정하여 수여하는 상 ( )

14) 책임, 의무를 면하여 줌 ( )

15) 가슴 따위가 강한 감동, 심한 슬픔 따위로 인해서 못 견딜 정도로 쓰리고 아프다 ( )

16) 원래 이름이 아닌 따로 부르는 이름 ( )

17) 닥나무 껍질로 만든 한국 고유의 종이 ( )

18) 일정한 지점, 길로 들어서게 되다 ( )

19) 물, 눈물 따위의 액체가 낮은 곳이나·우묵한 곳에 모이다 ( )

20) 세상에 없던 것을 처음으로 만들어 내는 ( )

21) 어떤 감정, 기운이 속으로부터 치밀어 오르다 ( )

22) 재주, 기예 따위를 되풀이하여 익힘 ( )

23) 마음이 찌르는 것처럼 쓰리고 아픈 느낌이 있다 ( )

24) 두말할 것도 없이 틀림없이 그렇게 ( )

25) 마음, 분위기가 조금 흥분되다 또는 어수선하게 들썽거리다 ( )

26) 속마음은 그렇지 않으나 일부러 그렇게 ( )

27) 서로 만나지 않고 나란히 뻗어 가다 ( )

28) 속에 있는 사물을 당겨서 밖으로 끌어내다 ( )

29) 무엇이 어떤 결과, 현상을 만들어 내다 ( )

30) 실속 없는 큰소리 또는 무서운 말이나 행동으로 상대방을
    겁주며 협박하다 ( )

2 밑줄 친 곳에 알맞은 낱말을 써 넣어 문장을 완성해 봅시다.

1) 우산을 미리 준비했기 때문에 갑자기 비가 오더라도 _____ .

2) 걸작의 _____ 에는 걸작품, 대작, 명작이 있다.

3) 시험장 여기저기서 학생들의 희미한 한숨 소리가 _____ 들려왔다.

4) 그가 좋아한다고 고백했을 때 그녀는 _____ 정도로 깜짝 놀랐다.

5) 사전의 겉표지에는 '15만 개 이상의 단어 _____ '이라고 적혀 있었다.

6) 기름은 물과 섞이지 않는 _____ 의 성질을 갖고 있다.

7) 시험을 망친 아이는 어깨가 처진 채 _____ 표정으로 현관에 들어섰다.

8) 문제집을 풀었으면 곧바로 _____ 을 해서 틀린 문제를 즉시 다시 풀어봐야 한다.

9) 시험공부 기간이 되면 너무 _____ 작은 소리에도 무척 민감하다.

10) 사건의 진상이 신문과 방송의 _____ 를 통하여 사람들에게 널리 알려졌다.

11) 종이를 자르는 칼과 붙이는 풀은 그 _____ 가 정반대이다.

12) 게임 하던 아이는 엄마의 목소리에 까무러칠 듯 놀라서 _____ 컴퓨터를 껐다.

13) '엄마'라는 단어가 _____ 감정은 형용할 수 없을 만큼 뭉클하다.

14) 아이는 어려운 수학 문제를 풀 때면 _____ 풀이 방법을 고민했다.

15) 여러 가지 색깔 실을 _____ 만든 팔찌를 실 팔찌라고 한다.

16) 김 교사는 워낙 _____ 틀린 문제를 완벽히 풀 수 있을 때까지 다시 풀게 한다.

17) 아이는 두려운 _____ 이 없이 선생님의 말에 또박또박 말대답을 했다.

18) 김정호는 전국 방방곡곡을 _____ 돌아다니며 수집한 자료를 바탕으로 《대동여지도》를 만들었다.

19) 일기장에 친구와 주고받은 말, 서로의 표정과 말투까지 _____ 기록했다.

20) 등대에서 새어 나오는 불빛이 명멸하는 동안 부두에 정박한 배들이 _____ .

21) 욕조의 마개를 빼자 물이 _____ 를 치며 구멍 속으로 빨려 들어갔다.

22) 공중을 맴돌던 매가 지상으로 빠르게 낙하하여 사냥감을 날쌔게 _____ .

23) 학생들은 각자 다 푼 시험지를 교사의 책상 위에 _____ 쌓았다.

24) 수학 문제가 너무 어려워서 아무리 _____ 풀 수가 없었다.

25) 그가 만남을 _____ 준 덕분에 남녀는 연애를 시작했고 결혼까지 하게 되었다.

26) 시험을 망친 친구에게 "와, 어떻게 하면 그런 점수를 맞을 수 있냐?"며 _____ .

27) 아무리 작고 _____ 미물일지라도 생명을 함부로 해쳐서는 안 된다.

28) 아이는 책상에 앉기만 하면 딴짓이 하고 싶어서 _____ .

29) 묘목에 새 _____ 가 생겨나더니 어느새 가지와 잎이 돋고 있다.

30) 몰래 게임하던 아이는 허둥지둥 책을 펼쳐서 연필을 _____ 공부하는 척했다.

칭찬 사과 스티커

하루 공부를 잘 마쳤다면 나에게 칭찬 사과를 선물하세요.
사과 나무에 사과가 주렁주렁 열릴 때까지 열심히 공부합시다!

■ 스티커는 별책 바른답 및 색인 마지막 페이지에 있습니다.

으뜸

많은 것 가운데 / 가장 뛰어난 것 또는 *첫째가는 것

예 옛사람들은 천년이 가도 변하지 않는 한지를 종이 가운데 **으뜸**으로 인정했다.

*첫째가다 여럿 가운데에서 첫째가 되다. 으뜸가다. 제일가다

비 최고(最 가장 최, 高 높을 고), 제일(第 차례 제, 一 한 일)

훌러덩훌러덩

여럿이 다 또는 잇따라 / 속의 것이 다 드러나도록 완전히 / 벗어지거나·뒤집히는 / 모양

예 *계곡에 간 아이들은 옷을 **훌러덩훌러덩** 벗어 던지고 물속에 뛰어들었다.

*계곡(溪 시내·산골짜기 계, 谷 골·골짜기 곡) 물이 흐르는 골짜기(산과 산 사이에 움푹 패어 들어간 곳)

비 훌렁훌렁, 홀라당홀라당, 홀랑홀랑

콩대

콩을 다 *떨어내고 남은 / 줄기 부분

예 콩을 다 떨어내고 남은 **콩대**를 잘 말렸다가 *땔감으로 쓰면 *빠작빠작 잘 탄다.

*떨어내다 떨어져서 나오게 하다

*땔감(땔거리) (나무, 마른잎, 종이, 석탄 따위의) 불을 때는 데 쓰는 물건

*빠작빠작(바작바작) 물기가 적은 물건이 타들어 가는 소리. 또는 그 모양

잿물

*볏짚, 나무 따위를 태워서 생긴 / *재를 *우려낸 / 물

예 *세제가 없던 옛날에는 콩대나 볏짚을 태워서 만든 **잿물**로 빨래를 했었다.

*볏짚 벼의 이삭(꽃이 피고 열매가 달리는 부분)을 떨어낸 줄기

*재 불에 타고 남는 가루

*우러나다 액체 속에 잠겨 있는 물질의 빛깔·맛 따위가 액체 속으로 배어들다

*세제(洗 씻을 세, 劑 약제 제) 세수·빨래·청소 따위에서 때나 표면에 붙은 이물질을 씻어 내는 데 쓰는 물질

바래다

어떤 사물이나·그 빛이 / 햇볕, 습기를 받아 / 색이 변하다

예 창가에 오랫동안 놓아둔 흰 종이가 *직사광선을 받아서 누렇게 **바랬다**.

*직사광선(直 곧을 직, 射 쏠 사, 光 빛 광, 線 줄 선) 정면으로 곧게 비치는 빛의 줄기

비 퇴색하다(退 물러날 퇴, 色 빛 색)

엉기다

*점성이 있는 액체, 가루 따위가 / 한 덩어리가 되면서 굳어지다

예 *진흙탕에 들어갔다 나와서 신발을 씻지 않았더니 진흙이 잔뜩 **엉기었다**.

*점성(粘 붙을 점, 性 성품 성) 끈적끈적한(끈끈하여 자꾸 척척 들러붙는) 성질

*진흙탕 흙이 질척질척하게(물기가 많아 몹시 차지고 질게) 된 상태나 그런 땅

1 **문장을 읽고, 알맞은 낱말을 써 넣어 봅시다.**

1) 많은 것 가운데 가장 뛰어난 것 또는 첫째가는 것

2) 여럿이 다 또는 잇따라 속의 것이 다 드러
나도록 완전히 벗어지거나 · 뒤집히는 모양

3) 콩을 다 떨어내고 남은 줄기 부분

4) 볏짚, 나무 따위를 태워서 생긴 재를 우려낸 물

5) 어떤 사물이나 · 그 빛이 햇볕, 습기를 받아 색이 변하다

6) 점성이 있는 액체, 가루 따위가 한 덩어리가 되면서 굳어지다

2 **밑줄 친 곳에 알맞은 낱말을 써 넣어 문장을 완성해 봅시다.**

1) 옛사람들은 천년이 가도 변하지 않는 한지를 종이 가운데 _____ 으로
인정했다.

2) 계곡에 간 아이들은 옷을 _____ 벗어 던지고 물속에 뛰어들었다.

3) 콩을 다 떨어내고 남은 _____ 를 잘 말렸다가 땔감으로 쓰면 빠작빠작 잘
탄다.

4) 세제가 없던 옛날에는 콩대나 볏짚을 태워서 만든 _____ 로 빨래를 했었다.

5) 창가에 오랫동안 놓아둔 흰 종이가 직사광선을 받아서 누렇게 _____ .

6) 진흙탕에 들어갔다 나와서 신발을 씻지 않았더니 진흙이 잔뜩 _____ .

2일

쪽물
•쪽에서 얻는 / 쪽빛이 도는 / •물감
⑩ 흰 천을 **쪽물**에 담그면 황토색, 초록색, 파란색 순으로 색이 변하면서 •염색
　　된다.
•쪽　　　한해살이풀로, 잎은 쪽빛(남빛, 짙은 푸른빛)의 물감을 만드는 원료로 씀
•물감　　물건에 빛깔을 들이는 물질. 염색의 재료. 염료
•염색(染 물들 염, 色 빛 색)　염료를 써서 실 · 천 · 머리카락 따위에 물을 들임

촘촘하다
틈, 간격이 / 빈 곳이 거의 없을 정도로 / 매우 좁다
⑩ •그물코가 워낙 **촘촘해서** 아주 작은 물고기까지 모조리 잡혔다.
•그물코　그물(물고기 · 날짐승 등을 잡으려고 노끈 · 실 따위로 구멍이 나게 얽은 물건)
　　　　에 뚫려 있는 구멍

발
가늘고 긴 •막대를 / 줄로 엮거나 · 줄 따위를 여러 개 나란히 늘어뜨려 만든 / 물건
⑩ 여름날 창문에 쳐서 햇볕을 가리는 데 쓰이는 **발**은 땅에 펴서 농작물을 말리
　　는 데 쓰기도 한다.
•막대　　가늘고 기다란 나무나 대나무의 토막(긴 물건이 작고
　　　　짤막하게 잘라지거나 쓰다 남아 작게 된 것)

외줄
한 가닥의 / 줄
⑩ •곡예사는 공중에 높이 걸린 **외줄**을 튕겨서 뛰어오르는 묘기를 펼쳐 보였다.
•곡예사(曲 굽을 곡, 藝 재주 예, 師 스승 사)　곡예(줄타기, 곡마, 요술, 재주넘기, 공 타
　　　　　　　　　　　　　　　　　　　　기 따위의 연예)를 전문으로 하는 사람
⊞ 단선(單 홑 단, 線 줄 선)

막
한자 꺼풀 막 膜
물건의 •표면을 덮고 있는 / 얇은 물질
⑩ 삶은 •계란의 껍데기를 벗기면 그 속에 얇은 **막**이 하나 더 있다.
•표면(겉쪽)(表 겉 표, 面 낯 면)　　사물의 가장 바깥쪽(겉) 부분으로 드러난 면
•계란(달걀)(鷄 닭 계, 卵 알 란)　　닭이 낳은 알

찰방 (찰바당)
조금 묵직한 물체가 / 물에 거칠게 부딪치는 / 소리 또는 그 모양
⑩ 강물에 돌을 던질 때마다 **찰방** 소리와 함께 물방울이 튀었다.

1 **문장을 읽고, 알맞은 낱말을 써 넣어 봅시다.**

1) 쪽에서 얻는 쪽빛이 도는 물감

2) 틈, 간격이 빈 곳이 거의 없을 정도로 매우 좁다

3) 가늘고 긴 막대를 줄로 엮거나 · 줄 따위를 여러 개
   나란히 늘어뜨려 만든 물건

4) 한 가닥의 줄

5) 물건의 표면을 덮고 있는 얇은 물질

6) 조금 묵직한 물체가 물에 거칠게 부딪치는 소리 또는 그 모양

2 **밑줄 친 곳에 알맞은 낱말을 써 넣어 문장을 완성해 봅시다.**

1) 흰 천을 _____ 에 담그면 황토색, 초록색, 파란색 순으로 색이 변하면서
   염색된다.

2) 그물코가 워낙 _____ 아주 작은 물고기까지 모조리 잡혔다.

3) 여름날 창문에 쳐서 햇볕을 가리는 데 쓰이는 _____ 은 땅에 펴서 농작물을
   말리는 데 쓰기도 한다.

4) 곡예사는 공중에 높이 걸린 _____ 을 튕겨서 뛰어오르는 묘기를 펼쳐 보였다.

5) 삶은 계란의 껍데기를 벗기면 그 속에 얇은 _____ 이 하나 더 있다.

6) 강물에 돌을 던질 때마다 _____ 소리와 함께 물방울이 튀었다.

뜨다

종이, 김 따위를 / 틀에 펴서 / •낱장으로 만들어 내다

예 •장인은 잿물에 닥풀을 섞고 촘촘한 대나무 발로 건져 올려서 한지를 **떴다**.

• **낱장**(張 베풀 장)　(종이 따위가) 따로따로인 한 장 한 장

• **장인**(장인 장 匠, 사람 인 人)　　손으로 물건 만드는 일을 직업으로 하는 사람

판판하다

물건의 표면이 / 높낮이가 없이 / •고르고 넓다

예 구겨진 바지를 **판판한** •다리미대에 올려놓고 다림질을 하면 주름이 쫙
　펴진다.

• **고르다**　높낮이 · 크기 · 양 따위의 차이가 없이 똑같다

• **다리미대**(臺 대 대)　　다림질할 때, 다릴 옷이나 천의 밑에 받치거나 까는 판

온돌

한자 따뜻할 온 溫
굴뚝 돌 堗

•아궁이에서 불을 때면 / 불기운이 방바닥 밑으로 난 •방고래를 통해 퍼지도록 하여
/ 방바닥 전체를 덥게 하는 / •난방 장치

예 구운 돌로 바닥을 데우는 **온돌**은 우리나라 고유의 과학적인 난방법이다.

• **아궁이**　방이나 솥 따위에 불을 때기 위하여 만든 구멍

• **방고래**(房 방 방) 방의 구들장(방고래 위에 놓아 방바닥을 만드는 넓고 얇은 돌) 밑으로 나
　　　　있는, 불길과 연기가 통하여 나가는 길

• **난방**(暖 따뜻할 난, 房 방 방)　　실내(방 · 건물 안) 온도를 높여 따뜻하게 하는 일

비 방구들, 구들

단장

한자 붉을 단 丹
단장할 장 粧

집, 건물, 거리 따위를 / •손질하여 꾸밈

예 •허름한 음식점의 내부 **단장**을 위해 문을 닫았다가 오늘부터 •영업을 •재개했다.

• **손질하다**　(사람이 사물을) 손으로 매만져 잘 가다듬는 일을 하다

• **허름하다**　좀 모자라거나, 낡은 데가 있거나, 값이 좀 싼 듯하다

• **영업**(營 경영할 영, 業 업 업)　　영리(재산상의 이익을 꾀함)를 목적으로 하는 사업

• **재개하다**(再 거듭 · 다시 재, 開 열 개) (한동안 중단되었던 일 · 활동 따위를) 다시 시작하다

습하다

한자 젖을 습 濕

어떤 장소. 공기가 / •축축한 기운이 있다

예 여름 장마가 시작되니 방 안 공기가 무척 **습해져서** 빨래가 잘 마르지 않는다.

• **축축하다**(촉촉하다)　　물기가 있어 젖은 듯하다

머금다

사물이 / 어떤 기운을 / 그 안에 품어 지니다

예 한지는 습한 날에 방 안의 젖은 공기를 **머금어** 습도를 조절하는 역할을 한다.

1 문장을 읽고, 알맞은 낱말을 써 넣어 봅시다.

1) 종이, 김 따위를 틀에 펴서 낱장으로 만들어 내다 ☐☐

2) 물건의 표면이 높낮이가 없이 고르고 넓다 ☐☐☐

3) 아궁이에서 불을 때면 불기운이 방바닥 밑으로 난 방고래를 통해 퍼지도록 하여 방바닥 전체를 덥게 하는 난방 장치 ☐☐

4) 집, 건물, 거리 따위를 손질하여 꾸밈 ☐☐

5) 어떤 장소. 공기가 축축한 기운이 있다 ☐☐☐

6) 사물이 어떤 기운을 그 안에 품어 지니다 ☐☐☐

2 밑줄 친 곳에 알맞은 낱말을 써 넣어 문장을 완성해 봅시다.

1) 장인은 잿물에 닥풀을 섞고 촘촘한 대나무 발로 건져 올려서 한지를 _____.

2) 구겨진 바지를 _____ 다리미대에 올려놓고 다림질을 하면 주름이 쫙 펴진다.

3) 구운 돌로 바닥을 데우는 _____ 은 우리나라 고유의 과학적인 난방법이다.

4) 허름한 음식점의 내부 _____ 을 위해 문을 닫았다가 오늘부터 영업을 재개했다.

5) 여름 장마가 시작되니 방 안 공기가 무척 _____ 빨래가 잘 마르지 않는다.

6) 한지는 습한 날에 방 안의 젖은 공기를 _____ 습도를 조절하는 역할을 한다.

보송보송하다 (뽀송뽀송하다)	사물이 / 물기가 없이 잘 말라서 / 매우 부드럽다

예 볕이 잘 드는 곳에 빨래를 널었더니 옷이 잘 말라서 **보송보송하다**.

겹겹이

여러 •겹으로

예 날씨가 너무 추워서 옷을 **겹겹이** 두껍게 •껴입고 집을 나섰다.

- •겹　　　　넓고 얇은 물건이 포개진 것
- •껴입다　　옷을 입은 위에 겹쳐서 또 입다

반짇고리
(바느질고리)

바늘, 실, 골무, 헝겊 같은 / 바느질 도구를 담는 / 그릇

예 옷을 •수선하기 위해 엄마는 **반짇고리**에 담긴 •골무를 빼서 손가락에 꼈다.

- •수선하다(修 닦을 수, 繕 깁다떨어지거나 해어진 곳을 꿰매다 선) (고장이 났거나, 낡은 물건을) 손
보아 고치다
- •골무　　　　바느질할 때, 바늘귀를 밀기 위해 바늘 쥔 손가락 끝에 끼는 물건

배배 (비비)

여러 번 •꼬인 / 모양

예 여인은 한지를 **배배** 꼬아 만든 •노끈으로 신발을 •엮었다.

- •꼬다　　　여러 가닥을 (비벼 엇갈리게 말아서) 한 줄이 되게 하다
- •노끈　　　(실 · 삼 · 질긴 종이 따위로) 가늘게 비비거나 꼰 줄로 만든 끈
- •엮다　　　노끈이나 새끼 따위의 여러 가닥을 얽거나 이리저리 어긋매어 어떤 물건을 만들다

옻칠하다
한자 옻 칠 漆

가구, 나무 그릇 따위에 •윤을 내기 위하여 •옻을 바르다

예 •나전 칠기는 조개껍데기를 갈아 얇게 해서 무늬를 만들고 나무토막에 붙여
표면을 다듬고 여러 번 **옻칠해서** 완성한 •공예품이다.

- •윤(윤기)(潤 불을 윤, 氣 기운 기)　　　(물체 표면의) 반질반질하고 매끄러운 기운
- •옻　　　　옻나무에서 나오는 진(津 나루 진: 풀, 나무 따위에서 흘러나오는 끈끈한 물질)
- •나전 칠기(螺 소라 나, 鈿 비녀 · 세공 전, 漆 옻 칠, 器 그릇 기)　　광채가 나는 조개껍질
조각을 여러 가지 모양으로 박아 넣거나 붙인 공예품
- •공예품(工 장인 공, 藝 재주 예, 品 물건 품)　　　(칠기 · 도자기 · 가구 따위의) 실용적이면
서 예술적 가치가 있게 만든 물품

망태기
한자 그물 망 網

물건을 담아 들거나 · 어깨에 메고 다닐 수 있도록 / 가는 •새끼, 노끈 따위로 엮어
만든 / 그릇

예 **망태기**는 오늘날의 가방 같은 것으로, 옛사람들은 **망태기**에 물건을 담아 들거
나 어깨에 메고 다녔다.

- •새끼　　　짚으로 꼰 줄

1　문장을 읽고, 알맞은 낱말을 써 넣어 봅시다.

1)　사물이 물기가 없이 잘 말라서
　　매우 부드럽다

2)　여러 겹으로

3)　바늘, 실, 골무, 헝겊 같은 바느질 도구를 담는 그릇

4)　여러 번 꼬인 모양

5)　가구, 나무 그릇 따위에 윤을 내기 위하여 옻을 바르다

6)　물건을 담아 들거나 · 어깨에 메고 다닐 수 있도록
　　가는 새끼, 노끈 따위로 엮어 만든 그릇

2　밑줄 친 곳에 알맞은 낱말을 써 넣어 문장을 완성해 봅시다.

1)　볕이 잘 드는 곳에 빨래를 널었더니 옷이 잘 말라서 _____ .

2)　날씨가 너무 추워서 옷을 _____ 두껍게 껴입고 집을 나섰다.

3)　옷을 수선하기 위해 엄마는 _____ 에 담긴 골무를 빼서 손가락에 꼈다.

4)　여인은 한지를 _____ 꼬아 만든 노끈으로 신발을 엮었다.

5)　나전 칠기는 조개껍데기를 갈아 얇게 해서 무늬를 만들고 나무토막에 붙여 표면을
　　다듬고 여러 번 _____ 완성한 공예품이다.

6)　_____ 는 오늘날의 가방 같은 것으로, 옛사람들은 _____ 에
　　물건을 담아 들거나 어깨에 메고 다녔다.

먹이다

천, 종이 따위에 / 풀, 기름 따위를 / •배어들게 하다

예 나무에 소금물을 **먹이면** 나무의 •강도가 더욱 단단해진다.

• 배어들다　(어떤 기운·새·물기 따위가) 깊이 스며들다

• 강도(强 강할 강, 度 법도 도)　　　어떤 물질의 성질이 나타내는 굳은 정도나 센 정도

표주박

한자 바가지 표 瓢

조롱박, 둥근 •박을 / 반으로 쪼개 만든 / 작은 바가지

예 목이 말랐던 나그네는 옆구리에 차고 있던 **표주박**으로 •샘물을 떠서 마셨다.

• 박　　　박과의 한해살이풀. 밭이나 담·지붕에 올려 재배함. 열매는 둥근 호박 모양이
　　　며, 여물면 삶아 말려 바가지를 만듦

• 샘물　　　샘(물이 땅에서 솟아 나오는 곳. 또는 그 물)에서 나오는 물

찻상

한자 차 차 茶
•평상 상 床

차를 마실 때 / 찻잔, •찻종을 올려놓는 / 상

예 손님에게 차를 대접하고 싶었던 대감은 하인에게 **찻상**을 방에 들이라고
　　•명했다.

• 평상(平 평평할 평, 牀 평상 상)　나무로 만든 침상(누워서 잘 수 있도록 만든 가구)의 하나

• 찻종(鍾 쇠북·술병 종)　　　차를 따라 마시는 종지(간장·고추장 등을 담아 상에 놓는,
　　　　　작은 그릇)

• 명하다(命 목숨 명)　　　(윗사람이 어떤 일을 아랫사람에게) 하도록 말하다

팔랑팔랑
(펄렁펄렁)

무엇이 바람에 날려 / 가볍고 부드럽게 계속 •나부끼는 / 모양

예 가을바람이 불자 길가에 핀 코스모스가 **팔랑팔랑** 흔들렸다.

• 나부끼다　가벼운 물체가 바람을 받아 흔들리다

구절판

한자 아홉 구 九
꺾을 절 折
고개 판 坂

여덟 모가 나도록 만든 / 나무 그릇 또는 아홉 칸으로 나뉜 나무 그릇에 채소와 고기
류 등의 여덟 가지 음식을 둘레에 담고 가운데에 담은 •밀전병에 싸면서 먹는 / 음식

예 **구절판**은 아홉으로 나뉜 •목기를 말하는데, 여기에 아홉 가지 음식을 담은 음
　식도 **구절판**이라고도 부른다.

• 밀전병(煎 달일 전, 餠 떡 병)　　　밀가루 반죽을 동그랗고 얇게 부친 전

• 목기(木 나무 목, 器 그릇 기)　　　나무로 만든 그릇

흥겹다

한자 일어날 흥 興

매우 •흥이 나서 / 한껏 재미가 있다

예 **흥겨운** 노랫가락이 흘러나오자 사람들이 어깨를 들썩이며 춤을 췄다.

• 흥　　　즐겁고 재미있고 좋아서 일어나는 감정

한자돌이 | 교과서 264~268쪽 |

1 문장을 읽고, 알맞은 낱말을 써 넣어 봅시다.

1) 천, 종이 따위에 풀, 기름 따위를 배어들게 하다

2) 조롱박, 둥근 박을 반으로 쪼개 만든 작은 바가지

3) 차를 마실 때 찻잔, 찻종을 올려놓는 상

4) 무엇이 바람에 날려 가볍고 부드럽게 계속 나부끼는 모양

5) 여덟 모가 나도록 만든 나무 그릇 또는 아홉 칸으로 나뉜
   나무 그릇에 채소와 고기류 등의 여덟 가지 음식을 둘레에 담고
   가운데에 담은 밀전병에 싸면서 먹는 음식

6) 매우 흥이 나서 한껏 재미가 있다

2 밑줄 친 곳에 알맞은 낱말을 써 넣어 문장을 완성해 봅시다.

1) 나무에 소금물을 _____ 나무의 강도가 더욱 단단해진다.

2) 목이 말랐던 나그네는 옆구리에 차고 있던 _____ 으로 샘물을 떠서 마셨다.

3) 손님에게 차를 대접하고 싶었던 대감은 하인에게 _____ 을 방에 들이라고
   명했다.

4) 가을바람이 불자 길가에 핀 코스모스가 _____ 흔들렸다.

5) _____ 은 아홉으로 나뉜 목기를 말하는데, 여기에 아홉 가지 음식을 담은
   음식도 _____ 이라고도 부른다.

6) _____ 노랫가락이 흘러나오자 사람들이 어깨를 들썩이며 춤을 췄다.

1 문장을 읽고, 알맞은 낱말을 써 넣어 봅시다.

1) 어떤 사물이나 · 그 빛이 햇볕, 습기를 받아 색이 변하다 _____

2) 조롱박, 둥근 박을 반으로 쪼개 만든 작은 바가지 _____

3) 틈, 간격이 빈 곳이 거의 없을 정도로 매우 좁다 _____

4) 여러 겹으로 _____

5) 볏짚, 나무 따위를 태워서 생긴 재를 우려낸 물 _____

6) 아궁이에서 불을 때면 불기운이 방바닥 밑으로 난 방고래를
   통해 퍼지도록 하여 방바닥 전체를 덥게 하는 난방 장치 _____

7) 많은 것 가운데 가장 뛰어난 것 또는 첫째가는 것 _____

8) 조금 묵직한 물체가 물에 거칠게 부딪치는 소리 또는 그 모양 _____

9) 여럿이 다 또는 잇따라 속의 것이 다 드러
   나도록 완전히 벗어지거나 · 뒤집히는 모양 _____

10) 쪽에서 얻는 쪽빛이 도는 물감 _____

11) 무엇이 바람에 날려 가볍고 부드럽게 계속 나부끼는 모양 _____

12) 매우 흥이 나서 한껏 재미가 있다 _____

13) 가구, 나무 그릇 따위에 윤을 내기 위하여 옻을 바르다 _____

14) 가늘고 긴 막대를 줄로 엮거나 · 줄 따위를 여러 개
    나란히 늘어뜨려 만든 물건 _____

15) 어떤 장소. 공기가 축축한 기운이 있다 _____

16)　한 가닥의 줄　_____

17)　종이, 김 따위를 틀에 펴서 낱장으로 만들어 내다　_____

18)　차를 마실 때 찻잔, 찻종을 올려놓는 상　_____

19)　물건의 표면이 높낮이가 없이 고르고 넓다　_____

20)　사물이 어떤 기운을 그 안에 품어 지니다　_____

21)　점성이 있는 액체, 가루 따위가 한 덩어리가 되면서 굳어지다　_____

22)　사물이 물기가 없이 잘 말라서 매우 부드럽다　_____

23)　여러 번 꼬인 모양　_____

24)　물건을 담아 들거나·어깨에 메고 다닐 수 있도록
　　　가는 새끼, 노끈 따위로 엮어 만든 그릇　_____

25)　집, 건물, 거리 따위를 손질하여 꾸밈　_____

26)　천, 종이 따위에 풀, 기름 따위를 배어들게 하다　_____

27)　여덟 모가 나도록 만든 나무 그릇 또는 아홉 칸으로 나뉜
　　　나무 그릇에 채소와 고기류 등의 여덟 가지 음식을 둘레에 담고
　　　가운데에 담은 밀전병에 싸면서 먹는 음식　_____

28)　물건의 표면을 덮고 있는 얇은 물질　_____

29)　바늘, 실, 골무, 헝겊 같은 바느질 도구를 담는 그릇　_____

30)　콩을 다 떨어내고 남은 줄기 부분　_____

2 밑줄 친 곳에 알맞은 낱말을 써 넣어 문장을 완성해 봅시다.

1) 가을바람이 불자 길가에 핀 코스모스가 _____ 흔들렸다.

2) 날씨가 너무 추워서 옷을 _____ 두껍게 껴입고 집을 나섰다.

3) 그물코가 워낙 _____ 아주 작은 물고기까지 모조리 잡혔다.

4) 한지는 습한 날에 방 안의 젖은 공기를 _____ 습도를 조절하는 역할을 한다.

5) 옛사람들은 천년이 가도 변하지 않는 한지를 종이 가운데 _____ 으로 인정했다.

6) 허름한 음식점의 내부 _____ 을 위해 문을 닫았다가 오늘부터 영업을 재개했다.

7) 나무에 소금물을 _____ 나무의 강도가 더욱 단단해진다.

8) 강물에 돌을 던질 때마다 _____ 소리와 함께 물방울이 튀었다.

9) 여인은 한지를 _____ 꼬아 만든 노끈으로 신발을 엮었다.

10) 흰 천을 _____ 에 담그면 황토색, 초록색, 파란색 순으로 색이 변하면서 염색된다.

11) 장인은 잿물에 닥풀을 섞고 촘촘한 대나무 발로 건져 올려서 한지를 _____.

12) _____ 는 오늘날의 가방 같은 것으로, 옛사람들은 _____ 에 물건을 담아 들거나 어깨에 메고 다녔다.

13) 삶은 계란의 껍데기를 벗기면 그 속에 얇은 _____ 이 하나 더 있다.

14) 손님에게 차를 대접하고 싶었던 대감은 하인에게 _____ 을 방에 들이라고 명했다.

15) 콩을 다 떨어내고 남은 _____ 를 잘 말렸다가 땔감으로 쓰면 빠작빠작 잘 탄다.

16) 옷을 수선하기 위해 엄마는 _____ 에 담긴 골무를 빼서 손가락에 꼈다.

17) _____ 은 아홉으로 나뉜 목기를 말하는데, 여기에 아홉 가지 음식을 담은 음식도 _____ 이라고도 부른다.

18) 여름날 창문에 쳐서 햇볕을 가리는 데 쓰이는 _____ 은 땅에 펴서 농작물을 말리는 데 쓰기도 한다.

19) _____ 노랫가락이 흘러나오자 사람들이 어깨를 들썩이며 춤을 췄다.

20) 구운 돌로 바닥을 데우는 _____ 은 우리나라 고유의 과학적인 난방법이다.

21) 목이 말랐던 나그네는 옆구리에 차고 있던 _____ 으로 샘물을 떠서 마셨다.

22) 계곡에 간 아이들은 옷을 _____ 벗어 던지고 물속에 뛰어들었다.

23) 여름 장마가 시작되니 방 안 공기가 무척 _____ 빨래가 잘 마르지 않는다.

24) 구겨진 바지를 _____ 다리미대에 올려놓고 다림질을 하면 주름이 쫙 펴진다.

25) 진흙탕에 들어갔다 나와서 신발을 씻지 않았더니 진흙이 잔뜩 _____ .

26) 나전 칠기는 조개껍데기를 갈아 얇게 해서 무늬를 만들고 나무토막에 붙여 표면을 다듬고 여러 번 _____ 완성한 공예품이다.

27) 볕이 잘 드는 곳에 빨래를 널었더니 옷이 잘 말라서 _____ .

28) 곡예사는 공중에 높이 걸린 _____ 을 튕겨서 뛰어오르는 묘기를 펼쳐 보였다.

29) 세제가 없던 옛날에는 콩대나 볏짚을 태워서 만든 _____ 로 빨래를 했었다.

30) 창가에 오랫동안 놓아둔 흰 종이가 직사광선을 받아서 누렇게 _____ .

8. 우리말 지킴이

풍물패

한자 바람 풍 風
물건 물 物
패 패 牌

ᵒ농악에서 / ᵒ풍물을 치거나 불거나 하는 / 사람들의 무리

예 마을 사람들은 **풍물패**가 연주하는 흥겨운 장단에 맞춰 춤을 췄다.

ᵒ농악(풍물놀이)(農 농사 농, 樂 노래 악)　　　농촌에서, 명절이나 공동 작업을 할 때 행해지는 우리나라 고유의 음악. 나발 · 태평소 · 북 · 장구 · 꽹과리 · 징 따위를 불거나 치면서 춤추고 노래함

ᵒ풍물　　　(꽹과리, 징, 북, 장구, 태평소, 소고 따위의) 농악에 쓰이는 악기

고깔

승려, 무당, ᵒ농악대들이 머리에 쓰는 / 끝이 뾰족하고 · 세모지게 만든 / 모자

예 세모로 접은, 울긋불긋한 **고깔**을 쓴 농악대가 마을을 돌며 신나게 풍물을 울렸다.

ᵒ농악(隊 무리모여서 뭉친 한 동아리 대)대　　농악을 하는 사람들의 조직적인 집단

보충하다

한자 기울 보 補
채울 ·
가득할 충 充

모자라는 것을 / 무엇으로 / 보태어 채우다

예 아이는 시험을 잘 보고 싶어서 교과서를 읽으며 이해가 ᵒ부족한 부분을 **보충**했다.

ᵒ부족하다(不 아닐 부, 足 발 족)　　　필요한 양 · 기준에 미치지 못하다

문맥

한자 글월 문 文
줄기 · 맥 脈

글에 나타난 ᵒ의미의 / 앞뒤 연결

예 **문맥**을 ᵒ고려하며 글을 읽으면 낱말의 뜻을 잘 ᵒ파악할 수 있다.

ᵒ의미(意 뜻 의, 味 맛 미)　　　말 · 글의 뜻

ᵒ고려하다(생각할 고 考, 생각할 려 慮) (대상에 대하여 잘 미루어) 생각하다

ᵒ파악하다(잡을 파 把, 쥘 악 握)　　　내용을 충분히 이해하여 확실하게 알다

조사하다

한자 고를 조 調
조사할 사 査

무엇의 내용을 / 자세히 알아보다 또는 찾아보다

예 국어 시간에 발표할 자료를 만들려고 인터넷으로 우리말 사용 실태를 **조사**했다.

실태

한자 열매 실 實
모습 태 態

있는 그대로의 상태 또는 실제의 ᵒ형편

예 사람들이 우리말을 바르게 쓰고 있는지 ᵒ설문지로 그 **실태**를 조사했다.

ᵒ형편(形 모양 형, 便 편할 편)　　　일이 되어 가는 상태나 경로 또는 결과

ᵒ설문지(設 베풀 설, 問 물을 문, 紙 종이 지)　　(사람들에게 어떤 주제에 대하여) 문제를 내어 의견을 묻는 종이

비 실정(情 뜻 정), 실황(況 상황 황)

1 문장을 읽고, 알맞은 낱말을 써 넣어 봅시다.

1) 농악에서 풍물을 치거나 불거나 하는 사람들의 무리

2) 승려, 무당, 농악대들이 머리에 쓰는 끝이 뾰족하고 · 세모지게 만든 모자

3) 모자라는 것을 무엇으로 보태어 채우다

4) 글에 나타난 의미의 앞뒤 연결

5) 무엇의 내용을 자세히 알아보다 또는 찾아보다

6) 있는 그대로의 상태 또는 실제의 형편

2 밑줄 친 곳에 알맞은 낱말을 써 넣어 문장을 완성해 봅시다.

1) 마을 사람들은 _____ 가 연주하는 흥겨운 장단에 맞춰 춤을 췄다.

2) 세모로 접은, 울긋불긋한 _____ 을 쓴 농악대가 마을을 돌며 신나게 풍물을 울렸다.

3) 아이는 시험을 잘 보고 싶어서 교과서를 읽으며 이해가 부족한 부분을 _____.

4) _____ 을 고려하며 글을 읽으면 낱말의 뜻을 잘 파악할 수 있다.

5) 국어 시간에 발표할 자료를 만들려고 인터넷으로 우리말 사용 실태를 _____.

6) 사람들이 우리말을 바르게 쓰고 있는지 설문지로 그 _____ 를 조사했다.

우리말이 훼손된 사례 살펴보기 | 교과서 272~277쪽 |

토라지다

상대방에게 / •섭섭하거나 · 못마땅한 / 감정이 생겨 / 싹 •돌아서다

예 동생은 별것 아닌 일에도 쉽게 **토라져서** •미간을 찌푸린 채 입을 꾹 닫곤 한다.

• **섭섭하다** 기대에 어그러져 마음이 서운하거나 불만스럽다

• **돌아서다** (어떤 사람이 다른 사람과) 사이가 나빠지다

• **미간을 찌푸리다(眉** 눈썹 미, **間** 사이 간) (사람이) 짜증이
나거나, 싫은 티를 내다

비 삐치다, 삐지다

**괜시리
(괜스레)**

아무 까닭 없이 / •객쩍은 데가 있게

예 심심했던 아이는 얌전히 놀고 있는 동생을 **괜시리** 건드려서 토라지게 만들
었다.

• **객쩍다** 생각 · 말 · 행동이 쓸데없고 실없다(참되거나 미덥지 못하다)

흘기다

눈동자를 옆으로 굴리어 / 못마땅하게 •노려보다

예 내 말이 못마땅했는지 친구가 나에게 눈을 **흘겼다.**

• **노려보다** 미운 감정으로 어떠한 대상을 매섭게 계속 바라보다

가자미눈

화가 나서 옆으로 흘겨보는 눈을 / •가자미의 눈에 비유하여 / 이르는 말

예 친구가 왜 **가자미눈**으로 나를 째려보는지 그 이유를 도무지 알 수 없었다.

• **가자미** 가자밋과에 속한 바닷물고기를 통틀어 이르는 말. 몸이 위아래로 납작하여 타
원형에 가깝고, 두 눈은 오른쪽에 몰려 붙어 있음

무분별하다

한자 없을 무 無
나눌 분 分
다를 별 別

세상 •물정에 대하여 / 바르게 생각하거나 · 판단하는 / 능력이 없다

예 인간의 **무분별한** 자연 •개발로 자연환경이 심각하게 훼손되고 있다.

• **물정(物** 물건 물, **情** 뜻 정) 세상의 이러저러한 실제의 사정이나 형편

• **개발(開** 열 개, **發** 필 발) (토지, 천연자원 따위를) 쓸모 있게 만듦

사례

한자 일 사 事
법식 례 例

어떤 일이 / 이전에 실제로 일어난 / •예

예 우리말이 훼손된 **사례**로 '열공했더니 배고프다' '주문하신 사과주스 나오셨습
니다'라는 잘못된 표현이 교과서에 나와 있다.

• **예(보기)(例** 법식 예) 어떤 사실 · 현상을 설명해 주거나 증명해 주는 대표적인 것

비 보기, 본보기(本 근본 본), 예

1 **문장을 읽고, 알맞은 낱말을 써 넣어 봅시다.**

1) 상대방에게 섭섭하거나 · 못마땅한 감정이 생겨 싹 돌아서다

2) 아무 까닭 없이 객쩍은 데가 있게

3) 눈동자를 옆으로 굴리어 못마땅하게 노려보다

4) 화가 나서 옆으로 흘겨보는 눈을 가자미의 눈에 비유하여 이르는 말

5) 세상 물정에 대하여 바르게 생각하거나 · 판단하는 능력이 없다

6) 어떤 일이 이전에 실제로 일어난 예

2 **밑줄 친 곳에 알맞은 낱말을 써 넣어 문장을 완성해 봅시다.**

1) 동생은 별것 아닌 일에도 쉽게 _____ 미간을 찌푸린 채 입을 꾹 닫곤 한다.

2) 심심했던 아이는 얌전히 놀고 있는 동생을 _____ 건드려서 토라지게 만들었다.

3) 내 말이 못마땅했는지 친구가 나에게 눈을 _____ .

4) 친구가 왜 _____ 으로 나를 째려보는지 그 이유를 도무지 알 수 없었다.

5) 인간의 _____ 자연 개발로 자연환경이 심각하게 훼손되고 있다.

6) 우리말이 훼손된 _____ 로 '열공했더니 배고프다' '주문하신 사과주스 나오셨습니다'라는 잘못된 표현이 교과서에 나와 있다.

3일 8. 우리말 지킴이

우리말이 훼손된 사례 살펴보기 | 발표 주제를 생각하며 자료를 조사하고 구성하기 | 교과서 278~283쪽 |

훼손
한자 헐 훼 毀
덜 손 損

• 헐거나 · 깨뜨려 / 못 쓰게 만듦
예 환경을 보호하고 자연의 **훼손**을 막기 위해서는 무분별한 개발을 •지양해야 한다.
• 헐다   집 따위의 축조물이나 쌓아 놓은 물건을 무너뜨리다
• 지양하다(止 그칠 지, 揚 날릴 양)   더 높은 단계로 오르기 위해 무엇을 하지 않다

구성하다
한자 •얽을 구 構
이룰 성 成

몇 가지 부분, 요소를 모아서 / •전체를 •짜 이루다
예 문장을 **구성하는** 성분에는 주어, 서술어, 목적어가 있다.
• 얽다   글의 틀(일정한 형식)을 구성하다
• 전체(전부)(全 온전할 전, 體 몸 체)   어떤 대상의 모든 부분
• 짜다   부분을 맞추어 전체를 꾸며 만들다
비 조직하다(組 짤 조, 織 짤 직)

요청하다
한자 중요할 ·
구할 요 要
청할 청 請

필요한 일을 / 해 달라고 •부탁하다
예 체육 시간에 다리를 삐끗해서 친구에게 •부축해 달라고 **요청했다.**
• 부탁하다(付 줄 부, 託 부탁할 탁)   (일을 해 달라고) 남에게 청하다 · 원하다 · 바라다
• 부축하다   겨드랑이를 붙잡아 걷는 것을 돕다

보존하다
한자 지킬 보 保
있을 존 存

잘 지켜서 / 남아 있게 하다
예 우리말을 **보존할** 수 있도록 우리말을 바르게 사용하는 •습관을 길러야 한다.
• 습관(익힐 습 쭵, 익숙할 관 慣)   오랫동안 되풀이하여 몸에 저절로 굳어진 행동

능숙하다
한자 능할 능 能
익을 숙 熟

어떤 일을 / 여러 번 해 보아 잘하다
예 매일 꾸준히 •연산 문제를 풀면 **능숙한** 계산 능력을 갖출 수 있다.
• 연산(演 펼 연, 算 셈 산)   식이 나타낸 일정한 규칙에 따라 계산하는 일
비 능하다, 익숙하다, 노련하다(老 늙을 노, 鍊 불릴 련), 능란하다(爛 빛날 란)

과장되다
한자 자랑할 과 誇
베풀 장 張

무엇이 / 실제보다 더 크거나 대단한 것으로 / •부풀리다
예 •소문은 •사실무근한 이야기들이 보태어지면서 걷잡을 수 없이 **과장되어** 갔다.
• 부풀다   (어떤 일이 사실과 다르게) 실제보다 과장되다
• 소문(所 바 소, 聞 들을 문)   여러 사람의 입에 오르내리며 세상에 떠도는 말
• 사실무근하다(事 일 사, 實 열매 실, 無 없을 무, 根 뿌리 근)   (이야기나 그 내용이) 실제로 근거가 없거나, 전혀 사실과 다르다

1 문장을 읽고, 알맞은 낱말을 써 넣어 봅시다.

1) 헐거나 · 깨뜨려 못 쓰게 만듦

2) 몇 가지 부분, 요소를 모아서 전체를 짜 이루다

3) 필요한 일을 해 달라고 부탁하다

4) 잘 지켜서 남아 있게 하다

5) 어떤 일을 여러 번 해 보아 잘하다

6) 무엇이 실제보다 더 크거나 대단한 것으로 부풀리다

2 밑줄 친 곳에 알맞은 낱말을 써 넣어 문장을 완성해 봅시다.

1) 환경을 보호하고 자연의 _____ 을 막기 위해서는 무분별한 개발을 지양해야 한다.

2) 문장을 _____ 성분에는 주어, 서술어, 목적어가 있다.

3) 체육 시간에 다리를 삐끗해서 친구에게 부축해 달라고 _____ .

4) 우리말을 _____ 수 있도록 우리말을 바르게 사용하는 습관을 길러야 한다.

5) 매일 꾸준히 연산 문제를 풀면 _____ 계산 능력을 갖출 수 있다.

6) 소문은 사실무근한 이야기들이 보태어지면서 걷잡을 수 없이 _____ 갔다.

실물

한자 열매 실 實
물건 물 物

실제로 있는 / 물건 또는 사람

예 그는 **실물**을 직접 본 후에 물건을 •구매하는 습관이 있어서 •매장에 자주 간다.

• 구매하다(購 살 구, 買 살 매)　　　물건 따위를 사들이다

• 매장(賣 팔 매, 場 마당 장)　물건을 파는 곳

딱딱하다

태도, 말씨, 분위기 따위가 / 부드러운 맛이 없고 · 엄격하다

예 두 •직원의 표정과 말투는 •사뭇 다른데, 한 사람은 •부드럽고 다른 사람은 **딱딱하다**.

• 직원(職 직분 직, 員 인원 원)　　　일정한 직장에 소속되어 직무(맡은 일)를 하는 사람

• 사뭇　　아주 딴판(전혀 다른 모습이나 태도)으로

• 부드럽다　성질이나 태도가 곱고도 순하다

장면

한자 마당 장 場
낮 ·
모습 면 面

• 문학, 영화, 연극 따위에서 / 일정한 장소에서 / 일이 벌어지는 / 모습

예 영화는 바닷가에 있는 등대가 •깜박이는 **장면**으로 시작한다.

• 문학(文 글월 문, 學 배울 학)　　　인간의 생각과 감정을 글로 표현한 시, 소설, 희곡 따위의 작품

• 깜박이다　등불이나 별 따위가 잠깐씩 어두워졌다 밝아졌다 하다

고생했어요~~
토닥토닥

1 　**문장을 읽고, 알맞은 낱말을 써 넣어 봅시다.**

1)　실제로 있는 물건 또는 사람

2)　태도, 말씨, 분위기 따위가 부드러운
　　맛이 없고 · 엄격하다

3)　문학, 영화, 연극 따위에서 일정한 장소에서 일이 벌어지는 모습

2 　**밑줄 친 곳에 알맞은 낱말을 써 넣어 문장을 완성해 봅시다.**

1)　그는 _____ 을 직접 본 후에 물건을 구매하는 습관이 있어서 매장에 자주
　　간다.

2)　두 직원의 표정과 말투는 사뭇 다른데, 한 사람은 부드럽고 다른 사람은

　　_____ .

3)　영화는 바닷가에 있는 등대가 깜박이는 _____ 으로 시작한다.

1 문장을 읽고, 알맞은 낱말을 써 넣어 봅시다.

1) 무엇의 내용을 자세히 알아보다 또는 찾아보다

    _____

2) 글에 나타난 의미의 앞뒤 연결

    _____

3) 승려, 무당, 농악대들이 머리에 쓰는 끝이 뾰족하고 ·
세모지게 만든 모자

    _____

4) 상대방에게 섭섭하거나 · 못마땅한 감정이 생겨
싹 돌아서다

    _____

5) 있는 그대로의 상태 또는 실제의 형편

    _____

6) 아무 까닭 없이 객쩍은 데가 있게

    _____

7) 어떤 일이 이전에 실제로 일어난 예

    _____

8) 몇 가지 부분, 요소를 모아서 전체를 짜 이루다

    _____

9) 세상 물정에 대하여 바르게 생각하거나 · 판단하는
능력이 없다

    _____

10) 필요한 일을 해 달라고 부탁하다

    _____

11) 실제로 있는 물건 또는 사람

    _____

12) 모자라는 것을 무엇으로 보태어 채우다

    _____

13) 태도, 말씨, 분위기 따위가 부드러운 맛이 없고 · 엄격하다

    _____

14) 농악에서 풍물을 치거나 불거나 하는 사람들의 무리

    _____

15) 문학, 영화, 연극 따위에서 일정한 장소에서 일이
　　 벌어지는 모습　　　　　　　　　　　　　　　_____

16) 잘 지켜서 남아 있게 하다　　　　　　　　　_____

17) 헐거나 · 깨뜨려 못 쓰게 만듦　　　　　　　　_____

18) 화가 나서 옆으로 흘겨보는 눈을 가자미의 눈에
　　 비유하여 이르는 말　　　　　　　　　　　　_____

19) 무엇이 실제보다 더 크거나 대단한 것으로 부풀리다　_____

20) 눈동자를 옆으로 굴리어 못마땅하게 노려보다　_____

21) 어떤 일을 여러 번 해 보아 잘하다　　　　　_____

2 밑줄 친 곳에 알맞은 낱말을 써 넣어 문장을 완성해 봅시다.

1) 문장을 _____ 성분에는 주어, 서술어, 목적어가 있다.

2) 사람들이 우리말을 바르게 쓰고 있는지 설문지로 그 _____ 를 조사했다.

3) 세모로 접은, 울긋불긋한 _____ 을 쓴 농악대가 마을을 돌며 신나게 풍물을 울렸다.

4) 동생은 별것 아닌 일에도 쉽게 _____ 미간을 찌푸린 채 입을 꾹 닫곤 한다.

5) 국어 시간에 발표할 자료를 만들려고 인터넷으로 우리말 사용 실태를 _____ .

6) 우리말을 _____ 수 있도록 우리말을 바르게 사용하는 습관을 길러야 한다.

7) 내 말이 못마땅했는지 친구가 나에게 눈을 _____ .

8) 소문은 사실무근한 이야기들이 보태어지면서 걷잡을 수 없이 _____ 갔다.

9) 우리말이 훼손된 _____ 로 '열공했더니 배고프다' '주문하신 사과주스 나오셨습니다'라는 잘못된 표현이 교과서에 나와 있다.

10) 아이는 시험을 잘 보고 싶어서 교과서를 읽으며 이해가 부족한 부분을 _____ .

11) 환경을 보호하고 자연의 _____ 을 막기 위해서는 무분별한 개발을 지양해야 한다.

12) 친구가 왜 _____ 으로 나를 째려보는지 그 이유를 도무지 알 수 없었다.

13) 그는 _____ 을 직접 본 후에 물건을 구매하는 습관이 있어서 매장에 자주 간다.

14) 영화는 바닷가에 있는 등대가 깜박이는 _____ 으로 시작한다.

15) 체육 시간에 다리를 삐끗해서 친구에게 부축해 달라고 _____ .

16) 매일 꾸준히 연산 문제를 풀면 _____ 계산 능력을 갖출 수 있다.

17) 인간의 _____ 자연 개발로 자연환경이 심각하게 훼손되고 있다.

18) _____ 을 고려하며 글을 읽으면 낱말의 뜻을 잘 파악할 수 있다.

19) 두 직원의 표정과 말투는 사뭇 다른데, 한 사람은 부드럽고 다른 사람은
_____ .

20) 심심했던 아이는 얌전히 놀고 있는 동생을 _____ 건드려서 토라지게
만들었다.

21) 마을 사람들은 _____ 가 연주하는 흥겨운 장단에 맞춰 춤을 췄다.

1 문장을 읽고, 알맞은 낱말을 써 넣어 봅시다.

1) 물건을 담아 들거나 · 어깨에 메고 다닐 수 있도록 가는
   새끼, 노끈 따위로 엮어 만든 그릇   (   )

2) 어떤 사물이나 · 그 빛이 햇볕, 습기를 받아 색이 변하다   (   )

3) 화가 나서 옆으로 흘겨보는 눈을 가자미의 눈에 비유하여
   이르는 말   (   )

4) 승려, 무당, 농악대들이 머리에 쓰는 끝이 뾰족하고 · 세모지게
   만든 모자   (   )

5) 농악에서 풍물을 치거나 불거나 하는 사람들의 무리   (   )

6) 여럿이 다 또는 잇따라 속의 것이 다 드러나도록 완전히
   벗어지거나 · 뒤집히는 모양   (   )

7) 어떤 장소. 공기가 축축한 기운이 있다   (   )

8) 헐거나 · 깨뜨려 못 쓰게 만듦   (   )

9) 사물이 어떤 기운을 그 안에 품어 지니다   (   )

10) 세상 물정에 대하여 바르게 생각하거나 · 판단하는 능력이 없다 (   )

11) 아무 까닭 없이 객쩍은 데가 있게   (   )

12) 바늘, 실, 골무, 헝겊 같은 바느질 도구를 담는 그릇   (   )

13) 가구, 나무 그릇 따위에 윤을 내기 위하여 옻을 바르다   (   )

14) 상대방에게 섭섭하거나 · 못마땅한 감정이 생겨 싹 돌아서다 (   )

15) 집, 건물, 거리 따위를 손질하여 꾸밈   (   )

16) 무엇의 내용을 자세히 알아보다 또는 찾아보다 （　　　　　　）

17) 아궁이에서 불을 때면 불기운이 방바닥 밑으로 난 방고래를
   통해 퍼지도록 하여 방바닥 전체를 덥게 하는 난방 장치 （　　　　　　）

18) 여러 겹으로 （　　　　　　）

19) 쪽에서 얻는 쪽빛이 도는 물감 （　　　　　　）

20) 한 가닥의 줄 （　　　　　　）

21) 어떤 일을 여러 번 해 보아 잘하다 （　　　　　　）

22) 모자라는 것을 무엇으로 보태어 채우다 （　　　　　　）

23) 조롱박, 둥근 박을 반으로 쪼개 만든 작은 바가지 （　　　　　　）

24) 틈, 간격이 빈 곳이 거의 없을 정도로 매우 좁다 （　　　　　　）

25) 여덟 모가 나도록 만든 나무 그릇 또는 아홉 칸으로 나뉜
   나무 그릇에 채소와 고기류 등의 여덟 가지 음식을 둘레에
   담고 가운데에 담은 밀전병에 싸면서 먹는 음식 （　　　　　　）

26) 사물이 물기가 없이 잘 말라서 매우 부드럽다 （　　　　　　）

27) 볏짚, 나무 따위를 태워서 생긴 재를 우려낸 물 （　　　　　　）

28) 잘 지켜서 남아 있게 하다 （　　　　　　）

29) 어떤 일이 이전에 실제로 일어난 예 （　　　　　　）

30) 몇 가지 부분, 요소를 모아서 전체를 짜 이루다 （　　　　　　）

2 밑줄 친 곳에 알맞은 낱말을 써 넣어 문장을 완성해 봅시다.

1) 옛사람들은 천년이 가도 변하지 않는 한지를 종이 가운데 _____ 으로 인정했다.

2) 목이 말랐던 나그네는 옆구리에 차고 있던 _____ 으로 샘물을 떠서 마셨다.

3) 내 말이 못마땅했는지 친구가 나에게 눈을 _____ .

4) 국어 시간에 발표할 자료를 만들려고 인터넷으로 우리말 사용 실태를 _____ .

5) 가을바람이 불자 길가에 핀 코스모스가 _____ 흔들렸다.

6) 사람들이 우리말을 바르게 쓰고 있는지 설문지로 그 _____ 를 조사했다.

7) 체육 시간에 다리를 삐끗해서 친구에게 부축해 달라고 _____ .

8) 옷을 수선하기 위해 엄마는 _____ 에 담긴 골무를 빼서 손가락에 꼈다.

9) _____ 노랫가락이 흘러나오자 사람들이 어깨를 들썩이며 춤을 췄다.

10) 두 직원의 표정과 말투는 사뭇 다른데, 한 사람은 부드럽고 다른 사람은 _____ .

11) 한지는 습한 날에 방 안의 젖은 공기를 _____ 습도를 조절하는 역할을 한다.

12) 콩을 다 떨어내고 남은 _____ 를 잘 말렸다가 땔감으로 쓰면 빠작빠작 잘 탄다.

13) 세제가 없던 옛날에는 콩대나 볏짚을 태워서 만든 _____ 로 빨래를 했었다.

14) 소문은 사실무근한 이야기들이 보태어지면서 걷잡을 수 없이 _____ 갔다.

15) 강물에 돌을 던질 때마다 _____ 소리와 함께 물방울이 튀었다.

16) 삶은 계란의 껍데기를 벗기면 그 속에 얇은 _____ 이 하나 더 있다.

17) 볕이 잘 드는 곳에 빨래를 널었더니 옷이 잘 말라서 _____ .

18) 여름 장마가 시작되니 방 안 공기가 무척 _____ 빨래가 잘 마르지 않는다.

19) 여름날 창문에 쳐서 햇볕을 가리는 데 쓰이는 _____ 은 땅에 펴서 농작물을 말리는 데 쓰기도 한다.

20) 창가에 오랫동안 놓아둔 흰 종이가 직사광선을 받아서 누렇게 _____ .

21) 나전 칠기는 조개껍데기를 갈아 얇게 해서 무늬를 만들고 나무토막에 붙여 표면을 다듬고 여러 번 _____ 완성한 공예품이다.

22) _____ 는 오늘날의 가방 같은 것으로, 옛사람들은 _____ 에 물건을 담아 들거나 어깨에 메고 다녔다.

23) 그물코가 워낙 _____ 아주 작은 물고기까지 모조리 잡혔다.

24) 그는 _____ 을 직접 본 후에 물건을 구매하는 습관이 있어서 매장에 자주 간다.

25) 친구가 왜 _____ 으로 나를 쩌려보는지 그 이유를 도무지 알 수 없었다.

26) 여인은 한지를 _____ 꼬아 만든 노끈으로 신발을 엮었다.

27) 영화는 바닷가에 있는 등대가 깜박이는 _____ 으로 시작한다.

28) 매일 꾸준히 연산 문제를 풀면 _____ 계산 능력을 갖출 수 있다.

29) 진흙탕에 들어갔다 나와서 신발을 씻지 않았더니 진흙이 잔뜩 _____ .

30) 아이는 시험을 잘 보고 싶어서 교과서를 읽으며 이해가 부족한 부분을 _____ .

문장을 읽고, 알맞은 낱말을 써 넣어 봅시다.

1) 필요한 내용이 있는지 알아보기 위하여 일정한 범위를
    한쪽에서 시작하여 죽 더듬거나 살피며 빠르게 읽기   (   )

2) 줄다리기에서 암줄에 수줄을 끼울 때 벗겨지지 않게 하기
    위해 수줄 가닥 사이에 끼우는 나무   (   )

3) 반드시 쓸 곳이 있다 또는 반드시 갖춰야 한다   (   )

4) 조직, 일을 목적에 맞게 이끌어 나가다   (   )

5) 근심과 걱정   (   )

6) 무엇을 통하지 못하게 막다 또는 끊다   (   )

7) 몹시 긴장하다 또는 몹시 초조해하다   (   )

8) 상대의 압력에 의해 자신의 의지, 주장을 꺾고 상대의 주장,
    명령 따위를 따르다   (   )

9) 의기양양하여 기를 펴고 · 잘난 체하다   (   )

10) 길의 가장자리에 이정을 적어 세워 놓은 푯말   (   )

11) 어떤 문제에 대하여 각자의 의견을 내세우는 과정에서 의견,
    문제 따위를 내어놓다   (   )

12) 남의 의견, 비난에 맞서서 그 잘못된 점을 조리 있게
    지적하며 따지다   (   )

13) 규칙으로 정하다   (   )

14) 아주 몹시   (   )

15) 물건을 사거나 일을 하는 데 쓰이는 돈   (   )

16) 몹시 반하거나 · 여지없이 속는 모양 　(　　)

17) 모양, 움직임을 흉내 낸 말 　(　　)

18) 조상들의 문화 중에서 노래, 춤, 기술처럼 일정한
모양이 없는 유산 　(　　)

19) 매우 어려움 또는 그런 것 　(　　)

20) 일, 말 따위가 전혀 옳지 않다 또는 도무지 이치에 맞지 않다 　(　　)

21) 어떤 일을 꾀하여 계획함 　(　　)

22) 미처 생각하지 못한 일이 벌어져서 기가 막히다 　(　　)

23) 얼음을 넣어두던 돌로 만든 창고 　(　　)

24) 모자라는 것에 무엇을 더하여 채우다 　(　　)

25) 성질이 서로 다른 두 대상을 나란히 견주어 그 차이를
두드러지게 드러내다 　(　　)

26) 탁한 공기를 맑은 공기로 바꾸거나 · 온도 조절을 위해 공기가
드나들 수 있도록 만든 구멍 　(　　)

27) 어떤 일에 알맞은 성질 또는 소질 　(　　)

28) 일이 차례에 따라 진행되는 과정 　(　　)

29) 물체와 물체 사이에 열의 이동을 막음 　(　　)

30) 잘못 따위를 드러내어 꼭 집어 말하다 　(　　)

31) 자기와 관련된 일에 대하여 스스로의 가치, 능력을 믿고
자랑으로 여기는 마음 　(　　)

32) 주기적으로 되풀이하여 돎 또는 그런 과정 　(　　)

33) 나쁜 꾀를 써서 남을 어려운 처지에 빠지게 하다 　　(　　　　　)

34) 무엇을 특히 강하게 주장하다 　　(　　　　　)

35) 원하는 일이 이루어지기를 빌다 　　(　　　　　)

36) 어떤 경우에도 절대로 　　(　　　　　)

37) 사람을 바보로 여겨 비웃고 놀리다 　　(　　　　　)

38) 어떤 일을 자신이 실제로 보고·듣고·겪다 　　(　　　　　)

39) 솜씨, 방법 따위가 재치 있고·약삭빠르다 　　(　　　　　)

40) 글로 쓸 만한 소재 　　(　　　　　)

41) 사람들에게 널리 알림 　　(　　　　　)

42) 겉으로 나타나는 또는 밖으로 보이는 모양, 방식에
　　치중하는 (것) 　　(　　　　　)

43) 둘 사이에서의 분쟁을 중간에서 조절하여 화해시키거나·
　　서로 조금씩 양보하여 의견을 하나로 모으다 　　(　　　　　)

44) 믿음을 잃고 미움을 받게 되다 　　(　　　　　)

45) 소식, 사실 등을 전달하는 수단 　　(　　　　　)

46) 지방의 특산물, 귀한 물품 따위를 임금이나·높은 지위에
　　있는 사람에게 바침 　　(　　　　　)

47) 감춰진 사실을 알아내기 위해 살펴 찾다 　　(　　　　　)

48) 글씨, 그림 따위를 아무렇게나 쓰거나·그리다 　　(　　　　　)

49) 자기의 의견을 바꾸거나 고치지 않고 굳게 지키며 내세우다 ( )

50) 어떤 일이 염려할 것도 없고 · 문제될 것도 없다 ( )

51) 둘 이상의 사람, 사물, 현상 따위가 서로 연결되어 얽히다 ( )

52) 줄기에 잎을 차례대로 붙여 나가는 모양 ( )

53) 원래 정해져 있는 것이 아니고 필요에 따라 그때그때
정하는 일 ( )

54) 걱정으로 마음이 어수선하고 · 맥빠지다 ( )

55) 세상 물정에 대하여 바르게 생각하거나 · 판단하는
능력이 없다 ( )

56) 지식수준이 낮거나 · 인습에 젖은 어리석은 사람을 가르쳐서
깨우치다 ( )

57) 소리를 흉내 낸 말 ( )

58) 말, 글 따위에서 어떤 분위기, 감정 따위가 드러나다 ( )

59) 물건이 오래되어 때가 끼고 · 더러워지다 ( )

60) 사람이 무엇을 가치 있게 여겨 추구하다 ( )

61) 소리가 조금 작고 낮게 또는 높이가 조금 낮게 ( )

62) 종이, 헝겊 따위가 여러 가닥이 늘어져서 자꾸 흔들리는 모양 ( )

63) 물속, 물가에 사는 식물 ( )

64) 일이 잘되도록 중간에서 여러 가지 방법으로 두루 힘쓰다 ( )

65) 어려운 일을 헤쳐 나가려고 단단히 결심하다 또는 꾹 참다　　　　　(　　　　　　　)

66) 몹시 하고 싶은 일을 억지로 참느라고 힘이 들다　　　　　(　　　　　　　)

67) 새로운 소식을 사람들에게 널리 알리기 위해 쓴 글　　　　　(　　　　　　　)

68) 음식 따위를 먹을 수 있게 상 위에 벌이다　　　　　(　　　　　　　)

69) 잘못 보지 않았나 하여 믿지 않고 이상하게 생각하다　　　　　(　　　　　　　)

70) 낮은 소리로 똑똑지 않게 입속말을 자꾸 중얼거리다　　　　　(　　　　　　　)

71) 단 한 번에 높이 뛰거나·날아오르는 모양　　　　　(　　　　　　　)

72) 순간적으로 정신을 잃고·쓰러지다　　　　　(　　　　　　　)

73) 많은 사람이 한꺼번에 모여들다　　　　　(　　　　　　　)

74) 넋이 나간 듯이 가만히 한자리에 서 있거나·앉아 있는 모양　　(　　　　　　　)

75) 먹을 것으로 씀 또는 먹을 것으로 쓰는 물건　　　　　(　　　　　　　)

76) 서로 만나지 않고 나란히 뻗어 가다　　　　　(　　　　　　　)

77) 무엇이 새로 생겨나다 또는 생겨나게 하다　　　　　(　　　　　　　)

78) 먼 옛날 또는 옛 시대　　　　　(　　　　　　　)

79) 무엇이 빨리 슬어 없어지는 모양을 비유적으로 이르는 말　　　　　(　　　　　　　)

80) 어떤 사항을 더불어 살펴보다　　　　　(　　　　　　　)

81) 어떤 일을 바람 또는 그 바라는 것　　　　　(　　　　　　　)

82) 특정 분야에 대한 가치, 특성, 등급 따위를 비평하여
　　　논하는 사람　　　　　(　　　　　　　)

83) 여러 요소들을 짜서 이루다 또는 얽어서 만들다 ( )

84) 대수롭지 않은 일까지 세심하게 생각하다 또는 걱정하다 ( )

85) 외부의 압력에 굴하지 않고 맞서서 겨루다 ( )

86) 흙 따위의 재료를 이겨서 어떤 형태를 만들다 ( )

87) 자료를 알아보기 쉽게 그림으로 나타낸 표 ( )

88) 말라서 습기가 없다 ( )

89) 가구, 나무 그릇 따위에 윤을 내기 위하여 옻을 바르다 ( )

90) 여럿이 줄지어 감 또는 그런 줄 ( )

91) 물건을 담아 들거나 · 어깨에 메고 다닐 수 있도록 가는
새끼, 노끈 따위로 엮어 만든 그릇 ( )

92) 글, 말이 간단하고 짜임새가 있다 ( )

93) 바늘, 실, 골무, 헝겊 같은 바느질 도구를 담는 그릇 ( )

94) 벼, 보리, 밀, 조, 메밀 등의 곡식의 낟알을 떨어내고 남은 줄기 ( )

95) 글에 나타난 의미의 앞뒤 연결 ( )

96) 있는 그대로의 상태 또는 실제의 형편 ( )

97) 계단의 층계, 축대를 쌓는 데 쓰이는 네모지고 긴 돌 ( )

98) 조롱박, 둥근 박을 반으로 쪼개 만든 작은 바가지 ( )

99) 개인의 사사로운 일상생활 ( )

100) 들인 노력에 비해 얻은 결과가 큰 (것) ( )

Illust by Beresnev from © Shutterstock, Inc.

※ 힘들고 지칠 때 색칠놀이로 예쁘게 꾸며보세요.

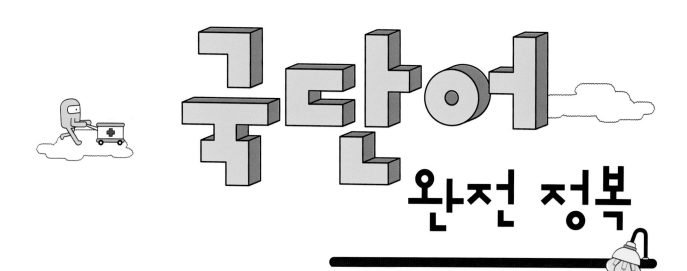

국단어

완전 정복

바른 답 및 색인

5·2

오리진
에듀

초등 학습법 전문가
전위성 선생님과 함께 하는

10641 <u>프로젝트</u>

- 🐦 매일 **10**분씩 공부하고　　국어 교과서 낱말 완전 정복하자!
- 🐦 하루 **6**개씩 공부하고　　　어휘력, 독해력, 논술력 완성하자!
- 🐦 초등 **4**년 동안 공부하고　상위 **1**퍼센트 우등생이 되자!

국단어
완전 정복
바른 답 및 색인

5·2

1일

1 1) 공감하다 2) 입장 3) 피식 4) 서운하다 5) 귀기울이다
6) 자신감

2 1) 공감하며 2) 입장 3) 피식 4) 서운한 5) 귀를
기울이지 6) 자신감

2일

1 1) 외출하다 2) 박박 3) 찌들다 4) 차리다 5) 금속 6)
한순간

2 1) 외출하지 2) 박박 3) 찌든 4) 차렸다 5) 금속 6)
한순간

3일

1 1) 봄눈녹듯 2) 경청하다 3) 구역 4) 번갈아 5)
누리소통망 6) 공지

2 1) 봄눈 녹듯 2) 경청해야 3) 구역 4) 번갈아 5) 누리
소통망 6) 공지

4일

1 1) 미치다 2) 험담 3) 신경쓰다 4) 독립운동가 5)
일제강점기 6) 임시

2 1) 미친다 2) 험담 3) 신경 썼다 4) 독립운동가 5) 일제
강점기 6) 임시

5일

1 1) 깨치다 2) 항일 3) 독립군 4) 계몽하다 5) 조물조물
6) 짓다

2 1) 깨쳤다 2) 항일 3) 독립군 4) 계몽하기 5) 조물조물
6) 지어서

1주 주말평가

1 1) 차리다 2) 공감하다 3) 한순간 4) 귀기울이다 5)
입장 6) 봄눈녹듯 7) 누리소통망 8) 구역 9) 임시 10) 험담
11) 박박 12) 신경쓰다 13) 깨치다 14) 자신감 15) 찌들다
16) 항일 17) 독립군 18) 조물조물 19) 서운하다 20) 짓다
21) 독립운동가 22) 미치다 23) 일제강점기 24) 경청하다
25) 번갈아 26) 공지 27) 피식 28) 계몽하다 29) 금속 30)
외출하다

2 1) 미친다 2) 서운한 3) 항일 4) 귀를 기울이지 5)
독립운동가 6) 계몽하기 7) 임시 8) 공감하며 9) 공지
10) 피식 11) 외출하지 12) 누리 소통망 13) 일제 강점기
14) 금속 15) 한순간 16) 봄눈 녹듯 17) 신경 썼다 18)
경청해야 19) 깨쳤다 20) 찌든 21) 박박 22) 자신감 23)
독립군 24) 험담 25) 조물조물 26) 입장 27) 지어서 28)
구역 29) 번갈아 30) 차렸다

1일

1 1) 만날 2) 분하다 3) 너덜너덜 4) 소달구지 5)
솟구치다 6) 발구르다

2 1) 만날 2) 분해서 3) 너덜너덜 4) 소달구지 5) 솟구쳤다
6) 발을 굴렀다

2일

1 1) 구름처럼모여들다 2) 훨훨 3) 비행 4) 조종하다 5)
기술 6) 훌쩍

2 1) 구름처럼 모여들었다 2) 훨훨 3) 비행 4) 조종했다
5) 기술 6) 훌쩍

3일

1 1) 조종간 2) 이를악물다 3) 너울너울 4) 좇다 5) 활용하다 6) 대동

2 1) 조종간 2) 이를 악물었다 3) 너울너울 4) 좇지, 좇아야 5) 활용하면 6) 대동

4일

1 1) 준비하다 2) 겨루다 3) 장정 4) 농한기 5) 짚 6) 음력

2 1) 준비하는 2) 겨루었다 3) 장정 4) 농한기 5) 짚 6) 음력

5일

1 1) 매달리다 2) 대보름 3) 걸터앉다 4) 농악대 5) 앞장 6) 행렬

2 1) 매달렸다 2) 대보름 3) 걸터앉으면 4) 농악대 5) 앞장 6) 행렬

2주 주말평가

1 1) 겨루다 2) 훌쩍 3) 만날 4) 구름처럼모여들다 5) 매달리다 6) 너덜너덜 7) 대보름 8) 조종간 9) 농악대 10) 발구르다 11) 행렬 12) 장정 13) 훨훨 14) 비행 15) 활용하다 16) 조종하다 17) 기술 18) 분하다 19) 이를악물다 20) 준비하다 21) 대동 22) 솟구치다 23) 앞장 24) 농한기 25) 걸터앉다 26) 짚 27) 음력 28) 너울너울 29) 좇다 30) 소달구지

2 1) 훨훨 2) 활용하면 3) 대보름 4) 준비하는 5) 구름처럼 모여들었다 6) 농악대 7) 걸터앉으면 8) 앞장 9) 비행 10) 솟구쳤다 11) 조종했다 12) 너덜너덜 13) 훌쩍 14) 겨루었다 15) 조종간 16) 장정 17) 행렬 18) 이를 악물었다 19) 매달렸다 20) 너울너울 21) 만날 22) 기술 23) 농한기 24) 분해서 25) 짚 26) 소달구지 27) 발을 굴렀다 28) 좇지, 좇아야 29) 대동 30) 음력

1일

1 1) 꿈틀거리다 2) 쩌렁쩌렁 3) 민속놀이 4) 풍물놀이 5) 풍년 6) 기원하다

2 1) 꿈틀거리는 2) 쩌렁쩌렁 3) 민속놀이 4) 풍물놀이 5) 풍년 6) 기원하며

2일

1 1) 암줄 2) 비녀목 3) 어르다 4) 승부 5) 지르다 6) 응원하다

2 1) 암줄 2) 비녀목 3) 어르고 4) 승부 5) 지르고 6) 응원했다

3일

1 1) 소망 2) 거르다 3) 한데 4) 일손 5) 지혜 6) 무형문화재

2 1) 소망 2) 거른 3) 한데 4) 일손 5) 지혜 6) 무형 문화재

4일

1 1) 이동 2) 냉장고 3) 무더위 4) 결론적 5) 저장하다 6) 창고

2 1) 이동, 이동 2) 냉장고 3) 무더위 4) 결론적 5) 저장하여 6) 창고

5일

1 1) 보관하다 2) 석빙고 3) 빙실 4) 생활필수품 5) 냉기 6) 인공적

2 1) 보관해야 2) 석빙고 3) 빙실 4) 생활필수품 5) 냉기 6) 인공적

3주 주말평가

1 1) 이동 2) 꿈틀거리다 3) 석빙고 4) 쩌렁쩌렁 5)

한데 6) 소망 7) 지르다 8) 암줄 9) 저장하다 10) 어르다 11) 기원하다 12) 냉장고 13) 일손 14) 인공적 15) 승부 16) 지혜 17) 생활필수품 18) 무형문화재 19) 민속놀이 20) 냉기 21) 풍물놀이 22) 풍년 23) 비녀목 24) 창고 25) 거르다 26) 보관하다 27) 결론적 28) 응원하다 29) 빙실 30) 무더위

2 1) 기원하며 2) 보관해야 3) 생활필수품 4) 어르고 5) 석빙고 6) 이동, 이동 7) 민속놀이 8) 냉장고 9) 쩌렁쩌렁 10) 무더위 11) 응원했다 12) 거른 13) 냉기 14) 결론적 15) 한데 16) 인공적 17) 지혜 18) 풍물놀이 19) 무형 문화재 20) 저장하여 21) 창고 22) 빙실 23) 풍년 24) 암줄 25) 소망 26) 비녀목 27) 일손 28) 승부 29) 지르고 30) 꿈틀거리는

4주 54~63쪽

1일

1 1) 효과적 2) 냉동 3) 이듬해 4) 진상하다 5) 기록하다 6) 입추
2 1) 효과적 2) 냉동 3) 이듬해 4) 진상했다 5) 기록했다 6) 입추

2일

1 1) 왕실 2) 장빙 3) 식용 4) 의료용 5) 공급하다 6) 정식
2 1) 왕실 2) 장빙 3) 식용 4) 의료용 5) 공급했다 6) 정식

3일

1 1) 관청 2) 규정하다 3) 엄격히 4) 너비 5) 지하 6) 출입구
2 1) 관청 2) 규정했다 3) 엄격히 4) 너비 5) 지하 6) 출입구

4일

1 1) 구조 2) 이중 3) 열전달 4) 반원형 5) 장대석 6) 걸치다
2 1) 구조 2) 이중 3) 열전달 4) 반원형 5) 장대석 6) 걸쳐

5일

1 1) 차단하다 2) 배수로 3) 경사지다 4) 환기구 5) 왕겨 6) 단열
2 1) 차단할 2) 배수로 3) 경사진 4) 환기구 5) 왕겨 6) 단열

4주 주말평가

1 1) 배수로 2) 관청 3) 왕겨 4) 규정하다 5) 의료용 6) 엄격히 7) 냉동 8) 너비 9) 단열 10) 지하 11) 구조 12) 입추 13) 이중 14) 진상하다 15) 정식 16) 반원형 17) 경사지다 18) 걸치다 19) 출입구 20) 효과적 21) 왕실 22) 공급하다 23) 열전달 24) 이듬해 25) 기록하다 26) 환기구 27) 장빙 28) 차단하다 29) 장대석 30) 식용

1 1) 환기구 2) 정식 3) 냉동 4) 배수로 5) 걸쳐 6) 경사진 7) 구조 8) 반원형 9) 이중 10) 관청 11) 입추 12) 규정했다 13) 장대석 14) 엄격히 15) 진상했다 16) 너비 17) 왕실 18) 이듬해 19) 단열 20) 차단할 21) 의료용 22) 왕겨 23) 공급했다 24) 지하 25) 장빙 26) 출입구 27) 열전달 28) 효과적 29) 식용 30) 기록했다

 1~4주

1 1) 풍물놀이 2) 농한기 3) 공감하다 4) 꿈틀거리다 5) 겨루다 6) 배수로 7) 짚 8) 너울너울 9) 공급하다 10) 입장 11) 석빙고 12) 암줄 13) 경청하다 14) 거르다 15) 험담 16) 왕겨 17) 너비 18) 서운하다 19) 이듬해 20)

외출하다 21) 진상하다 22) 활용하다 23) 걸치다 24) 매달리다 25) 빙실 26) 장대석 27) 대동 28) 인공적 29) 결론적 30) 깨치다

❷ 1) 귀를 기울이지 2) 어르고 3) 입추 4) 조종했다 5) 대보름 6) 열전달 7) 한데 8) 임시 9) 환기구 10) 쩌렁쩌렁 11) 좇지, 좇아야 12) 구조 13) 누리 소통망 14) 무형 문화재 15) 정식 16) 조몰조몰 17) 규정했다 18) 발을 굴렀다 19) 번갈아 20) 단열 21) 짚 22) 관청 23) 봄눈 녹듯 24) 꿈틀거리는 25) 비녀목 26) 걸터앉으면 27) 기록했다 28) 차단할 29) 이를 악물었다 30) 기원하며

5주 — 74~83쪽

1일
❶ 1) 주변 2) 흡수하다 3) 순환 4) 원리 5) 지형 6) 엿보다
❷ 1) 주변 2) 흡수하기 3) 순환 4) 원리 5) 지형 6) 엿볼

2일
❶ 1) 시설 2) 분류하다 3) 체험하다 4) 견학 5) 개관 6) 특별전
❷ 1) 시설 2) 분류한다 3) 체험했다 4) 견학 5) 개관 6) 특별전

3일
❶ 1) 기획 2) 업적 3) 일대기 4) 유물 5) 현대적 6) 해석하다
❷ 1) 기획 2) 업적 3) 일대기 4) 유물 5) 현대적 6) 해석한

4일
❶ 1) 작가 2) 운영하다 3) 소중하다 4) 생생하다 5) 이정표 6) 발길
❷ 1) 작가 2) 운영한다 3) 소중한 4) 생생하고 5) 이정표

6) 발길

5일
❶ 1) 토의하다 2) 의견 3) 조정하다 4) 청정 5) 미세 6) 자제하다
❷ 1) 토의했다 2) 의견, 의견 3) 조정해서 4) 청정 5) 미세 6) 자제하지

5주 주말평가

❶ 1) 이정표 2) 주변 3) 현대적 4) 흡수하다 5) 운영하다 6) 순환 7) 발길 8) 원리 9) 시설 10) 개관 11) 소중하다 12) 작가 13) 분류하다 14) 기획 15) 엿보다 16) 업적 17) 생생하다 18) 일대기 19) 유물 20) 토의하다 21) 미세 22) 의견 23) 청정 24) 해석하다 25) 체험하다 26) 견학 27) 자제하다 28) 특별전 29) 지형 30) 조정하다

❷ 1) 지형 2) 원리 3) 작가 4) 청정 5) 운영한다 6) 특별전 7) 소중한 8) 현대적 9) 의견, 의견 10) 생생하고 11) 해석한 12) 이정표 13) 발길 14) 주변 15) 미세 16) 흡수하기 17) 유물 18) 순환 19) 시설 20) 견학 21) 분류한다 22) 개관 23) 업적 24) 엿볼 25) 기획 26) 일대기 27) 토의했다 28) 조정해서 29) 체험했다 30) 자제하지

6주 — 88~97쪽

1일
❶ 1) 해롭다 2) 설치하다 3) 소모 4) 불편하다 5) 고집하다 6) 합리적
❷ 1) 해롭다 2) 설치했다 3) 소모 4) 불편하다 5) 고집하면 6) 합리적

2일

❶ 1) 갈등 2) 동의하다 3) 예측하다 4) 비용 5) 발언 6) 전문가

❷ 1) 갈등 2) 동의할 3) 예측해 4) 비용 5) 발언 6) 전문가

3일

❶ 1) 상세하다 2) 뒷받침하다 3) 필수 4) 도표 5) 건강 6) 적신호

❷ 1) 상세한 2) 뒷받침하는 3) 필수 4) 도표 5) 건강 6) 적신호

4일

❶ 1) 관련하다 2) 검색하다 3) 훑어읽기 4) 기사문 5) 보도문 6) 비만

❷ 1) 관련한 2) 검색했다 3) 훑어 읽기 4) 기사문 5) 보도문 6) 비만

5일

❶ 1) 아동 2) 증가하다 3) 예외 4) 관심 5) 관찰하다 6) 집중력

❷ 1) 아동 2) 증가했다 3) 예외 4) 관심 5) 관찰했다 6) 집중력

6주 주말평가

❶ 1) 관찰하다 2) 해롭다 3) 고집하다 4) 예외 5) 설치하다 6) 관련하다 7) 합리적 8) 검색하다 9) 관심 10) 동의하다 11) 전문가 12) 뒷받침하다 13) 보도문 14) 상세하다 15) 예측하다 16) 비만 17) 불편하다 18) 갈등 19) 기사문 20) 도표 21) 훑어읽기 22) 건강 23) 소모 24) 적신호 25) 비용 26) 아동 27) 필수 28) 집중력 29) 발언 30) 증가하다

❷ 1) 집중력 2) 해롭다 3) 관찰했다 4) 검색했다 5) 고집하면 6) 소모 7) 갈등 8) 관심 9) 동의할 10) 아동 11)

예측해 12) 상세한 13) 합리적 14) 뒷받침하는 15) 전문가 16) 도표 17) 관련한 18) 기사문 19) 예외 20) 보도문 21) 설치했다 22) 비만 23) 건강 24) 필수 25) 적신호 26) 비용 27) 훑어 읽기 28) 증가했다 29) 발언 30) 불편하다

7주 `102~111쪽`

1일

❶ 1) 불안감 2) 향상 3) 감소 4) 단계 5) 배치하다 6) 검토하다

❷ 1) 불안감 2) 향상 3) 감소 4) 단계 5) 배치했다 6) 검토해야

2일

❶ 1) 번번이 2) 변화 3) 조건 4) 성분 5) 호응 6) 매체

❷ 1) 번번이 2) 변화 3) 조건 4) 성분 5) 호응 6) 매체

3일

❶ 1) 수정하다 2) 글썽이다 3) 호령 4) 쭈뼛쭈뼛 5) 피식 6) 간결하다

❷ 1) 수정했다 2) 글썽이더니 3) 호령 4) 쭈뼛쭈뼛 5) 피식 6) 간결해진다

4일

❶ 1) 생성하다 2) 조작하다 3) 파괴 4) 결코 5) 예문 6) 여간

❷ 1) 생성하는 2) 조작하여 3) 파괴 4) 결코 5) 예문 6) 여간

5일

❶ 1) 도전하다 2) 성취하다 3) 글감 4) 일반적 5) 주제 6) 격언

❷ 1) 도전했지만 2) 성취하려고 3) 글감 4) 일반적 5)

주제 6) 격언

7주 주말평가

1 1) 단계 2) 글감 3) 예문 4) 향상 5) 검토하다 6) 감소 7) 번번이 8) 일반적 9) 파괴 10) 호응 11) 조건 12) 여간 13) 성분 14) 수정하다 15) 격언 16) 호령 17) 주제 18) 쭈뼛쭈뼛 19) 조직하다 20) 변화 21) 피식 22) 생성하다 23) 불안감 24) 매체 25) 도전하다 26) 결코 27) 간결하다 28) 배치하다 29) 글썽이다 30) 성취하다

2 1) 피식 2) 도전했지만 3) 성분 4) 글썽이더니 5) 예문 6) 글감 7) 간결해진다 8) 일반적 9) 생성하는 10) 호응 11) 조직하여 12) 여간 13) 주제 14) 결코 15) 수정했다 16) 조건 17) 격언 18) 호령 19) 불안감 20) 향상 21) 단계 22) 번번이 23) 배치했다 24) 파괴 25) 검토해야 26) 쭈뼛쭈뼛 27) 감소 28) 성취하려고 29) 매체 30) 변화

8주
116~125쪽

1일
1 1) 의성어 2) 의태어 3) 인상 4) 간격 5) 반영하다 6) 소감
2 1) 의성어 2) 의태어 3) 인상 4) 간격 5) 반영하여 6) 소감

2일
1 1) 생태 2) 세력 3) 수생식물 4) 거닐다 5) 절정 6) 머지않다
2 1) 생태 2) 세력 3) 수생 식물 4) 거닐며 5) 절정 6) 머지않았다

3일
1 1) 수치 2) 일기 3) 예보 4) 영상 5) 인쇄 6) 시각
2 1) 수치 2) 일기 3) 예보 4) 영상 5) 인쇄 6) 시각

4일
1 1) 탐색하다 2) 처하다 3) 이상하다 4) 보태다 5) 가치관 6) 실망하다
2 1) 탐색했다 2) 처했다 3) 이상한 4) 보태서 5) 가치관 6) 실망했다

5일
1 1) 되짚다 2) 분석하다 3) 모함하다 4) 비방하다 5) 마녀사냥 6) 계정
2 1) 되짚어 2) 분석한 3) 모함했다 4) 비방하는 5) 마녀사냥 6) 계정

8주 주말평가

1 1) 소감 2) 수생식물 3) 의성어 4) 절정 5) 의태어 6) 분석하다 7) 수치 8) 되짚다 9) 일기 10) 가치관 11) 마녀사냥 12) 영상 13) 머지않다 14) 시각 15) 인상 16) 인쇄 17) 반영하다 18) 생태 19) 탐색하다 20) 처하다 21) 간격 22) 이상하다 23) 예보 24) 보태다 25) 세력 26) 실망하다 27) 모함하다 28) 계정 29) 거닐다 30) 비방하다

2 1) 마녀사냥 2) 분석한 3) 모함했다 4) 반영하여 5) 탐색했다 6) 의태어 7) 생태 8) 인상 9) 세력 10) 계정 11) 보태서 12) 수치 13) 비방하는 14) 일기 15) 의성어 16) 예보 17) 처했다 18) 영상 19) 이상한 20) 가치관 21) 소감 22) 실망했다 23) 인쇄 24) 수생 식물 25) 시각 26) 거닐며 27) 절정 28) 머지않았다 29) 간격 30) 되짚어

1 1) 의성어 2) 글감 3) 훑어읽기 4) 이정표 5) 소감 6) 갈등 7) 검토하다 8) 예측하다 9) 마녀사냥 10) 흡수하다 11) 분석하다 12) 집중력 13) 동의하다 14) 분류하다 15) 성취하다 16) 생생하다 17) 번번이 18) 원리 19) 피식 20) 일대기 21) 수정하다 22) 증가하다 23) 비방하다 24) 미세 25) 반영하다 26) 기사문 27) 특별전 28) 쭈뼛쭈뼛 29) 되짚다 30) 뒷받침하다

2 1) 모함했다 2) 소모 3) 지형 4) 예외 5) 적신호 6) 토의했다 7) 글썽이더니 8) 기획 9) 변화 10) 배치했다 11) 업적 12) 검토해야 13) 해롭다 14) 호령 15) 파괴 16) 주변 17) 도표 18) 가치관 19) 순환 20) 계정 21) 예문 22) 불편하다 23) 수치 24) 생생하고 25) 처했다 26) 고집하면 27) 수생 식물 28) 상세한 29) 머지않았다 30) 자제하지

 136~145쪽

1일

① 1) 수군대다 2) 반박하다 3) 휘둥그레지다 4) 자부심 5) 두둔하다 6) 일방적

② 1) 수군대는 2) 반박했다 3) 휘둥그레졌다 4) 자부심 5) 두둔하는 6) 일방적

2일

① 1) 속시원하다 2) 본인 3) 사생활 4) 얼토당토않다 5) 숨을죽이다 6) 꼬리에꼬리를물다

② 1) 속이 시원했다 2) 본인 3) 사생활 4) 얼토당토않은 5) 숨을 죽인 6) 꼬리에 꼬리를 물고

3일

① 1) 눈을의심하다 2) 공격하다 3) 인정하다 4) 딱하다 5) 어이없다 6) 반격

② 1) 눈을 의심하며 2) 공격할 3) 인정하자 4) 딱하다 5) 어이없다 6) 반격

4일

① 1) 잠자코 2) 참조하다 3) 디자인하다 4) 여전히 5) 의심하다 6) 의료

② 1) 잠자코 2) 참조했다 3) 디자인했다 4) 여전히 5) 의심했다 6) 의료

5일

① 1) 봉사 2) 비난하다 3) 최소한 4) 신상 5) 역공 6) 슬그머니

② 1) 봉사 2) 비난하는 3) 최소한 4) 신상 5) 역공 6) 슬그머니

9주 주말평가

1 1) 숨을죽이다 2) 자부심 3) 디자인하다 4) 반박하다 5) 눈을의심하다 6) 최소한 7) 공격하다 8) 의심하다 9) 인정하다 10) 역공 11) 휘둥그레지다 12) 봉사 13) 어이없다 14) 반격 15) 수군대다 16) 딱하다 17) 속시원하다 18) 잠자코 19) 참조하다 20) 여전히 21) 사생활 22) 의료 23) 본인 24) 비난하다 25) 신상 26) 일방적 27) 슬그머니 28) 얼토당토않다 29) 꼬리에꼬리를물다 30) 두둔하다

2 1) 참조했다 2) 의료 3) 어이없다 4) 두둔하는 5) 디자인했다 6) 휘둥그레졌다 7) 속이 시원했다 8) 인정하자 9) 본인 10) 봉사 11) 여전히 12) 비난하는 13) 공격할 14) 의심했다 15) 역공 16) 슬그머니 17) 사생활 18) 수군대는 19) 얼토당토않은 20) 일방적 21) 딱하다는 22) 눈을 의심하며 23) 신상 24) 반격 25) 숨을 죽인 26) 반박했다 27) 꼬리에 꼬리를 물고 28) 자부심 29) 잠자코

30) 최소한

10주   150~159쪽

1일

❶ 1) 된통 2) 꼬리내리다 3) 고소하다 4) 짝없다 5) 우롱하다 6) 단박

❷ 1) 된통 2) 꼬리를 내렸다 3) 고소했다 4) 짝이 없었다 5) 우롱하는 6) 단박

2일

❶ 1) 증명하다 2) 교묘하다 3) 구경하다 4) 일제 5) 저항하다 6) 극적

❷ 1) 증명해 2) 교묘한 3) 구경했다 4) 일제 5) 저항하여 6) 극적

3일

❶ 1) 타당성 2) 주장 3) 근거 4) 토론하다 5) 주차 6) 개방하다

❷ 1) 타당성 2) 주장 3) 근거 4) 토론했다 5) 주차 6) 개방해야

4일

❶ 1) 유일하다 2) 전통적 3) 형식적 4) 삐딱하다 5) 연달다 6) 평가하다

❷ 1) 유일한 2) 전통적 3) 형식적 4) 삐딱하다 5) 연달다 6) 평가하는

5일

❶ 1) 유행 2) 직업 3) 장래희망 4) 열풍 5) 대다수 6) 소득

❷ 1) 유행 2) 직업 3) 장래 희망 4) 열풍 5) 대다수 6) 소득

10주 주말평가

❶ 1) 소득 2) 저항하다 3) 된통 4) 대다수 5) 꼬리를내리다 6) 증명하다 7) 단박 8) 삐딱하다 9) 유일하다 10) 구경하다 11) 우롱하다 12) 일제 13) 타당성 14) 장래희망 15) 주장 16) 열풍 17) 근거 18) 형식적 19) 평가하다 20) 토론하다 21) 연달다 22) 주차 23) 유행 24) 개방하다 25) 전통적 26) 교묘하다 27) 극적 28) 고소하다 29) 직업 30) 짝없다

❷ 1) 전통적 2) 직업 3) 된통 4) 짝이 없었다 5) 꼬리를 내렸다 6) 유일한 7) 고소했다 8) 장래 희망 9) 증명해 10) 저항하여 11) 극적 12) 교묘한 13) 개방해야 14) 구경했다 15) 타당성 16) 일제 17) 주장 18) 유행 19) 근거 20) 형식적 21) 평가하는 22) 우롱하는 23) 단박 24) 열풍 25) 소득 26) 대다수 27) 토론했다 28) 주차 29) 연달아 30) 삐딱하다

11주   164~173쪽

1일

❶ 1) 수단 2) 실현하다 3) 대세 4) 털어놓다 5) 적성 6) 특기

❷ 1) 수단 2) 실현할 3) 대세 4) 털어놓았다 5) 적성 6) 특기

2일

❶ 1) 집중적 2) 휘둘리다 3) 개발하다 4) 평론가 5) 다양하다 6) 우려

❷ 1) 집중적 2) 휘둘리지 3) 개발하는 4) 평론가 5) 다양한 6) 우려

3일

❶ 1) 노력하다 2) 주요 3) 응답하다 4) 토론 5) 절차 6)

강조하다

② 1) 노력해야 2) 주요 3) 응답했다 4) 토론 5) 절차, 절차
6) 강조했다

4일

① 1) 지적하다 2) 반론 3) 임원 4) 필요하다 5) 제기하다
6) 효율적

② 1) 지적했다 2) 반론 3) 임원 4) 필요한 5) 제기했다
6) 효율적

5일

① 1) 부정적 2) 동등하다 3) 제시하다 4) 구체적 5) 동시
6) 모범

② 1) 부정적 2) 동등한 3) 제시하라 4) 구체적 5) 동시
6) 모범

11주 주말평가

1 1) 휘둘리다 2) 동등하다 3) 우려 4) 응답하다
5) 반론 6) 필요하다 7) 제시하다 8) 강조하다 9) 수단
10) 다양하다 11) 실현하다 12) 제기하다 13) 대세 14)
털어놓다 15) 집중적 16) 노력하다 17) 동시 18) 적성 19)
토론 20) 구체적 21) 주요 22) 모범 23) 절차 24) 개발하다
25) 지적하다 26) 임원 27) 효율적 28) 평론가 29) 특기
30) 부정적

2 1) 절차, 절차 2) 동시 3) 평론가 4) 집중적 5)
반론 6) 수단 7) 대세 8) 우려 9) 실현할 10) 부정적 11)
제기했다 12) 구체적 13) 강조했다 14) 동등한 15) 모범
16) 휘둘리지 17) 토론 18) 효율적 19) 개발하는 20)
노력해야 21) 제시하라 22) 주요 23) 털어놓았다 24)
지적했다 25) 임원 26) 필요한 27) 응답했다 28) 특기 29)
다양한 30) 적성

1일

① 1) 비판적 2) 대비하다 3) 요약하다 4) 눈밖에나다 5)
우쭐하다 6) 오죽하다

② 1) 비판적 2) 대비했다 3) 요약할 4) 눈 밖에 난 5)
우쭐한 6) 오죽하면

2일

① 1) 귀어둡다 2) 뜬금없다 3) 최소 4) 난청 5) 선명하다
6) 먹먹하다

② 1) 귀가 어두웠다 2) 뜬금없이 3) 최소 4) 난청 5)
선명하게 6) 먹먹한

3일

① 1) 증상 2) 호전 3) 염증 4) 걸림돌 5) 부위 6) 담당하다

② 1) 증상 2) 호전 3) 염증 4) 걸림돌 5) 부위 6) 담당한

4일

① 1) 자극 2) 언어중추 3) 청각 4) 측두엽 5) 존재하다
6) 처리하다

② 1) 자극 2) 언어 중추 3) 청각 4) 측두엽 5) 존재한다
6) 처리해야

5일

① 1) 고난도 2) 업무 3) 음향 4) 건조하다 5) 얼굴 6) 얼굴

② 1) 고난도 2) 업무 3) 음향 4) 건조해진다 5) 얼굴 6)
얼굴

12주 주말평가

1 1) 건조하다 2) 담당하다 3) 우쭐하다 4) 존재하다
5) 난청 6) 비판적 7) 먹먹하다 8) 대비하다 9) 얼굴 10)
요약하다 11) 오죽하다 12) 눈밖에나다 13) 귀어둡다 14)

업무 15) 뜬금없다 16) 증상 17) 고난도 18) 호전 19) 자극
20) 음향 21) 언어중추 22) 얼굴 23) 청각 24) 처리하다
25) 염증 26) 선명하다 27) 걸림돌 28) 부위 29) 측두엽
30) 최소

2 1) 음향 2) 청각 3) 오죽하면 4) 걸림돌 5) 고난도
6) 우쭐한 7) 선명하게 8) 존재한다 9) 비판적 10) 귀가
어두웠다 11) 건조해진다 12) 뜬금없이 13) 증상 14)
담당한 15) 호전 16) 난청 17) 염증 18) 얼굴 19) 눈 밖에
난 20) 자극 21) 언어 중추 22) 측두엽 23) 얼굴 24) 먹먹한
25) 처리해야 26) 부위 27) 요약할 28) 대비했다 29) 최소
30) 업무

1 1) 휘둘리다 2) 숨을죽이다 3) 실현하다 4) 동등하다
5) 요약하다 6) 잠자코 7) 삐딱하다 8) 우롱하다 9) 얼굴
10) 개방하다 11) 반론 12) 연달다 13) 꼬리에꼬리를물다
14) 구체적 15) 고소하다 16) 측두엽 17) 비난하다 18)
존재하다 19) 여전히 20) 집중적 21) 타당성 22) 부정적
23) 평가하다 24) 신상 25) 난청 26) 소득 27) 처리하다 28)
휘둥그레지다 29) 뜬금없다 30) 먹먹하다

2 1) 근거 2) 장래 희망 3) 참조했다 4) 귀가 어두웠다
5) 효율적 6) 눈 밖에 난 7) 봉사 8) 응답했다 9) 절차,
절차 10) 반박했다 11) 고난도 12) 건조해진다 13) 대다수
14) 걸림돌 15) 공격할 16) 형식적 17) 담당한 18) 모범
19) 일방적 20) 대비했다 21) 저항하여 22) 수군대는 23)
평론가 24) 전통적 25) 제기했다 26) 휘둥그레졌다 27)
업무 28) 열풍 29) 개방해야 30) 얼토당토않은

13주 198~207쪽

1일
1 1) 먹다 2) 먹다 3) 손에넣다 4) 손 5) 존경하다 6) 기척
2 1) 먹고 2) 먹고, 먹어서 3) 손에 넣고 4) 손 5) 존경할
6) 기척

2일
1 1) 엄포놓다 2) 훈련 3) 완전히 4) 특유 5) 억양 6) 인생
2 1) 엄포를 놓았다 2) 훈련 3) 완전히 4) 특유 5) 억양
6) 인생, 인생

3일
1 1) 보잘것없다 2) 유독 3) 노려보다 4) 낚아채다 5)
매섭다 6) 수필
2 1) 보잘것없는 2) 유독 3) 노려보았다 4) 낚아챘다 5)
매섭다 6) 수필

4일
1 1) 까무러치다 2) 홀딱 3) 허둥지둥 4) 끼적이다 5)
기한 6) 마른침을삼키다
2 1) 까무러칠 2) 홀딱, 홀딱 3) 허둥지둥 4) 끼적이며 5)
기한 6) 마른침을, 삼켰다

5일
1 1) 접어들다 2) 짐짓 3) 깐깐하다 4) 우두커니 5) 전선
6) 세세히
2 1) 접어들자 2) 짐짓 3) 깐깐해서 4) 우두커니 5) 전선
6) 세세히

13주 주말평가
1 1) 훈련 2) 세세히 3) 기한 4) 홀딱 5) 마른침을삼키다
6) 먹다 7) 기척 8) 먹다 9) 보잘것없다 10) 전선 11)

유독 12) 존경하다 13) 노려보다 14) 인생 15) 짐짓 16) 억양 17) 매섭다 18) 손에넣다 19) 끼적이다 20) 손 21) 엄포놓다 22) 까무러치다 23) 특유 24) 수필 25) 완전히 26) 깐깐하다 27) 우두커니 28) 낚아채다 29) 허둥지둥 30) 접어들다

2 1) 허둥지둥 2) 기한 3) 매섭다 4) 먹고, 먹어서 5) 마른침을, 삼켰다 6) 손에 넣고 7) 엄포를 놓았다 8) 특유 9) 훈련 10) 짐짓 11) 완전히 12) 보잘것없는 13) 억양 14) 낚아챘다 15) 까무러칠 16) 노려보았다 17) 접어들자 18) 깐깐해서 19) 유독 20) 전선 21) 세세히 22) 존경할 23) 우두커니 24) 끼적이며 25) 수필 26) 홀딱, 홀딱 27) 먹고 28) 기척 29) 인생, 인생 30) 손

14주   212~221쪽

1일

1 1) 묘사하다 2) 보태다 3) 몸이근질근질하다 4) 걸작 5) 머리를쥐어짜다 6) 감동하다
2 1) 묘사한 2) 보태서 3) 몸이 근질근질했다 4) 걸작 5) 머리를 쥐어짜도 6) 감동하여

2일

1 1) 유의어 2) 고대 3) 웅얼거리다 4) 더미 5) 끄집어내다 6) 수록
2 1) 유의어 2) 고대 3) 웅얼거렸다 4) 더미 5) 끄집어냈다 6) 수록

3일

1 1) 성경 2) 면제 3) 심술궂다 4) 빈정대다 5) 감각 6) 예민하다
2 1) 성경 2) 면제 3) 심술궂게 4) 빈정댔다 5) 감각 6) 예민해져서

4일

1 1) 귀를세우다 2) 무더기 3) 잔뜩 4) 쓰임새 5) 인터뷰하다 6) 일명
2 1) 귀를, 세웠다 2) 무더기 3) 잔뜩 4) 쓰임새 5) 인터뷰했다 6) 일명

5일

1 1) 액자 2) 나직이 3) 어른거리다 4) 독창적 5) 쏜살같이 6) 기말
2 1) 액자 2) 나직이 3) 어른거렸다 4) 독창적 5) 쏜살같이 6) 기말

14주 주말평가

1 1) 수록 2) 묘사하다 3) 감동하다 4) 보태다 5) 몸이근질근질하다 6) 유의어 7) 머리를쥐어짜다 8) 무더기 9) 기말 10) 감각 11) 예민하다 12) 쓰임새 13) 어른거리다 14) 인터뷰하다 15) 독창적 16) 고대 17) 더미 18) 걸작 19) 액자 20) 끄집어내다 21) 심술궂다 22) 웅얼거리다 23) 잔뜩 24) 나직이 25) 일명 26) 쏜살같이 27) 면제 28) 빈정대다 29) 귀를세우다 30) 성경

2 1) 끄집어냈다 2) 나직이 3) 심술궂게 4) 일명 5) 인터뷰했다 6) 감각 7) 귀를, 세웠다 8) 독창적 9) 웅얼거렸다 10) 쏜살같이 11) 쓰임새 12) 기말 13) 묘사한 14) 예민해져서 15) 감동하여 16) 유의어 17) 수록 18) 고대 19) 머리를 쥐어짜도 20) 성경 21) 잔뜩 22) 보태서 23) 더미 24) 몸이 근질근질했다 25) 걸작 26) 어른거렸다 27) 무더기 28) 빈정댔다 29) 면제 30) 액자

1일

1 1) 무시무시하다 2) 진땀 3) 엎친데덮친다 4) 머리를쥐어짜다 5) 제출하다 6) 성금

2 1) 무시무시한 2) 진땀 3) 엎친 데 덮친 격 4) 머리를 쥐어짜며 5) 제출했다 6) 성금

2일

1 1) 모조리 2) 단연코 3) 엄하다 4) 두루두루 5) 보도 6) 퓰리처상

2 1) 모조리 2) 단연코 3) 엄한 4) 두루두루 5) 보도 6) 퓰리처상

3일

1 1) 권위 2) 여유 3) 손수 4) 주선하다 5) 역력하다 6) 기색

2 1) 권위 2) 여유 3) 손수 4) 주선해 5) 역력한 6) 기색

4일

1 1) 상심하다 2) 덥석 3) 북받치다 4) 꼴 5) 장례식 6) 새삼

2 1) 상심한 2) 덥석 3) 북받쳐 4) 꼴 5) 장례식 6) 새삼

5일

1 1) 묻어나다 2) 상관없다 3) 철렁하다 4) 고이다 5) 삼다 6) 들뜨다

2 1) 묻어났다 2) 상관없다 3) 철렁했다 4) 고였다 5) 삼기도 6) 들떠

15주 주말평가

1 1) 성금 2) 손수 3) 엎친데덮친다 4) 상심하다 5) 진땀 6) 무시무시하다 7) 모조리 8) 머리를쥐어짜다 9) 철렁하다 10) 장례식 11) 엄하다 12) 상관없다 13) 두루두루 14) 권위 15) 제출하다 16) 여유 17) 삼다 18) 꼴 19) 고이다 20) 주선하다 21) 들뜨다 22) 역력하다 23) 단연코 24) 기색 25) 보도 26) 덥석 27) 새삼 28) 퓰리처상 29) 북받치다 30) 묻어나다

2 1) 제출했다 2) 여유 3) 역력한 4) 진땀 5) 꼴 6) 엎친 데 덮친 7) 모조리 8) 북받쳐 9) 단연코 10) 머리를 쥐어짜며 11) 성금 12) 장례식 13) 두루두루 14) 권위 15) 묻어났다 16) 기색 17) 퓰리처상 18) 고였다 19) 덥석 20) 삼기도 21) 들떠 22) 상관없다 23) 손수 24) 상심한 25) 철렁했다 26) 보도 27) 무시무시한 28) 새삼 29) 주선해 30) 엄한

1일

1 1) 부풀다 2) 속삭이다 3) 손보다 4) 채점 5) 최초 6) 아릿하다

2 1) 부풀어 2) 속삭였다 3) 손보아 4) 채점 5) 최초 6) 아릿하게

2일

1 1) 저리다 2) 굉장히 3) 가장자리 4) 여전히 5) 빚어내다 6) 벅차다

2 1) 저린다 2) 굉장히 3) 가장자리 4) 여전히 5) 빚어내는 6) 벅찬

3일

1 1) 마지않다 2) 진솔하다 3) 잎차례 4) 건축 5) 설계도 6) 어긋나다

2 1) 마지않았다 2) 진솔한 3) 잎차례 4) 건축 5) 설계도 6) 어긋나게

❶ 1) 평행하다 2) 소용돌이 3) 마디 4) 사소하다 5) 차곡차곡 6) 한지

❷ 1) 평행한 2) 소용돌이 3) 마디 4) 사소한 5) 차곡차곡 6) 한지

5일

❶ 1) 일쑤 2) 점토판 3) 엮다 4) 발명하다 5) 간직하다 6) 빚다

❷ 1) 일쑤 2) 점토판 3) 엮어 4) 발명한 5) 간직하고 6) 빚었다

16주 주말평가

❶ 1) 빚어내다 2) 가장자리 3) 한지 4) 설계도 5) 차곡차곡 6) 어긋나다 7) 간직하다 8) 일쑤 9) 부풀다 10) 마디 11) 속삭이다 12) 손보다 13) 점토판 14) 사소하다 15) 채점 16) 저리다 17) 엮다 18) 굉장히 19) 마지않다 20) 평행하다 21) 잎차례 22) 소용돌이 23) 아릿하다 24) 최초 25) 건축 26) 벅차다 27) 진솔하다 28) 발명하다 29) 빚다 30) 여전히

❷ 1) 차곡차곡 2) 가장자리 3) 굉장히 4) 빚었다 5) 부풀어 6) 일쑤 7) 빚어내는 8) 점토판 9) 속삭였다 10) 엮어 11) 한지 12) 발명한 13) 사소한 14) 간직하고 15) 건축 16) 아릿하게 17) 마디 18) 손보아 19) 저린다 20) 잎차례 21) 진솔한 22) 소용돌이 23) 여전히 24) 마지않았다 25) 어긋나게 26) 벅찬 27) 평행한 28) 최초 29) 설계도 30) 채점

월 말 평 가 13~16주

❶ 1) 권위 2) 묘사하다 3) 유독 4) 진솔하다 5)

보잘것없다 6) 엎친데덮친다 7) 속삭이다 8) 웅얼거리다 9) 잎차례 10) 귀를세우다 11) 일쑤 12) 마른침을삼키다 13) 퓰리처상 14) 면제 15) 저리다 16) 일명 17) 한지 18) 접어들다 19) 고이다 20) 독창적 21) 북받치다 22) 훈련 23) 아릿하다 24) 단연코 25) 들뜨다 26) 짐짓 27) 평행하다 28) 끄집어내다 29) 빚어내다 30) 엄포놓다

❷ 1) 상관없다 2) 유의어 3) 나직이 4) 까무러칠 5) 수록 6) 특유 7) 상심한 8) 채점 9) 예민해져서 10) 보도 11) 쓰임새 12) 허둥지둥 13) 빚어내는 14) 머리를 쥐어짜며 15) 엮어 16) 깐깐해서 17) 기색 18) 두루두루 19) 세세히 20) 어른거렸다 21) 소용돌이 22) 낚아챘다 23) 차곡차곡 24) 머리를 쥐어짜도 25) 주선해 26) 빈정댔다 27) 보잘것없는 28) 몸이 근질근질했다 29) 마디 30) 끼적이며

17주 260~269쪽

1일

❶ 1) 으뜸 2) 훌러덩훌러덩 3) 콩대 4) 잿물 5) 바래다 6) 엉기다

❷ 1) 으뜸 2) 훌러덩훌러덩 3) 콩대 4) 잿물 5) 바랬다 6) 엉기었다

2일

❶ 1) 쪽물 2) 촘촘하다 3) 발 4) 외줄 5) 막 6) 찰방

❷ 1) 쪽물 2) 촘촘해서 3) 발 4) 외줄 5) 막 6) 찰방

3일

❶ 1) 뜨다 2) 판판하다 3) 온돌 4) 단장 5) 습하다 6) 머금다

❷ 1) 떴다 2) 판판한 3) 온돌 4) 단장 5) 습해져서 6) 머금어

4일

1 1) 보송보송하다 2) 겹겹이 3) 반짇고리 4) 배배 5) 옻칠하다 6) 망태기

2 1) 보송보송하다 2) 겹겹이 3) 반짇고리 4) 배배 5) 옻칠해서 6) 망태기, 망태기

5일

1 1) 먹이다 2) 표주박 3) 찻상 4) 팔랑팔랑 5) 구절판 6) 흥겹다

2 1) 먹이면 2) 표주박 3) 찻상 4) 팔랑팔랑 5) 구절판, 구절판 6) 흥겨운

17주 주말평가

1 1) 바래다 2) 포주박 3) 촘촘하다 4) 겹겹이 5) 잿물 6) 온돌 7) 으뜸 8) 찰방 9) 훌러덩훌러덩 10) 쪽물 11) 팔랑팔랑 12) 흥겹다 13) 옻칠하다 14) 발 15) 습하다 16) 외줄 17) 뜨다 18) 찻상 19) 판판하다 20) 머금다 21) 엉기다 22) 보송보송하다 23) 배배 24) 망태기 25) 단장 26) 먹이다 27) 구절판 28) 막 29) 반짇고리 30) 콩대

2 1) 팔랑팔랑 2) 겹겹이 3) 촘촘해서 4) 머금어 5) 으뜸 6) 단장 7) 먹이면 8) 찰방 9) 배배 10) 쪽물 11) 떴다 12) 망태기, 망태기 13) 막 14) 찻상 15) 콩대 16) 반짇고리 17) 구절판, 구절판 18) 발 19) 흥겨운 20) 온돌 21) 표주박 22) 훌러덩훌러덩 23) 습해져서 24) 판판한 25) 엉기었다 26) 옻칠해서 27) 보송보송하다 28) 외줄 29) 잿물 30) 바랬다

18주

274~281쪽

1일

1 1) 풍물패 2) 고깔 3) 보충하다 4) 문맥 5) 조사하다

6) 실태

2 1) 풍물패 2) 고깔 3) 보충했다 4) 문맥 5) 조사했다 6) 실태

2일

1 1) 토라지다 2) 괜시리 3) 흘기다 4) 가자미눈 5) 무분별하다 6) 사례

2 1) 토라져서 2) 괜시리 3) 흘겼다 4) 가자미눈 5) 무분별한 6) 사례

3일

1 1) 훼손 2) 구성하다 3) 요청하다 4) 보존하다 5) 능숙하다 6) 과장되다

2 1) 훼손 2) 구성하는 3) 요청했다 4) 보존할 5) 능숙한 6) 과장되어

4일

1 1) 실물 2) 딱딱하다 3) 장면

2 1) 실물 2) 딱딱하다 3) 장면

18주 주말평가

1 1) 조사하다 2) 문맥 3) 고깔 4) 토라지다 5) 실태 6) 괜시리 7) 사례 8) 구성하다 9) 무분별하다 10) 요청하다 11) 실물 12) 보충하다 13) 딱딱하다 14) 풍물패 15) 장면 16) 보존하다 17) 훼손 18) 가자미눈 19) 과장되다 20) 흘기다 21) 능숙하다

2 1) 구성하는 2) 실태 3) 고깔 4) 토라져서 5) 조사했다 6) 보존할 7) 흘겼다 8) 과장되어 9) 사례 10) 보충했다 11) 훼손 12) 가자미눈 13) 실물 14) 장면 15) 요청했다 16) 능숙한 17) 무분별한 18) 문맥 19) 딱딱하다 20) 괜시리 21) 풍물패

 **17~18주**

1 1) 망태기 2) 바래다 3) 가자미눈 4) 고깔 5) 풍물패 6) 훌러덩훌러덩 7) 습하다 8) 훼손 9) 머금다 10) 무분별하다 11) 괜시리 12) 반짇고리 13) 옻칠하다 14) 토라지다 15) 단장 16) 조사하다 17) 온돌 18) 겹겹이 19) 쪽물 20) 외줄 21) 능숙하다 22) 보충하다 23) 포주박 24) 촘촘하다 25) 구절판 26) 보송보송하다 27) 잿물 28) 보존하다 29) 사례 30) 구성하다

2 1) 으뜸 2) 표주박 3) 흘겼다 4) 조사했다 5) 팔랑팔랑 6) 실태 7) 요청했다 8) 반짇고리 9) 흥겨운 10) 딱딱하다 11) 머금어 12) 콩대 13) 잿물 14) 과장되어 15) 찰방 16) 막 17) 보송보송하다 18) 습해져서 19) 발 20) 바랬다 21) 옻칠해서 22) 망태기, 망태기 23) 촘촘해서 24) 실물 25) 가자미눈 26) 배배 27) 장면 28) 능숙한 29) 엉기었다 30) 보충했다

1) 훑어읽기 2) 비녀목 3) 필요하다 4) 운영하다 5) 우려 6) 차단하다 7) 마른침을삼키다 8) 꼬리를내리다 9) 우쭐하다 10) 이정표 11) 제기하다 12) 반박하다 13) 규정하다 14) 된통 15) 비용 16) 홀딱 17) 의태어 18) 무형문화재 19) 고난도 20) 얼토당토않다 21) 기획 22) 어이없다 23) 석빙고 24) 보태다 25) 대비하다 26) 환기구 27) 적성 28) 단계 29) 단열 30) 지적하다 31) 자부심 32) 순환 33) 모함하다 34) 강조하다 35) 기원하다 36) 결코 37) 우롱하다 38) 체험하다 39) 교묘하다 40) 글감 41) 공지 42) 형식적 43) 조정하다 44) 눈밖에나다 45) 매체 46) 진상하다 47) 탐색하다 48) 끼적이다 49) 고집하다 50) 상관없다 51) 관련하다 52) 잎차례 53) 임시 54) 상심하다 55) 무분별하다 56) 계몽하다 57) 의성어 58) 묻어나다 59) 찌들다 60) 좇다 61) 나직이 62) 너덜너덜 63) 수생식물 64) 주선하다 65) 이를악물다 66) 몸이근질근질하다 67) 보도문 68) 차리다 69) 눈을의심하다 70) 웅얼거리다 71) 훌쩍 72) 까무러치다 73) 구름처럼모여들다 74) 우두커니 75) 식용 76) 평행하다 77) 생성하다 78) 고대 79) 봄눈녹듯 80) 참조하다 81) 소망 82) 평론가 83) 조직하다 84) 신경쓰다 85) 저항하다 86) 빚다 87) 도표 88) 건조하다 89) 옻칠하다 90) 행렬 91) 망태기 92) 간결하다 93) 반짇고리 94) 짚 95) 문맥 96) 실태 97) 장대석 98) 포주박 99) 사생활 100) 효율적

5학년 2학기
색인(찾아보기)

색인

색인

색인

국어 교과서 5-2 작품 목록

단원	제제	지은이	나온 곳
국어 5-2 가			
1	「벽 부수기」	박희순	『바다가 튕겨 낸 해님』, 청개구리, 2019
1	「니 꿈은 뭐이가?」	박은정	『니 꿈은 뭐이가?』, 웅진주니어, 2010
2	「줄다리기, 모두 하나 되는 대동 놀이」	문화재청 엮음	『어린이 문화재 박물관 2』, (주)사계절출판사, 2006
2	「조선의 냉장고 '석빙고'의 과학」	윤용현	『전통 속에 살아 숨 쉬는 첨단 과학 이야기』, (주)교학사, 2012
3	글 ㉮ (「영국 초등학교 1.6킬로미터 달리기 도입」)	방승언	『나우뉴스』, 2016. 3. 18.
국어 5-2 나			
5	자료 ㉮ (「걸어서 만나는 세계적인 생태 천국, 창녕 우포늪」)	이정화	대한민국 구석구석 누리집 (http://korean.visitkorea.or.kr)
5	「마녀사냥」	이규희	『악플전쟁』, 별숲, 2013
6	「기계를 더 믿어요」	한상순	『뻥튀기는 속상해』, (주)푸른책들, 2009
7	「존경합니다, 선생님」	퍼트리샤 폴라코 글, 유수아 옮김	『존경합니다, 선생님』, 아이세움, 2015
7	「내 귀는 건강한가요」 (원제목:「속삭이는 소리 안 들려도 난청?…… 하루 2시간 이어폰, 귀 건강 망쳐」)	박정환	『브릿지경제신문』, 2017. 6. 26.
7	「식물의 잎차례」	장 앙리 파브르 글, 추돌란 옮김	『파브르 식물 이야기』, (주)사계절출판사, 2011
7	「한지돌이」	이종철	『한지돌이』, (주)보림출판사, 2017
8	「내 마음」	기은서(학생 작품)	『꿈을 찾아 떠나는 여행』, (주)미래엔, 2018

5~8주

9~12주

9~12주

13~16주

17~20주

「국단어 완전 정복」 자기주도 활용법

초등 국어 교과서 사전, 국단어 완전 정복 어휘, 독해 완성~!! 이걸로 결정

★★★★★

올해 초등 3학년이 되는 **이는 개학이 연기되고 있지만 담임선생님께서 매일 해야 하는 숙제를 문자로 보내주시는데 책 읽고 단어 찾아보고 짧은 글짓기를 매일 하고 있어요.
국단어 완전 정복은 초등 국어 교과서에 나오는 단어를 다루니까 따로 할 게 아니라 여기에 바로 짧은 글짓기를 하면 효과적이네요. 학교 진도시기에 맞춰서 진행되니 정말 딱 좋지요~!!

널그리다 님

초등 국어 어휘, 국단어 완전 정복으로 잡아요!

★★★★★

처음에는 교재를 보고 내용을 소리내어 읽고, 다음은 빨간색 책갈피로 빨간색 글씨를 가린 다음 읽어보고 마지막으로 문제풀이를 하는 순서로 알아서 잘 하고 있는 **양~~
초등 고학년이라면 교재를 이렇게 해라 저렇게 해라 하지 않아도 자기에게 맞는 방법을 찾아서 알아서 해주더라고요.

고매와이프 님

국단어 완전 정복을
초등 4년(3~6학년) 동안 꾸준히 공부하면

🐛 초등 국어 교과서에 나오는 **모든 어휘를 완벽히 공부**할 수 있습니다.

🐛 매학기 **1,250단어**, 초등 4년(8학기) 동안 **총 10,000단어**를 익힐 수 있습니다.

🐛 어휘력 독해력 사고력이 완성되고, **상위 1퍼센트 우등생**이 될 수 있습니다.

★ 10641 프로젝트 ★
상위 1퍼센트 우등생이 되는 특급 비법

어휘력 완성 · 독해력 강화 · 사고력 향상

오리진
에듀